高职高专“十二五”经济管理系列规划教材·旅游管理系列

旅游人力资源管理

陈彦章◎主　编
戴祥玉　焦艳丽◎副主编
陈文汉◎主　审

電子工業出版社
Publishing House of Electronics Industry
北京·BEIJING

内 容 简 介

本书系统地讲述了旅游人力资源管理的基础理论、基本知识和实用技能。它是一门应用性、综合性非常强，涉及很多学科类别的课程，是旅游管理专业的主干课程，也是旅游管理专业学生的必修课。

本书是根据教育部《高职高专教育基础课程教学基本要求》和《高职高专教育专业人才培养目标及规格》编写的。全书共10章，内容包括：旅游人力资源管理概述、旅游人力资源规划、旅游企业工作分析、旅游企业员工的招聘与甄选、旅游企业员工培训、旅游企业员工绩效考评、旅游企业薪酬与福利管理、旅游企业员工职业生涯管理、旅游组织跨文化人力资源管理、旅游企业劳动关系管理。

本书重点突出，系统条理，深入浅出，通俗易懂，并且注重理论与实践相结合。突出高职高专教学注重能力培养这条主线，有机地融合知识、技术、能力、素质等要素，结合实际强化训练，注重适应性、实用性和针对性。以方便学生学以致用，学有所成，具有前瞻性和可操作性。

本书是高职高专旅游管理专业系列规划教材之一，既可作为高等院校有关专业本、专科教学的参考书，也可作为从事旅游管理工作者的理想的自学读物。

图书在版编目（CIP）数据

旅游人力资源管理 / 陈彦章主编. —北京：电子工业出版社，2013.9

高职高专“十二五”经济管理规划教材. 旅游管理系列

ISBN 978-7-121-21488-2

Ⅰ. ①旅…　Ⅱ. ①陈…　Ⅲ. ①旅游业—人力资源管理—高等职业教育—教材　Ⅳ. ①F590.6

中国版本图书馆CIP数据核字（2013）第216874号

策划编辑：姜淑晶
责任编辑：夏平飞　文字编辑：张岩雨
印　　刷：北京季蜂印刷有限公司
装　　订：北京季蜂印刷有限公司
出版发行：电子工业出版社
　　　　　北京市海淀区万寿路173信箱　邮编 100036
开　　本：787×1092　1/16　印张：13　字数：333千字
版　　次：2013年9月第1版
印　　次：2016年6月第3次印刷
定　　价：33.00元

凡所购买电子工业出版社图书有缺损问题，请向购买书店调换。若书店售缺，请与本社发行部联系，联系及邮购电话：（010）88254888，88258888。

质量投诉请发邮件至 zlts@phei.com.cn，盗版侵权举报请发邮件至 dbqq@phei.com.cn。

本书咨询联系方式：（010）88254199，sjb@phei.com.cn。

前 言

随着我国社会经济的发展，人民财富的积累，对生活质量的要求也越来越高，旅游成为国内外消费者最渴望的需求。旅游也从作为国民经济的新增长点演变为国家战略性新兴产业。旅游业的发展对旅游人才的需求也急剧扩大，旅游人力资源管理也就成为旅游企业的重要管理工作，为此，我们编写了本书。

本书的特色：

1. 理论前沿，案例新鲜。本书吸收了国内外旅游企业人力资源管理理论研究成果和最新实际案例，将人力资源管理的一般原理与旅游企业的实践结合起来，系统地阐述了旅游企业人力资源的基本原理和构架，突出体现了应用性理论教育和实践教育相结合的特色，构建"文厚、技湛、商慧"型人才培养的新模式，从而使教材体系有效地反映了知识、能力、素质相结合。

2. 结构新颖，利于教学。本书适合高职院校的学习需要，按照旅游业工作岗位的要求，设置了学习目标、互联网阅读、基础理论、模拟实训、本章小结、综合练习六大模块。每个模块既是教材的有机组成部分，本身又是相对完整而又开放的单位。对知识与能力进行的综合、融合和整合，便于组织教与学。

3. 注重实践，宜于创新。为了培养既有大学程度的文化基础和专业理论知识，又有较强的实践能力的创新型人才，本书既选编"必需、够用"的理论内容，又加入了足够的实训内容，突出重点和难点，精选基础、核心的内容，把培养学生动手能力、实践能力和创新发展能力放在突出的位置，以促进学生技能的提高，增强高职高专教育的应用性和实践性。

本书共10章，以旅游企业人力资源岗位工作为主线，由陈彦章主编，负责拟定大纲并定稿，戴祥玉、焦艳丽副主编，陈文汉主审。参与本书编写的人员安排如下：陈彦章编写第1、4章，焦艳丽编写第2、7、8章，戴祥玉编写第3、5、10章，钟晓鹏编写第6、9章。本书在编写过程中，参考了国内外最新出版的有关著作，引用了其中的一些观点，在此一并致谢。由于编者的水平所限，书中难免有不当和错误之处，衷心希望各位同行专家和广大读者不吝赐教，以便再版时吸收你的智慧。主编交流邮箱：sept2003@163.com

编　者

目 录

第1章 旅游人力资源管理概述

学习目标

- 了解人力资源管理理论的形成与发展
- 熟悉人力资源的含义
- 熟悉人力资源管理的含义
- 掌握旅游人力资源管理的内涵
- 掌握旅游企业人力资源管理的特点

互联网阅读

学习本章之前，先浏览http://www.qjtourism.com/n/content09.html。

曲江文旅（600706，SH）的企业文化中与人力资源管理相关的具体内容如下。

第四条 管理理念：人为本，制为纲，效为先。

人为本：凡事都以人为考虑问题的出发点。正是因为有高度凝聚力和战斗力的文旅人，才成就文旅今天的成绩。管理的一切围绕激发和调动人的主动性、积极性、创造性来展开，理解员工、相信员工、尊重员工、关爱员工，实行人性化管理。

制为纲：一切以企业的制度为准，严格按照制度执行，做到制度严密，程序规范，责任清晰，奖惩分明。

效为先：以效率为工作大前提。曲江速度在世人面前展现了一个又一个“国人惊叹、世界惊奇”的神话，文旅人做事一贯坚持雷厉风行、反应敏捷、行事果断、紧张有序的工作作风。

第五条 人才理念：唯德唯贤，唯能唯绩 。

唯德唯贤：强调的是以德为先、举人唯贤的用人理念，“德才兼备，德为先”，“有才缺德、无才无德，坚决不用”。

唯能唯绩：强调的是能力为先，业绩导向的激励机制，“能者上庸者下”，“多劳多得，少劳少得，不劳不得”。

第六条 团队理念：沟通关爱，承责感恩。

沟通关爱：要求文旅人，在思想上高度统一，注重沟通，相互关爱。

承责感恩：要求文旅人在行动上步调一致，勇于承担责任，团结奋进，为实现同一个梦想共同努力，同时学会对身边的人或物感恩。

其实，人力资源管理是每个企业管理的重要内容，旅游企业也不例外。显然，曲江文旅的人力资源管理理念，对该企业的发展起到了重要作用。

旅游业的持续发展，已经成为我国国民经济新的增长点。在市场经济条件下，旅游业的竞争越演越烈。人们越发感到市场竞争归根到底是人才竞争。人力资源是最重要的资源，只有有效地开发人力资源，科学地管理人力资源，旅游企业才能蓬勃发展，蒸蒸日上。

1.1 人力资源管理基本概念

人力资源是一种经济资源，有其特殊的本质属性和运行规律，由此决定了人力资源管理的特殊任务和方法。因此，有必要对人力资源的相关概念及特征进行了解和分析。

1.1.1 人力资源的概念和特征

1. 人力资源的概念

对于人力资源的概念，学术界尚存在不同的认识和看法。目前所理解的人力资源概念，是由管理大师彼得·德鲁克于1954年在其《管理实践》一书中首先正式提出的。他认为，与其他资源相比，人力资源是一种特殊的资源，必须通过有效的激励机制才能开发利用，并为企业带来可观的经济价值。德鲁克虽然提出了人力资源的概念，并指出了其重要性，但却未对人力资源这一概念给出详细的定义，后来的学者从不同角度给出了不同的定义。根据研究角度的不同，可以将这些定义分为两大类。

第一类主要是从能力的角度来解释人力资源的含义，具体内容如下。

（1）人力资源是指能够推动整个经济和社会发展的劳动者的能力，即处在劳动年龄的已直接投入建设和尚未投入建设的人口的能力。

（2）人力资源是指包含在人体内的一种生产能力，它是表现在劳动者的身上、以劳动者的数量和质量来表示的资源，对经济起着生产性的作用，并且是企业经营中最活跃、最积极的生产要素。

（3）人力资源是指社会组织内部全部劳动人口中蕴含的劳动能力的总和。

（4）人力资源是指劳动过程中可以直接投入的体力、智力、心力的总和及其形成的基础素质，包括知识、技能、经验、品性与态度等身心素质。

（5）人力资源是指组织中拥有的成员的技能、能力、知识，以及他们的潜力和协作力。

第二类主要是从人的角度来解释人力资源的含义，具体内容如下。

（1）人力资源是指一定社会区域内所有具有劳动能力的适龄劳动人口和超过劳动年龄的

人口的总和。

（2）人力资源是指能够推动社会和经济发展的具有智力和体力劳动能力的人的总称。

（3）企业组织内外具有劳动能力的人的总和。

（4）智力正常的人都是人力资源。这是最一般的人力资源的含义。

本书倾向于接受从能力的角度来解释人力资源的定义。人力资源是指人所具有的对价值创造起贡献作用，并且能够被组织所利用的体力和脑力的总和。此定义包括以下几个要点。

（1）人力资源的本质是人所具有的脑力和体力的总和，可以统称为劳动能力。

（2）这一能力要能对财富的创造起贡献作用，成为财富形成的来源。

（3）这一能力还要能够被组织所利用，这里的“组织”既可以大到一个国家或地区，也可以小到一个企业或单位。这里的“能够”既含有社会现实条件允许组织利用这一能力的意思，又含有这一能力“愿意”被利用和值得被利用的意思。

（4）人力资源包括数量与质量两个方面。

1）人力资源数量。一个国家或地区拥有劳动能力的人口的数量，包括就业人口、劳动年龄内（我国男性 16～60 岁，女性 16～55 岁）的就业人口、家务劳动人口、正在谋求职业的人口等。

2）人力资源质量。一个国家或地区拥有劳动能力的人口的身体素质、文化素质、思想道德，以及素质与专业（职业）劳动技能水平的统一。影响人力资源质量的因素有人类体质与智能遗传、营养状况、教育状况（国民教育发展水平、成人教育、早期教育）、文化观念，以及经济与社会环境等。

2. 人力资源的特征

为了研究人力资源，并科学有效地对其进行管理，必须认识和把握人力资源的特征。人力资源是一种进行社会生产的特殊而又重要的资源。这种资源较之于其他物质资源具有自己鲜明的个性特征。

（1）生成过程的时代性。一个国家或地区的人力资源，在其形成过程中受到时代条件的制约。同时在社会上发挥作用的几代人，生下来就置身于既定的生产力和生产关系之中，当时的社会发展水平从整体上制约着这批人力资源的素质。他们只能在时代为他们提供的条件前提下，努力发挥其作用。

（2）开发对象的能动性。能动性是人力资源的一个根本特征，是人力资源区别于其他资源的本质所在。自然资源在其被开发过程中，完全处于被动的地位，人力资源则不同，在被开发的过程中，人有意识、有目的地进行活动，能主动调节与外部的关系，具有能动性。对其能动性调动得如何，直接决定着开发的程度、达到的水平。有的学者将这个特点概括为“可激励性”。可激励的前提还是对象具有能动性。这就要求人们在从事人力资源开发工作时，不能只靠技术性指标的增减和数学公式的推导，还要靠政策去调动人们的积极性。

（3）使用过程的时效性。矿产资源一般都可以长期储存，不采不用，品位不会降低，人力资源则不然，储而不用，才能就会被荒废、会退化。无论哪类人，都有其才能发挥的最佳期、最佳年龄段。当然，人依其类别不同，其才能发挥的最佳期也不一样。一般而言，25～45 岁是科技人才的黄金年龄，37 岁为其峰值。人才开发与使用必须及时。开发使用时间不一样，所得效益也不相同。

（4）开发过程的持续性。作为物质资源一般经过一两次开发，形成产品并使用后，就不存在继续开发的问题了。人力资源则不同，使用过程同时也是开发过程，而且这种开发过程具有持续性。传统的观念和做法认为，一个人从学校毕业后就进入工作阶段，开发与使用界限分明。这种“干电池”理论目前已经被“蓄电池”理论所代替。后者认为，人工作之后，还需要不断学习，继续充实和提高自己。人类通过自己的知识智力，创造了工具，如机器人、计算机等，使自己的器官得到延伸和扩大，从而增强了自身能力。

（5）闲置过程的消耗性。人力资源与一般物质资源的又一个明显区别是，他们不加以使用，处于闲置状态时，具有消耗性，即为了维持其本身的存在，必须消耗一定数量的其他自然资源，如粮食、水、能源等。这是活资源用以维持生命所必不可少的消耗。在使用这种资源的时候，必须重视这个特点。

（6）人力资源具有特殊资本性。一方面，人力资源作为一种经济性的资源，具有资本的属性。另一方面，人力资源又不同于一般的资本。虽然人力资源与一般资本一样具有投入产出规律，但一般的实物资本普遍存在着收益递减的规律；而来自实践的研究结果证明，人力资本在现代社会经济发展中呈现了收益递增的规律，它的收益份额大大超过了自然资源和资本资源。也就是说，对人力资源的投资无论对社会还是对个人，所带来的收益要远远大于对其他资源投资所产生的收益。这是由人力资源的高增值性决定的。

（7）人力资源具有增值性。这一特征体现在人力资源的经济价值呈不断上升的趋势上。劳动力的市场价格在上升，人力资源的投资收益率在上升，劳动者自己可支配的收入也在上升。高质量人力资源与低质量人力资源的收入差距明显地拉大。

1.1.2 人力资源管理的概念和重要性

1. 人力资源管理的概念

企业人力资源管理与生产、营销、财务管理等一样，同为组织的一项必不可少的基本管理职能。基于这一认识，可对微观人力资源管理下一个定义。

通过不断地获得人力资源，把得到的人力整合到组织中并融为一体，保持和激励他们对本组织的忠诚与积极性，控制他们的工作绩效并做相应的调整，尽量开发他们的潜能，以支持组织目标的实现，这样的一些活动、职能、责任和过程就是微观人力资源管理。它具体包括以下 5 个环节。

（1）获取。获取首先包括职务分析。组织根据其文化价值观、使命、目标与战略，确定了它的职能分工与劳动分工的形式，设计出它的结构后，分析并具体制定出每一工作岗位的职务说明书；根据组织内、外条件与目标，做出人力资源近期、中期与远期规划；据此进行对所需人员的吸引、招聘、考评、选拔、委派与安置。

（2）整合。整合又叫做一体化，即使招录到的人员不仅在组织上参加到本组织中来，而且在思想上、感情上和心理上与组织认同并融为一体。这包括对员工的培训，介绍组织的宗旨与目标，启发和指引他们接受这些宗旨与目标，协调好组织中的人际和群际关系。

（3）保持与激励。保持与激励是指对招聘的人员采取适当措施，使其对工作的条件和环境感到满意，培养和保持工作热情。组织通过设计并执行公平合理的奖酬、福利、保健等制度，建立激励机制，激发劳动者的内在潜力。

（4）控制与调整。控制与调整包括合理而完整的绩效考评制度的设置与执行，并在此基础上采取适当的措施，如晋升、调迁、解雇、离退、奖励、惩戒等的实施与落实。

（5）开发。开发是指企业为有效地发挥人的才干和提高人的能力而采取的一系列活动。开发活动的主要环节有人才发现、人才培养、人才使用与人才调剂。它包括两个目标：一是提高人力资源的质量，二是提高其活力。具体活动有教育训练、组织发展、提高生活质量等活动。

这 5 个方面是互相关联的，并且都是为实现组织的既定目标与使命服务的。

2. 人力资源管理的地位

要理解什么是人事管理，首先必须明白管理者是干什么的。大多数管理学专家都认为，任何管理者都要执行这样五种基本职能：计划、组织、人事、领导和控制。总的来看，这些职能就代表了通常所说的管理过程。每种管理职能中所内含的特定活动如下所述。

（1）计划。确立目标和标准，制定规则和程序，拟订计划，以及进行预测、估计或设想将来有可能发生什么事情。

（2）组织。给每位下属分配一项特定的任务，设立工作部门，向下属授权，建立权力流动和信息沟通渠道，协调下属之间的工作。

（3）人事。确定什么样的人才能被录用，招募员工，甄选员工，确定工作绩效标准，给员工支付报酬，进行工作绩效考评，向员工提供建议，对员工实施培训和技能开发。

（4）领导。促使其他人完成他们的工作，维持组织成员的士气，激励下属。

（5）控制。制定像销售定额、质量标准或生产水平一类的标准，对照上述标准检查实际的工作绩效如何，在必要时采取适当的行动。

在本书中，将集中探讨这五大职能之一即人事管理职能，若把它与组织的经营战略联系起来则称为人力资源管理。

3. 人力资源管理的职能

人力资源管理之所以在社会组织中具有举足轻重的地位，是因为它肩负着重要的使命，即实现人与事、人与人的和谐，使事得其人、人尽其才、才尽其用，达到高的劳动效率和效果，实现组织目标，从而促进社会发展。这些目标的达成是通过人力资源管理的各项职能和从事的各项活动来实现的。而且，对于人力资源管理的各项职能和活动，应当以一种系统的观点来看待，它们之间并不是彼此割裂、孤立存在的，而是相互联系、相互影响，它们共同形成了一个有机的系统。人力资源管理的职能主要体现在以下 7 个方面。

（1）人力资源规划。这一职能包括的活动有：对组织在一定时期内的人力资源需求和供给做出预测；根据预测的结果制定出平衡供需的计划。通过制定人力资源规划，一方面，保证人力资源管理活动与组织的战略方向和目标相一致；另一方面，保证人力资源管理活动的各个环节互相协调，避免冲突。同时，在实施此规划时还必须在法律和道德观念方面创造一种公平的就业机会。

（2）人员吸收与保持。吸收职能包括招募与选拔两部分：招募是指通过各种途径发布招聘信息，将应聘者吸引过来；选拔是指从应聘者中挑选出符合要求的人选。当人力资源规划表明有新的员工需求时，组织就需要启动招聘和选择程序以找到合格的劳动者，来弥补职位的空缺。保持主要是通过激励、劳动保护等措施调动和维持员工的积极性和责任心，保证员工的身体健康。

（3）培训与开发。培训与开发职能包括建立培训体系，确定培训的需求和计划，组织实施培训过程，以及对培训效果进行反馈总结等活动。通过培训和开发提高员工个人、群体和整个组织的知识、能力、工作态度和工作绩效，进一步挖掘出员工的智力潜能。

（4）绩效管理。绩效管理是通过双向沟通确定目标并根据所确定的目标对员工的工作结果做出评价，发现其工作中存在的问题并通过绩效反馈（面谈）加以改进，奖优罚劣，进一步提高和改善员工的工作效率和质量。绩效管理包括制订绩效计划、进行绩效考核及实施绩效沟通等活动。

（5）薪酬与福利管理。薪酬与福利管理包括确定薪酬的结构和水平，实施工作（岗位）评价，制定福利和其他待遇的标准以及进行薪酬的测算和发放等。

（6）安全与健康。组织为保障员工的安全与健康，必须在减少事故、职业毒害，预防职业病等方面采取有力的措施。员工在安全的环境中工作并享受良好的保健，能够使其更有效地工作，从而给组织带来长期的利益。

（7）劳动关系和员工关系管理。管理者与组织内有组织的员工群体就工资、福利及工作条件等问题进行谈判，协调劳企关系。有的学者还在这一职能中加入了进行企业文化建设，营造融洽的人际关系和良好的工作氛围，甚至还包括了对员工的职业生涯进行设计的管理（这一活动有时归入开发职能中）等。

1.2 人力资源管理理论的形成和发展

人力资源管理理论经历了一个逐渐发展与成熟的历史过程，可以从以下几个方面探索人力资源管理理论的形成和发展过程。

1.2.1 早期人力资本理论

1. 古典经济学中人力资本思想的萌芽

追根溯源，人力资本的思想最早是由古典政治经济学提出来的。古典政治经济学家威廉·配第首先提出了劳动创造价值的观点。他指出，人是创造财富的第一因素，并指出“构成国家强大因素的是人”。

亚当·斯密继承和发展了配第劳动创造价值的理论，同时明确提出了劳动技巧的熟练程度和判断能力的强弱必然要制约人的劳动能力与水平，而技巧的熟练程度是需要经过教育培训才能获得的，教育培训又需要花费时间和付出学费，因而人获得的技巧与才能是可以得到补偿并获取利润的。亚当·斯密的观点可以说是最早关于人力投资的思想，至今仍有重要的学术价值和实践意义。

李嘉图同样进一步发展了劳动创造价值的理论。他非常明确地强调了人的劳动是创造价值及使价值增值的源泉，比较细致地分析了人们的复杂劳动和简单劳动的差别，论述了复杂劳动可以创造更高的价值。虽然李嘉图未直接涉及人力资本的问题，但简单劳动与复杂劳动本质上反映的就是人们在个人才能上的差异，实质是有关人力资本的问题。

马歇尔作为 19 世纪末英国著名的经济学家，是古典政治经济学的集大成者。他在经济理论中正式提出人的能力因素，认为“生产的发动机是两样东西：一个是知识，一个是组织，而不是土地和种子”。马歇尔在其《经济学原理》一书中考察生产因素时，与以前的经济学家的不同之处，在于除土地、劳动、资本三个因素外，提出应将人的健康程度、产业训练问题与人的素质考虑进来。他说：“我们必须考虑人的体力的、精神的、道德的健康及其程度所依存的各种条件。唯有这些，才是劳动生产率的基础。物质财富的生产是依存于劳动生产率的。”马歇尔的这些思想与论述，无疑是现代人力资源管理思想的重要源泉。

2. 马克思关于人力资源管理的基本观点

尽管马克思没有专门研究和论述人力资源管理的问题，但是他的许多理论观点却是研究人力资源管理的指导思想。马克思的主要理论观点有以下 3 个方面。

（1）马克思继承和发展了古典政治经济学关于劳动创造价值的理论。马克思较早地提出和研究了在生产过程中人的主导地位与作用的问题，即劳动是创造社会财富的主要源泉，人的劳动之所以能够创造价值，就是因为人的劳动是最能动的要素。

（2）马克思论述了复杂劳动比简单劳动可以创造更多的社会财富。马克思认为，之所以复杂劳动可以创造更多的社会财富，或者说能够创造更多的价值，主要是由于复杂劳动的能力是通过教育与培训而获得的。复杂劳动“是这样一种劳动力的表现，这种劳动力比普通劳动力需要较高的教育费用，它的生产要花费较多的劳动时间，因此它具有较高的价值”。在此基础上，马克思把科学技术和教育看作生产力，因为科学技术和教育可以提高人的智力和技巧。

（3）马克思提出了劳动力的价值构成理论。马克思认为，劳动力的价值就是生产和再生产劳动力所耗费的生活资料的价值，其中包括劳动者恢复体力和智力所必需的生活资料、维持家庭及子女生活所必需的生活资料，以及教育和培训劳动者所必需的生活资料的价值。因而，教育与培训是提高劳动者劳动能力的基本途径。而要进行教育与培训，就必然要有人力和物力的耗费，这种耗费又是构成劳动力价值的重要部分。他又指出：“劳动力的教育费随着劳动力性质的复杂程度而不同。”可见，马克思的这些基本思想正是现代人力资源管理要研究的基本问题。

1.2.2　从西方管理理论的发展看人力资源管理的发展演变

人力资源管理发展成为较系统的理论，是随着整个管理理论的发展而发展的。人力资源管理的对象是人，整个人力资源管理发展史就是对人的认识——关于人的理论的演变史。在人力资源管理理论的发展中，比较著名的理论有“X 理论”、“社会人理论”、“Y 理论”及“超 Y 理论”等，这些理论与管理发展阶段的结合，大致可以分为以下四个阶段。

1. 科学管理阶段的人力资源管理（19 世纪末至 20 世纪 30 年代）

19 世纪末 20 世纪初，管理才真正成为一门科学。这一时期称为科学管理时期，其中有关人力资源管理的研究的主要代表有泰勒和法约尔。

（1）泰勒的人力资源管理。科学管理的代表人物是美国的泰勒。这一学派就人力资源管理而言，主要倡导以下几点：

- 倡导劳资双方的“合作”，通过提高劳动生产率使双方均能获益。
- 倡导管理人员与工人的分工明确，权责分明。
- 提出工作定额原理。
- 实行有差别的计件工资制，以鼓励工人完成较高的工作定额。
- 按科学的方法选择和培养工人。

泰勒的科学管理主要有两大贡献：一是管理要走向科学，二是劳资双方的精神革命。前者是有效的人力资源管理的必要条件，后者是有效的人力资源管理的必要心理。科学管理不仅仅是将科学化、标准化引入管理，更重要的是泰勒所倡导的精神革命，这是实施科学管理的核心问题。许多人认为雇主和雇员的根本利益是对立的，而泰勒所提出的科学管理却恰恰相反，它相信双方的利益是一致的。他认为对于雇主而言，追求的不仅是利润，更重要的是事业的发展。事业的发展把雇主和雇员联系在一起，不仅会给雇员带来较丰厚的工资，而且更意味着充分发挥其个人潜质，满足自我实现的需要。只有雇主和雇员双方互相协作，才会达到较高的绩效水平，这种合作观念是非常重要的。

1912 年泰勒在美国众议院特别委员会听证会上所做的证词中强调，科学管理是一场重大的精神变革，每个人都要对工作、对同事建立起责任观念；每个人都要有很强的敬业心和事业心。科学管理的思维模式是一个许多教科书中没有仔细讨论的问题。在 1912 年的国会听证会上，泰勒提出了著名的科学管理是一种“心智革命”的论断。我们认为，“心智革命”就是泰勒科学管理的思维本质。在他“科学管理是什么”的答辩中，泰勒对于实践中那些对其科学管理思想的现象理解颇为不满。他认为，科学管理“不是什么效率装置”，也“不是任何一种确保效率的装置”，“它涉及一种置身于任何产业发展的劳资双方彻底的心智革命……没有这种劳资双方的心智革命，就无所谓科学管理的存在”。

泰勒为人力资源管理提供了研究纲领。泰勒的工人概念是有先决条件的，即泰勒所说的工人，是事先进行了科学的选拔和发展，能够提高劳动生产率的工人，他称之为“一级工人”，而并非全体范围的工人。这意味着，在其他先决条件或中心观念（如劳资双方利益应该最大化）一致的情况下，如果企业真的想提高劳动生产率，企业对员工就有培训和开发的义务。因此，泰勒实际上扩大了一般意义上对“经济人”的理解，而这有助于更好地理解泰勒科学管理的本意。

（2）法约尔的人力资源管理。法约尔是古典组织理论的代表人物之一。他的管理理论主要包含在 1916 年发表的《工业管理和一般管理》一书中。在他提出的经营的六种职能、管理的五种因素和十四条管理原则中，就涉及许多对人的管理思想。例如，十四条管理原则中的第一条，就是将生产中每个工人劳动专业化，使每个管理人员各负其责，以减少人力费，提高工作效率，增加产量。第二条“权力与责任”中，就强调在用人中必须使权力与任务结合起来。再如第七条“员工的报酬”，在讨论了日工资、计件工资、奖金和利润分配以后得出结论：付酬方式取决于许多因素，而其目的是使员工更有价值，并激发其热情。另外，在第十条“秩序”、第十一条“公平”、第十二条“保持人员稳定”、第十三条“首创精神”、第十四条“人员的团结”等管理原则中，都涉及了对人的管理思想。

2. 行为科学阶段中的人力资源管理（20 世纪 30～60 年代）

科学管理理论在一定条件下对生产力的提高起到了巨大的推动作用。然而，随着生产力的发展和社会历史条件的变化，这种管理方式逐渐暴露出其弊端。在新的历史背景下便产生了行为科学理论。这种理论认为，影响工人积极性的主要因素不是经济报酬而是其他心理因素和社会因素。例如，通过满足职工个体的需求，尤其个体的接受感、归属感和认同感，在组织内形成良好的人际关系，可激发职工士气，提高劳动生产率。行为科学理论的本质是以人为中心。

行为科学的发展分为两个阶段。

（1）人际关系阶段的人力资源管理思想。20 世纪二三十年代，由于科学管理的局限性，人们开始由科学管理转向对人的研究，把管理的注意力转到人的心理因素的作用方面来。这种管理思想的产生，是前后进行了十年的美国霍桑试验的结果，其代表人物是美国人梅奥。

梅奥根据霍桑试验结果指出，照明度或其他工作环境等条件不是影响生产率的基本条件，并提出了以下观点：

- 要以人为中心，要在激励人的积极性上下工夫。
- 人是“社会人”，除了物质、金钱的需要外，还有社会和心理方面的需要。
- 生产率的高低在很大程度上取决于员工的工作态度，即士气，而态度或士气又与个人家庭、社会生活和组织中人与人的关系密切相关。
- 组织中除了“正式组织”之外，还存在非正式组织，即组织成员在共同工作过程中由于抱有共同的社会感情而形成的非正式团体。它同正式组织是相互依存的，对生产率的提高有很大的影响。

霍桑试验的上述观点主要反映在梅奥于 1932 年出版的《工业文明中人的问题》和《工业文明的社会问题》等书中。在这些著作里，他建立了人际关系学说，形成了人际关系学派，这就为后来“行为科学”的产生与发展奠定了基础。

（2）行为科学阶段的人力资源管理。人际关系研究着重于人群因素，例如，只要搞好人与人之间的关系，使工人的需要得到满足，就能提高劳动生产率。事实上，人际关系学说的许多理论观点还存在某些缺陷，因而需要进一步发展。1953 年在美国邀请有关大学的一些教授举行讨论会，在这次会上首次提出了“行为科学”这一名称。与人际关系学说相比，行为科学的主要注意力从维护良好的人际关系转到对组织中人际行为的科学分析。

行为科学认为，管理主要是处理好人际关系、调动人的积极性，人是决定的因素，因此要研究人的行为。行为科学派强调从社会学、心理学的角度，从人的需要、动机、目的、行为相互关系和社会环境等方面，研究它们对组织生产经营活动及其效果的影响，以提高生产效率，保证组织获得最高利润。

行为科学派的代表人物之一、美国麻省理工学院心理学教授麦格雷戈在 20 世纪 50 年代提出了人的本质理论，即 X 理论和 Y 理论。这是对人的两种不同的评价。X 理论认为，人生来就是好吃懒做，只要有可能，工作上就避重就轻；人们缺乏进取心，做工作总希望有人指点，以免承担责任。与 X 理论不同，Y 理论认为，人不是好逸恶劳的，并能从工作中取得满足感，能按照一定的目标，自觉地完成任务；人都是有进取心、自尊心的，能在适当的时机承担更大的责任；人是有能力、有理想、有发明创造潜力的。

麦格雷戈认为，作为一个管理者来说，不能以X理论看待人，而应该按Y理论来管理组织，要相信人是可以信赖的，是有潜在能力的，个人目标和组织目标是可以结合的，应当鼓励员工自觉控制自己，鼓励人们进步，让员工参与组织管理，发挥其积极性和创造性。倡导Y理论基本观点的代表人物，还有美国行为科学家马斯洛，他提出了人的需求层次理论，Y理论因此也称为自我实现理论。

3. 管理科学阶段中的人力资源管理（20世纪60～70年代）

现代化管理理论的另一重要学派是管理科学学派。这一学派的理论与泰勒的科学管理理论不是同一思想体系，前者以对管理活动的系统与数量方法研究见长，后者则以管理的心理革命为主旨，并辅以效率改进方法。二者是因果关系。

管理科学学派将20世纪以来的最新科学技术成果应用到管理工作的各个方面，形成了许多新的管理思想和管理技术，使管理工作的科学性达到了新的高度。为了区别于泰勒的科学管理理论，将新出现的一系列的管理思想与管理技术称为“管理科学”。管理科学理论有如下主要特点。

（1）生产和经营管理各个领域的各项活动都以经济效果的好坏作为评价标准，即要求行动方案能以总体的最少消耗获得总体的最大经济效益。

（2）使衡量各项活动效果的标准定量化，并借助于数学模型描述事物的现状及其发展规律，找出最优的实施方案，摒弃单凭经验和直觉确定经营目标与方针的做法。

（3）依靠电子计算机进行各项管理。组织经营范围的扩大、决策问题的复杂化、方案选择的定量化，都要求及时处理大量数据和提供准确信息，而这些只有借助计算机才能做到。

（4）强调使用先进的科学理论和管理方法，如系统论、信息论、控制论，以及运筹学、概率论等数学方法或数学模型。

管理科学学派的主导思想是使用先进的数学方法及管理手段，使生产力得到最为合理的组织，以获得最佳的经济效益，而较少考虑人的行为因素。

这一时期有关人性的假设被称为理性经济人假设，即认为机器与数据的计算比人的经验更可靠，管理的决策与效益更多地通过“硬”的计算机等设备来实现。

4. 现代管理科学阶段中的人力资源管理（20世纪70年代以来）

这一阶段的鲜明特点，一是科学技术的迅猛发展，高科技信息产业引起知识经济的诞生；二是经济更进一步全球化，使竞争更趋激烈。这使得组织对文化素养高的白领员工的依赖加强，迫使管理中的人性观从理性经济人假设再度向社会人及自我实现人假设转变。这样，人本主义的管理思潮便成为此阶段的主流。所谓人本主义，即以员工为组织的根本和中心，所以又可称为员工导向的或以人为中心的管理价值观。具体来说，主要包括以下几层含义：依靠人——全新的管理理念；开发人的潜能——最主要的管理任务；尊重每一个人——企业最高的经营宗旨；人的全面发展——管理的最终目标；凝聚人的力量——组织有效运行的重要保证。

这一阶段，在人力资源管理方面，主要是强调系统权变的理论。以美国的巴纳德为首的社会系统学派十分强调系统观点。他们认为，社会的各级组织都是一个协作的系统，即由相互进行协作的各个人组成的系统。而以摩尔斯和洛斯奇为代表的权变理论学派则强调权变的观点。他们认为，在组织管理中要根据组织所处的内外部条件随机应变，没有什么一成不变、普遍适用的“最好的”管理理论和方法，应该针对不同的情况，选择或交替运用有关的理论，以达到工作、组织、个人三者的最佳配合。

这一时期有关人性假设的理论是以超 Y 理论为根据的。超 Y 理论也称为“复杂人”假设理论，它是针对经济人、社会人、自我实现人假设而提出的一种人性假设。它认为人是复杂的，人的差别不仅因人而异，而且因时间环境等因素的不同会有不同的行为、动机和需求。这一理论与管理的权变理论是密切相关的。

综上所述，泰勒的人力资源管理理论强调以科学的方法来训练工人、管理工人，却忽视了工人的社会心理需要。行为科学的人力资源管理理论恰好弥补了这方面的缺陷，这无疑是一个巨大的进步。系统权变学派的人力资源管理理论则注意到人员组织的系统性、多样性，强调对各种理论方法的灵活运用，将人力资源管理理论又向前推进了一步。当然，人力资源管理理论的发展经历了曲折的历程，组织对人的研究的重视程度在每个管理阶段也有所不同。管理发展阶段与人力资源管理理论演变的关系如表 1-1 所示。

表 1-1　管理发展阶段与人力资源管理理论演变的关系

项目 阶段	代表学派	人性观	对人研究的重视程度
科学管理阶段	古典管理学派	经济人	低
行为科学阶段	人际关系学派	社会人自我实现	较高
管理科学阶段	管理科学学派	理性经济人	较低
现代管理科学阶段	综合管理学派	复杂人	最高

1.3　旅游企业的人力资源管理

1.3.1　旅游人力资源管理的内涵

旅游人力资源管理是指运用现代科学技术和管理理论，对旅游人力资源的取得、整合、调控等方面所进行的一系列管理活动，以实现旅游企业的目标。因此，旅游人力资源管理是实现旅游企业目标的一种手段。

旅游人力资源管理的内涵是以人的价值观为中心，为处理人与人、人与工作、人与组织以及人与环境的互动关系而采取的一系列的管理活动。

旅游人力资源管理的结果，就旅游企业而言，是组织生产率的提高和组织竞争力的加强，就旅游从业人员而言，则是员工工作生活质量的提高与工作满意感的增加。生产率反映了产出的旅游商品或旅游企业人力资源管理范畴提供的旅游服务与投入的人力、财力、物力的关系，工作生活质量则反映旅游从业人员在工作中所产生的生理和心理健康的感觉。在旅游企业中，旅游人力资源管理需要处理的管理范畴，可以分为 6 个部分。

（1）研究“人”的问题。旅游人力资源管理要做的工作是人的工作，要进行的管理是以人为中心的管理，人要干事，事要人干，离开了人，就没有管理可言，更无所谓人力资源管理。

（2）人与事的匹配谋求人与事的适当配合，以实现“事”得其才、人尽其用，有效使用的目的。

（3）人的需求与工作报酬的匹配使得酬适人需、有效激励，人尽其力、贡献最大。

（4）人与人的协调合作建立合理的群体结构，强调团队精神，使得群体内能相互取长补短。

（5）人与组织的协调配合制定有效的工作规范与组织制度，使得权责分明、灵活高效，发挥整体优势。

（6）人与环境的和谐共处寻求人的需求满足与环境协调可持续发展，即人的需求不断提高，推动环境的发展，而环境的发展又促使人产生新的需求与满足。

1.3.2 旅游企业人力资源管理的特点

1. 一种全过程的管理

旅游企业人力资源管理的范围相对来说是比较大的，凡是与旅游业员工的需求和供应有关的问题，都是旅游人力资源管理研究的对象。包括为旅游业提供和选拔合适的人才，如对员工的录用、培训、升迁、奖惩、辞退/退休等全过程的管理，而且还包括如何重视员工的心理，了解员工的思想，创造一个良好的工作环境，来调动员工的工作积极性，指导员工的工作，改善员工的工作环境和生活条件，发展员工潜在的各项能力等。

2. 一种全员性的管理

旅游企业人力资源管理不仅要对企业中各类人员进行全员培训与考核，让每位员工都能提高其素质胜任本职工作，发挥其应有的作用，而且还包括企业全体管理人员对下属进行有效的管理和督导。这就要求旅游企业的每个管理人员都应该了解和掌握人力资源管理的理论和方法，开发和利用人的才能，做到知人善任。

3. 一种系统性的管理

旅游企业人力资源管理既然是一个全过程、全员性的管理，它就不可能由哪一个部门或哪一位管理者孤立地实施，而必须将其作为系统工程来认识和运作。旅游企业人力资源管理系统是由录用系统、培训系统、使用系统、考核系统、奖惩系统、离退休系统等子系统组成的一个大系统，其中各子系统都是围绕着大系统目标进行运转的。

4. 一种科学化的管理

为了确保旅游企业人力资源管理的效果，应该逐步实现标准化、程序化、制度化和定量化。

（1）标准化。标准化是指按照旅游企业岗位制定的有关工作的数量、质量、时间、态度的书面文件。其主要内容有：岗位的职责任务；每项任务的数量、质量要求；完成每项任务的程序和方法；与相关岗位的协调配合；任务完成情况的考核办法等。

（2）程序化。程序化是按照项目制定的有关管理步骤的规定。它规定各阶段工作的先后顺序和每个阶段的工作内容，要达到的标准、责任者及完成时间。

（3）制度化。制度化是指旅游企业人力资源管理工作应建立严格的规章制度，使员工的招聘、录用、培训、考核、奖惩、选拔、调动、退休以及潜能的开发利用等都能做到有章可循。

（4）定量化。定量化是指员工有合理的定员与定额，考核系统有科学的数量依据。定额制定或修改要经常进行测试和统计分析，考核系统可利用人员功能测评和对积极性状态等进行统计分类，综合评价，在此基础上搞好定量分析。

1.4　中国旅游人力资源的管理现状

1.4.1　中国旅游人力资源管理的特点

人力资源管理一直是旅游企业经营管理者关注的焦点和热点。作为劳动密集型的企业，人工成本在旅游企业的经营总成本中占有很大比重，旅游企业必须将人工成本控制在一定水平，以确保在总成本上的竞争优势。

旅游企业的业务活动既不像工业企业以产品为中心的产供销，也不像商业企业以商品为中心的购销调存，而是以客人为中心的客源组织与对客接待服务，即旅游企业业务活动的服务性。旅游企业服务具有无形性、异质性、生产与消费的同步性、易逝性等特点，服务的这些特点，使商品与服务之间存在一种内在的区别，这种区别导致了旅游企业人力资源环境的特殊性。

1. 旅游企业服务人员年龄普遍比较年轻

在 20 世纪 80 年代，旅游企业从国外引进两句话："宾客是上帝"、"客人永远是对的"，这对中国旅游企业产生了不可估量的作用，把中国旅游企业服务向前推进了一大步，也正是这两句话，让许多人认为：旅游企业服务是"侍候人的"、是"店小二"。既然是"侍候人的"、"店小二"，那就越年轻越好，越漂亮越好。目前，许多旅游企业，除了少数的管理者和后台员工，大多数是年轻人的天下，服务人员需要年轻和相貌成了旅游企业人力资源管理的定式。

2. 旅游企业员工的流动率比较高

据统计，北京、上海、广东等地区旅游企业的员工流动率在 30%左右，有的旅游企业高达 45%。旅游企业员工的流动率是一个世界性的问题，根据美国旅游企业基金会《1998 年旅游企业流动率和多样性报告》，1997 年美国旅游企业一线员工的流动率为 91.7%，经理为 13.5%，督导为 11.9%。由于美国近年来失业率降低，旅游企业招聘员工，尤其是优秀员工的难度加大。AHF 的研究表明，旅游企业平均每位员工流失的费用大约是 5000 美元，而经理人员的平均流失费用是 50000 美元或者更多。导致旅游企业人员流动率加大的五个根本原因是"个人发展"、"学习"、"工资福利"、"成就感"和"人际关系"，共占 84.3%。

3. 工作时间通常比较长

旅游企业是一个面向顾客、相对开放的场所，没有节假日，没有星期天，有些旅游企业要求每天二十四小时都必须有服务人员在岗。由于客人对旅游企业服务时间的连续性要求，对员工的工作时间也有特殊要求，员工在当班期间，要始终保持高效的工作效率，做到处处让顾客满意，有时候即使到了下班时间，只要顾客还有服务要求，就不能置客人于不顾而擅自下班，服务人员就得自动延长工作时间，直到服务到顾客满意为止。

4. 服务人员服务压力大

旅游企业的服务就像就餐过程，基本上是生产和消费同时进行的，这也通常意味着服务生产时顾客是在现场的，服务人员需要面对面和顾客打交道。由于没有两个客人会完全一样，所以会产生异质性。每位客人都会有独特的需求，或者以一个独特的方式来体验服务，服务人员要用一样的服务标准、服务程序和礼貌用语去满足不同的客人需要是很困难的。一样的服务标准，服务程序和礼貌用语，但哪怕是服务员脸上一个细微的表情，语调中的一点点差异，也往往会使敏感的客人感到很大区别，甚至会成为服务优劣的评判标准，服务人员工作稍微不到位，就会受到客人投诉，从而受到主管人员的批评或处罚，因此，服务人员在对客人服务过程中承受着相当大的服务压力。

5. 培训的实用性和培训方式的多样性

为了确保服务质量的一致性，就必须对服务人员进行系统严格的培训。培训要有针对性（实用性），主要体现在以下 3 个方面。

（1）根据员工需要和岗位需要进行培训。如旅游企业前台接待人员、餐厅服务员、客房服务员，他们的岗位不同，职能不同，工作内容也不同，其培训需求也不同。培训内容要紧密结合实际，注意与他们各自承担的工作的相关性。

（2）学以致用。员工参加培训学习的目的是为了增加知识、提高技能，学习以后立即用于工作实践。因此员工的培训过程与内容要与实际工作相互渗透，有机结合，使员工通过培训，确实能将所学到的知识技能及时运用于工作，转化为生产力，使工作出现新起色。

（3）强调速成性。旅游企业培训的员工大多是在岗员工，由于工作需要，不可能采取全员脱产培训，培训与工作往往一体化，即以在职培训为主。一方面，员工已具备一定的基础和实践经验，为速成提供了可能性；另一方面，工作具有季节性的特性也对员工培训提出了客观要求。针对这一现状，在时间安排上尽可能做到速成，充分利用工作间隔、经营淡季等，在不影响工作的前提下开展培训。

旅游企业培训活动不是一个封闭的系统，而是呈现动态开放性的，这就决定了培训工作应有多样性的特点。多样性体现在多层次、多形式、多渠道等方面。

（1）多层次。旅游企业员工培训并不是特指某些人，而是对不同层次的人都应该进行培训，即全方位、全员性培训。由于员工职务、年龄、知识结构和专业技术等级的不同，决定了要划分不同层次和采纳不同的方法进行培训。

（2）多形式。培训可以按照不同的标准划分为不同形式。例如，根据培训时间来划分，有中长期培训、短期培训和速成培训；根据培训方式来划分，有全脱产培训、半脱产培训、业余学习等；根据培训性质来划分，有岗前培训、在岗培训、转岗培训、岗位培训、技术等级培训和晋升培训等。

（3）多渠道。多渠道培训是指旅游企业不应局限于自身力量，要广开门路和渠道，进行形式多样化的培训。如内部培训、参加讲座培训班、到有关院校进修、委托旅游院校进行骨干强化培训和出国培训等。

6. 需求波动对员工规划影响大

对旅游企业来说，客房、餐饮及会议设施的供给能力基本上是固定的，而客源供给却是季节性、周期性的甚至每天都在变化。当服务的需求超过了服务人员的最大能力时，服务质量就会降低，顾客不满意，员工也会筋疲力尽。考虑到质量降低，客人和员工的不满意导致的潜在成本，旅游企业人力资源管理者必须根据客人需求和旅游企业供给能力的变化及时调整员工规划，实行多样的用工形式。

1.4.2　中国旅游企业人力资源管理存在的问题

中国旅游企业具有良好的发展前景，但在人力资源管理上却存在着许多问题，主要体现在以下 7 个方面。

1. 旅游企业人力资源市场需求缺口较大

近些年来，随着改革开放的不断深入，经济发展速度不断加快，国民生产总值每年平均以 9.5%的速度递增，人们的生活水平有了极大的提高，旅游意识增强，出游人次大幅度提高，加上国家实施“假日经济”来拉动内需，对节假日进行了调整，旅游业更是发展势头迅猛。在这种情况下，旅游企业人力资源供给远远不能满足旅游企业高速发展的需求。而且，随着旅游业的大发展，旅游企业人力资源的需求缺口还将进一步扩大。

2. 旅游企业人力资源结构分布失衡

目前，中国旅游企业人力资源的另一个问题就是旅游企业人力资源结构分布失衡。从纵向看，旅游企业的发展需要素质高、外语好、专业知识扎实、一专多能的复合型人才，而目前中专、职校生与本科以及更高学历的硕士、博士等旅游高级人才的比例严重失调。从横向看，旅游企业人力资源存在着严重的专业缺口问题，其主要表现是既具有实践经验又具有较高理论水平的旅游人才难觅，学历较高的本、专科毕业生往往具备了某一方面的专业知识和文化知识却没有较多的实践机会，他们在旅游企业的实践上有较大的欠缺；而旅游职校的学生往往实践经验比较丰富，但理论水平又有限。

3. 旅游企业从业人员再教育和培训机制不健全

旅游企业从业人员再教育和培训是稳定员工队伍的重要途径之一，是保护和提升旅游企业服务质量的必要手段。各种形式的培训和再教育在合资、独资以及少部分管理较好的内资旅游企业中已形成制度，且得到较好的贯彻执行。但在中国众多的国营、民资等旅游企业里，培训形同虚设，名不副实。一些旅游企业为了节约成本，放弃对管理人员和员工的培训，而直接以高薪等条件从其他旅游企业挖人，造成部分地区旅游企业人员流动过快、比例过高，旅游企业管理人员市场恶性竞争、循环。部分不发达地区旅游企业招工难，招好工更难。许多旅游院校、旅游学校的毕业生纷纷流向发达地区，而发达地区由于经济条件好、毕业生可选择的职业和机会多。并且星级旅游企业也不如前些年那样对年轻人具有非常大的吸引力，许多星级旅游企业在当地很难招到合适的员工，只能到不发达地区招工、挖墙脚等。培训走过场、不愿投资搞培训已成为许多旅游企业的“通病”。

4. 对旅游企业人力资源管理的意义认识不足

认为旅游企业人力资源管理只是简单、机械地“管人”，一切以管理者为中心，“顺我者昌，逆我者亡”，以为中国人有的是，你不愿意干还有的是愿意干的；认为管理的成功就是员工的规矩、服从。殊不知，人力资源管理的基本目的在于最大限度地调动全员的积极性来提高旅游企业的劳动效率，更认识不到广大员工在旅游企业经营活动中的中心地位，认识不到提高广大员工素质、激发员工主观能动性对增强企业活力、提高旅游企业服务质量、创造良好社会效益和经济效益的巨大作用。

5. 对旅游企业管理的认识不够到位

部分管理人员不了解现代旅游管理理论，把西方已经过时的古典管理理论奉为至宝，断章取义地运用某些观点，错误地认为广大员工“天性好逸恶劳，逃避工作，怕负责任”，因而对员工施行“强迫、威胁、严加监督”，甚至对员工使用打骂、人格侮辱、随意开除等手段，造成管理者和被管理者之间关系紧张，人心涣散、士气低落。管理者没有认识到，一个旅游企业的人的管理实质并非“管人”而在于“得人”，谋求“人”与“事”的最佳配合；没有认识到，人是生产力中最活跃的因素，旅游企业一切活动都靠人的参与，一切规章制度，一切规范、规程都靠人去执行，认识不到员工积极性是旅游企业成功的基础。

6. 旅游企业人员流动过于频繁

旅游企业员工流动分为旅游企业行业横向流动和跨行业流动两种。旅游企业行业内人力资源的合理流动有利于行业内劳动力的调剂，充分发挥现有人力资源的优势，而跨行业流动对于旅游企业乃至整个旅游企业行业而言都是一种损失。据调查，跨行业流动的对象主要集中于旅游企业中一线操作服务型员工，这些员工初来旅游企业时，大部分没有上岗工作的经验，旅游企业必须投入大量的人力、物力将其培养为熟练员工，但是这部分员工的经济待遇在旅游企业中较低，而劳动强度又较大，因此导致他们的跨行业流动较频繁。

一方面，频繁的流动，使旅游企业人力资源投资成本的一部分就转化为沉没成本，减少了旅游企业的投资收益，同时还严重削弱了旅游企业对人力资源投资的积极性，长此以往，就会形成一种恶性循环，不利于整个旅游企业的发展。另一方面，部分旅游企业聘人任人唯亲，除名随心所欲，用人不归口管理，减人无统一手续，造成员工管理混乱，有些旅游企业每年人员流动率在50%以上，有的甚至超过80%，更有甚者，个别旅游企业在很短的时间里，将各级管理人员差不多全盘撤换。殊不知，在发达国家大多数旅游企业提倡“宽容、正直和与人为善”，甚至有的企业提倡管理人员终身制的时候，而我们个别管理人员还在滥用职权、主观武断，不考虑旅游企业长远、整体利益而发号施令，导致旅游企业凝聚力低下，人心相背，以及工作上的敷衍了事、短期行为，其后果可想而知。

7. 对高素质的旅游企业管理人才的竞争将不断加剧

旅游企业是人力和资金密集型的行业，由于中国人力资源一向廉价，对外国人才缺乏吸引力，相反外资旅游企业却对中国人才形成了强力竞争。基于这样的现实，在入世承诺中，对国外旅游企业管理人才进入中国旅游企业市场没有加以限制。从近期看，由于中国对外经济发展水平的较大差距，这条承诺对中国旅游企业、餐馆业造成太大影响的可能性不大；但从长远来看，随着中国经济发展水平的提高，中国工资水平与世界平均水平的接近，尤其是在外资企业大举进入中国市场以后，这种潜在的人才竞争压力还是不能忽视的。目前，中国旅游企业发展面临的一个重大问题就是：从总经理到服务员各个层面的旅游企业“专业人才”的短缺。加入 WTO 以后，对旅游企业管理人才（特别是职业经理人才：包括总经理、人力资源经理、营销人才、行政总厨等）的需求将会增加。与中国旅游企业相比，国外旅游企业更加重视知识，重视人才，它们将为人才提供更加优厚的待遇和宽松的环境，因此，中国旅游企业的人才将有一次大流动，旅游企业人才将重新定位、组合，这对中国旅游企业将是一次大的冲击，特别是在目前中国旅游企业服务和管理人才待遇普遍偏低的情况下，更是如此。

模拟实训

【实训目的】

1. 运用所学理论对旅游人力资源需求进行分析。

2. 能对某特定地区人力资源状况作出正确评价。

【实训时间】

本章课堂教学内容结束后的双休日和课余时间，为期一周。或者指导教师另外指定时间。

【背景材料】

酒店行业人才需求分析

全国酒店旅游行业的职位需求有 14258 个，位于行业需求排行第 15 位。由于城市的开放性和旅游业的发展，导致上海、北京、广州这 3 个城市的行业人才需求最为旺盛。长三角经济的发展，促使江浙一带的酒店旅游人才的需求迅猛增长，以浙江省为例，行业人才需求达到了 996 个，排在三大城市之后。国企、民企和外企的人才需求比为 1:1.5:3.7。

六大部门人才需求均看旺

世博会之前 50 余家星级酒店的新开张以及经济型酒店的不断扩张引发了大量人才需求，目前几乎所有部门的岗位均有较大需求。

财务及其他行政岗位：主要包括 HR、出纳、总账文员等。HR 也是酒店常常招的职位之一，经理级别的年薪可达到 10 万元。

销售：包括销售代表、销售经理、销售总监等。销售代表之间的薪酬差距比较大，由其服务酒店的星级及业绩决定；其中浮动收入较高，甚至占到总薪酬的一半。中华英才网调查显示，普通销售代表年薪在29000～75000元之间。

工程：包括工程部总监、值班工程师、仓库管理员、技术员，以及管道工、锅炉工、装饰技工等各类技术工。设备维护经理年薪可达到45000～78000元。

前厅及房务：包括餐厅服务员、公共区域服务员、客房服务员、客房文员等。根据中华英才网相关调查显示，这部分职位的薪酬今年变化趋势不大，年收入在15000～28000元之间。

餐饮：行政总厨、餐饮经理、中西餐厨师以及点心师、冷菜师等。中西餐厨师的要求差异较大，一般来说西厨要求更高，要求至少3年以上工作经验，而且要“英语良好，能够与外籍上司或客户交流”。许多酒店在招聘西厨时，都会侧重于招聘那些具备海外工作经验的厨师，尤其是曾在欧美国家工作过的。而中厨则一般只要求具备2年以上工作经验。据悉，餐饮部经理年薪可达到68000～95000元，不过具体收入的高低还要看其所处的酒店以及工作成绩，因为这个岗位的浮动收入较其他职位高，占到总薪酬的1/4左右。

保安：一般要求一年以上相关工作经验，有酒店背景者可优先考虑。需要提醒的是，很多酒店都强调保安需持有本市户口。

新兴领域：会所人才受关注。作为新兴的招聘领域，会所人才正在受到关注。越来越多的会所开始强调集商务、休闲为一体，打造精品概念，为高端人士提供服务。招聘需求包括餐饮部会招聘中西厨、行政总厨，健身休闲部的健身教练、救生员、美容美发师；销售部的会籍顾问以及前厅接待等职位，有些大型会所还设有房务租售专员等。

（资料来源：http://zd.abbr.cn/6/2011/0728/59286.html）

【实训过程设计】

（1）指导教师布置学生课前预习阅读案例。

（2）将全班同学平均分成小组，按每组4～6人进行讨论。实训组根据背景资料进行讨论和设计方案。

（3）根据“背景资料”讨论你所在地区旅游人力资源需求状况。

（4）各实训组对本次实训进行总结和点评，参照“课业范例”撰写作为最终成果的《实训报告》。

（5）指导教师对小组讨论过程和发言内容进行评价总结，并讲解本案例的分析结论。（先评定小组成绩，在小组成绩中每一个人参与讨论占小组成绩的40%，代表发言内容占小组成绩的60%），各小组提交填写“项目组长姓名、成员名单”的《实训报告》。优秀的实训报告在班级展出，并收入本课程教学资源库。

本章小结

企业人力资源管理与生产、营销、财务管理等一样，同为组织的一项必不可少的基本管理职能。基于这一认识，对微观人力资源管理下一个定义：通过不断地获得人力资源，把得到的人力整合到组织中而融为一体，保持和激励他们对本组织的忠诚与积极性，控制他们的工作绩效并做相应的调整，尽量开发他们的潜能，以支持组织目标的实现，这样的一些活动、职能、责任和过程就是微观人力资源管理。

旅游人力资源管理是指运用现代科学技术和管理理论，对旅游人力资源的取得、整合、调控等方面所进行的一系列管理活动，以实现旅游企业的目标。

我国旅游企业人力资源管理面临的问题：处于上升趋势的旅游企业人工成本；旅游企业高水平的管理人才资源供不应求；对人力资源重使用轻开发；重智商开发，轻情商开发和潜能开发；人才高消费与人力低凑合并行；员工培训效果不理想。

综合练习

一、单项选择题

1. 人口资源是指一个国家或地区（　　）。
   A. 所拥有的人口总体　　B. 进入法定劳动年龄的人口总和
   C. 具有现实劳动能力的人口总和　　D. 对社会做出较大贡献的人们的总称
2. 人力资源的素质构成包括（　　）。
   A. 体能素质和智能素质　　B. 先天的素质和后天的素质
   C. 经验知识和科技知识　　D. 通用知识和专业知识
3. 从广义来说，人力资源管理是组织内所有（　　）共同的工作。
   A. 人事工作者　　B. 员工　　C. 管理者　　D. 工会工作者
4. 劳动力资源的法定劳动年龄是指进人（　　）。
   A. 男 16～60 岁　　B. 女 18～50 岁　　C. 男 18～60 岁　　D. 男 18～55 岁
5. 科学管理理论的创始人是（　　）。
   A. 弗雷德里克 • W • 泰罗　　B. 赫伯特 • A • 西蒙
   C. 哈罗德 • 孔茨　　D. 舒勒

二、名词解释

1. 人力资源
2. 人力资源管理
3. 泰罗制
4. 霍桑试验

三、问答题

1. 人力资源管理的概念是什么？
2. 人力资源管理理论经过了怎样一个发展和形成过程？
3. 旅游人力资源管理的内涵是什么？
4. 旅游人力资源管理有哪些特征？
5. 我国旅游人力资源管理面临哪些问题？

第2章

旅游人力资源规划

学习目标

- 旅游企业人力资源规划的含义及其对于旅游企业的作用
- 旅游企业人力资源规划的具体内容
- 旅游企业进行人力资源规划时所采用的方法
- 旅游企业人力资源需求预测的方法

互联网阅读

学习本章之前，先浏览:http://www.chinaoct.com/category.aspx?NodeID=35。

华侨城集团人力资源理念具体内容如下。

人力资源是集团成长的第一要素

——提高员工素质，拓展员工发展空间，保障并提高员工经济所得，实现员工的价值，是集团发展的目的之一；

——提高员工的积极性、发挥员工的创造性，是集团全部管理工作的中心之一，是人力资源管理工作的主要任务。

以业绩多寡论英雄，业绩面前人人平等

——从这一原则出发，华侨城集团建立客观、公正、有效的人才选拔机制、绩效考核管理体系和价值分配制度。

资料来源：http://www.chinao ct.com/category.aspx?NodeID=35

通过工作分析，旅游企业可以明确特定工作的性质和要求。人力资源规划则成为企业将内外部人力资源配置到合适工作岗位的蓝图。

2.1　旅游人力资源规划概述

2.1.1　旅游人力资源规划的含义

旅游人力资源规划是指旅游企业为实施发展战略和适应内外环境的变化，运用科学的方法对旅游人力资源的需求和供给进行预测，并制订适宜的计划和方案，从而使旅游人力资源需求和供给达到平衡的过程。这个定义可以从以下 5 个方面来理解。

第一，旅游企业人力资源规划的目标是确保旅游企业在需要的时间和需要的岗位上获得各种需要的人才（包括数量和质量两个指标）。

第二，旅游企业人力资源规划的要求是要配合旅游企业发展的战略，满足企业发展战略对人力资源数量和质量的要求。

第三，旅游企业人力资源规划的基础是分析和预测环境（包括政治、经济、法律、技术、文化等）的变化对劳动力市场的影响。

第四，旅游企业人力资源规划的内容是对企业内部人力资源的需求以及对企业外部人力资源的供给进行分析和预测，并制定相应的人力资源政策和措施，如人员调动和补缺、员工晋升和降职、员工招聘和录用、员工开发和培训、员工离职管理，等等，从而确保企业发展的不同阶段（近期、中期和长期）对人力资源需求的满足。

第五，旅游企业人力资源规划的宗旨是最终实现企业和员工的双赢，即企业获得所需要的人才，员工得到施展才华的空间并与企业一起成长。

2.1.2　旅游人力资源规划的层次与类别

旅游人力资源规划按照规划的用途分为战略层人力资源规划、战术层人力资源规划和作业层人力资源规划。

战略层人力资源规划是与旅游企业长期战略相适应的人力资源规划，根据企业未来的战略目标可以预测的未来的企业经营的内外部环境来预测和规划未来企业对人力资源的需求，评估企业内部人力资源的远期状况，协调适用于未来人力资源的需求和供给。在一定程度上战略层人力资源规划体现了组织的战略目标和基本政策，是对战术层人力资源规划的执行进行指导和执行。

战术层人力资源规划是将战略层规划中的目标和政策转变为确定的行动步骤和具体的可以考核和量化的阶段目标。主要是对旅游企业人力资源需求与供给量的预测，包括企业现有员工的数量、素质，所需员工的数量，内外部供给情况等方面的预测。企业战术层人力资源规划是在战略层规划的指导下制定的，战术层规划是战略层规划实现的具体思路和方式，可以更加具体和量化地制定人力资源规划目标，服务现在的人力资源需求和反馈战略目标的执行情况。

作业层人力资源规划是对战术层人力资源规划的具体的实际操作，包括人员审核、招聘、提升与调动、组织变革、培训与发展、工资与福利、劳工关系等操作的具体行动方案，是落实一个个具体事务目标的实际操作，因此，对细节要求最高。

另外，旅游企业人力资源规划按照规划时间的长短，还可以分为长期规划、中期规划与短期规划；按照规划的范围可划分为整体规划、部门规划和项目规划。

2.1.3 旅游企业人力资源规划的内容

旅游人力资源规划的内容主要包括收集信息、旅游人力资源需求预测、旅游人力资源供给预测、旅游人力资源规划方案制定和实施，以及旅游人力资源规划方案的反馈与评价等几个方面。

旅游人力资源规划的核心内容是旅游人力资源预测，包括旅游人力资源需求预测和供给预测两个方面。根据预测结果判断旅游企业人力资源过剩或者短缺的状况，进而制定有效的旅游人力资源规划方案以协调旅游企业人力资源价值的合理评估，并对旅游企业人力资源的需求和供给做出应对方案。旅游企业在进行人力资源预测前需要从企业内部和外部收集大量信息，了解企业内部的人力资源状况和企业外部资源丰富状况，如旅游劳动力市场的有关情况。人力资源规划方案确定之后企业就要切实执行计划，并对执行情况进行监督和反馈。旅游人力资源规划的详细内容如表 2-1 所示。

表 2-1 旅游人力资源规划的详细内容

规 划 内 容	信 息 类 型	
收集信息	A. 外部环境信息	1.宏观经济形势和行业经济形势；2.技术；3.竞争；4.劳动力市场；5.人口和社会发展趋势；6.政府管制情况
	B. 企业内部信息	1.战略；2.业务计划；3.人力资源现状；4.辞职率和员工流动性
旅游人力资源需求预测	A. 短期预测和长期预测；B. 总量预测和各个岗位需求预测	
旅游人力资源供给预测	A. 内部供给预测；B. 外部供给预测	
旅游人力资源规划方案的制定与实施	A. 增加或减少劳动力规模；B. 改变技术组合； C. 开展管理职位的接续计划；D. 实施员工职业生涯计划	
旅游人力资源规划过程的反馈	A. 规划是否精确；B. 实施的规划是否达到目标要求	

资料来源：Cynthia D. Fisher，Lyle F. Schoenfeldt，James B. Shaw，Human Resource Management，Houghton Mifflin Company，3th edition， p. 91

确定旅游人力资源规划的内容，还应该考虑以下方面。

（1）旅游人力资源规划的切入点。以评价旅游企业外部环境与竞争产生的威胁与机遇为基础，评估旅游企业组织结构的发展趋势、未来某时期旅游企业对员工的需要和人力资源的供给水平。

（2）旅游人力资源规划的地位。旅游人力资源规划是战略性人力资源管理与企业经营战略结合、互动的整体系统的一部分。人力资源规划与旅游企业整体规划密切相关。

（3）旅游人力资源规划的总体框架。具体包括预测人力资源中长期（3～10 年）需求；如何从获得整体竞争优势出发，以最低成本、最高效率的方式利用人力资源；解决人力资源的中长期供给（包括内部和外部两方面）问题。

（4）旅游人力资源规划的目标，主要包括以下几个方面。

①使旅游企业可以预见其未来人力资源开发与管理的工作重点，以及对人力资源的数量和质量需求。

②为满足旅游企业获得并保持竞争优势的需要，寻求可以支持人力资源开发与管理的其他实践活动（如人力资本投资活动）等。

③保证旅游企业其他经营管理目标的实现。

（5）旅游人力资源规划的相关因素及其相互关系。旅游人力资源规划的相关因素及相互关系如图 2-1 所示。其中，社会环境要素具体包括劳动力构成与工作模式、政府影响力、经济状况、地理环境、市场竞争激烈程度等。

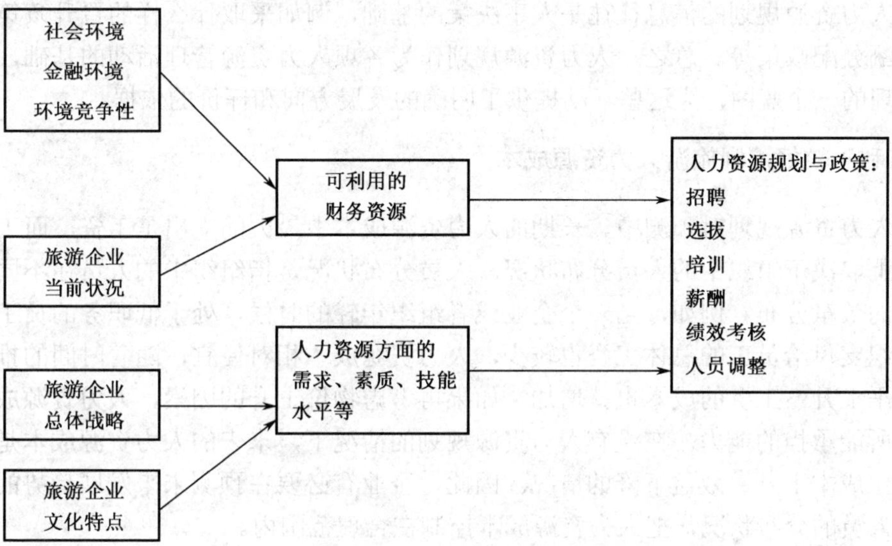

图 2-1　旅游人力资源规划的相关因素及相互关系

（6）旅游人力资源规划所要解决的问题。主要有旅游企业要建立什么样的企业文化？旅游企业管理员工的指导思想是什么？是控制、激励，还是兼而有之？旅游企业对人力资源的需求是什么水平？旅游企业各岗位需要什么样的员工？如何提供？旅游企业的薪资福利策略是什么？最高、中间还是中偏上？鼓励长期服务还是用短期高现金收入吸引员工？旅游企业采取何种方式为内部各级组织提供管理接班人？外部招聘还是自己培养？等等。

2.1.4　旅游人力资源规划的作用

1. 确保企业对人力资源的需求，促进企业总体战略目标的实现

旅游人力资源是旅游企业总体战略规划的一个组成部分，而战略规划的实施最终靠人来执行。人力资源的规划关注人才的引进、保留、发展和流出 4 个环节，有助于促进企业目标的实现。对旅游行业而言，人力资源更是企业最宝贵的资源。因为旅游企业是劳动密集型的服务型企业，需要大量高素质的服务人员向顾客提供面对面的服务。如果失去或缺乏适当的人力资源，旅游企业就无法正常运转，进而陷入困境。在动态的外部环境条件下，旅游企业

人力资源的需求和供给的平衡不可能自动实现。因此，旅游企业就需要通过人力资源规划来分析需求和供给的差异，并采取适当的手段调整这种差异，以确保旅游企业对人力资源的需求得到有效满足，进而促进企业总体战略的实现。

2. 指导旅游人力资源的具体活动，调整旅游人力资源管理的政策和措施

一方面，旅游人力资源规划在广泛收集内外部信息的基础上，具体说明了旅游人力资源管理要做的工作，从而使旅游人力资源管理的盲目、无系统和混乱的现象达到了最小化。通过进行人力资源规划，企业可以及早发现人力资源方面的问题，提前引进并培训企业紧缺的人力资源，也可以建立内部有效的人力资源供给市场，使企业现有员工能够人尽其才。另一个方面，人力资源规划的信息往往是人事决策的基础，例如采取什么样的晋升政策，制定什么样的报酬分配政策等。总之，人力资源规划作为各项人力资源管理活动的基础，是企业人力资源管理的一个蓝图，为这些活动提供了明确的发展方向和评价的依据。

3. 有利于较好控制旅游人力资源成本

旅游人力资源规划对预测中、长期的人力资源成本中最大的支出是工资，而工资总额在很大程度上取决于组织中的人员分布状况。人员分布状况是指组织中的人员在不同职务、不同级别上的数量分布。例如，当一个企业或者组织年轻的时候，处于低职务的员工较多，企业或者组织支付给员工的总体工资也较少，人力资源成本相对便宜，随着时间的推移人员职务等级水平上升，工资的成本也就增加。如果再考虑物价上升的因素，人力资源成本就可能超过企业所能承担的能力。在没有人力资源规划的情况下，未来的人力资源成本是未知的，难免会发生成本上升、效益下降的情况。因此，企业有必要在预测未来发展趋势的前提下，逐步调整人员的分布状况，把人力资源成本控制在合理范围内。

4. 有利于提高旅游企业人力资源的利用率，促进人力资源合理有效流动

一方面，旅游企业可以通过人力资源规划建立稳定、有效的内部劳动力市场。这不仅有利于维持旅游企业内部人力资源的供给和运作的稳定，也有助于将企业富余职工有序地分离出来，进入外部劳动力市场。另一方面，人力资源规划也有利于企业人才的合理流动，优化企业的人员结构，尽可能地实现人尽其才、才尽其用，提高旅游企业的人力资源有效利用率，最终为旅游企业在市场竞争中取胜提供坚实的人力资源保障。

5. 有利于更有效地激励员工，提高工作效率

旅游企业可以通过人力资源规划，加强与企业员工的沟通与交流使管理层与员工在交流中达成共识，使员工个人目标与企业的长远发展战略目标达成一致，形成良好的氛围，从而提高工作效率，以更好地促进共同目标的实现。同时，从人力资源规划中，员工可以看到自己在企业中的发展前景，进而会积极努力地工作以争取更快的发展。总之，旅游企业人力资源规划有助于激励员工，引导员工职业生涯的设计和发展。

2.2 人力资源规划过程

人力资源规划的总体过程主要包括了收集信息、人力资源需求与供给预测、人力资源规划方案的制定和实施以及人力资源规划效果的反馈与评价 4 个组成部分。在本节中，我们将对人力资源规划过程的这 4 个组成部分进行讨论。

2.2.1 收集信息阶段

收集信息是人力资源规划过程中必要的准备工作，主要是通过调查旅游企业内外部的有关情况，分析企业内部现有人力资源结构和企业外部环境，为人力资源需求预测和供给预测做足准备。信息收集和分析的对象包括企业的外部环境和企业的内部环境。

旅游企业的外部环境信息主要包括企业开展经营活动所处的宏观经济发展趋势、旅游行业的发展前景、主要竞争对手的动向、劳动力市场的趋势、人口趋势、政府相关政策法规、风俗习惯演变等，实际上就是对影响企业经营的外部因素进行了解和分析。外部因素中最重要的是劳动力市场趋势，包括劳动力市场因素、劳动力择业意向及政府的有关政策等。例如，旅游劳动力市场的缩小将直接导致旅游企业人力资源的外部供给减少。这些外部因素又将影响企业对人力资源供给的预测。

旅游企业的内部环境信息主要包括旅游企业经营战略、组织环境、企业的人力资源结构。企业的经营战略是企业的整体计划，对所有的经营活动都有指导作用。企业的经营战略包括企业的目标、产品组合、市场组合、经营范围、生产技术水平、竞争、财务及利润目标等。企业的组织环境包括现有的组织结构、管理体系、薪酬体系、企业文化等，可以通过了解现有组织结构预测未来的组织结构、企业的人力资源结构就是现有的人力资源状况；包括人力资源数量、素质、分布、年龄、工作类别、职位等，也会涉及员工价值观、员工利用潜力状况等。只有充分了解现有人力资源结构，才能在此基础上预测未来，这样旅游企业的人力资源规划才有意义。

对企业外部环境的研究，应该偏重于对外部人力资源供需情况的考察，如劳动力市场供需现状、择业心理等。而内部环境中最重要的是对企业人力资源结构的分析，也就是对企业现有人力资源的调查和审核，这是整个准备阶段中最重要的部分。企业应建立自己的人力资源信息系统，随时提供人力资源分析所需的信息。

2.2.2 人力资源需求预测

人力资源需求预测是人力资源规划的重要组成部分，主要是预测实现企业目标所需的员工数量和类别。人力资源需求的预测可以通过统计学方法或者判断法来进行，至于具体采取何种方法，要根据企业内外部环境因素的稳定性和复杂性等情况而定。旅游企业人力资源需求预测是围绕与旅游企业当前或未来某种状态有关的工作类型和技能领域来进行的。人力资源规划者根据具体的工作及技能类型，在收集相关信息的基础上进行人力资源需求预测，判断企业未来对拥有特定技能或从事某类工作的人的需求会上升还是会下降。

1. 影响旅游企业人力资源需求的因素

影响旅游企业人力资源需求的因素有很多，人力资源规划者在进行人力资源需求预测时要充分考虑以下因素。

（1）旅游市场的需求。旅游市场的需求是影响旅游企业人力资源需求的主要因素。旅游市场的需求可以通过旅游企业的市场销售额来体现，旅游企业可以根据某一时间范围内的市场销售额来计算该时段内的生产量，从而推算出企业所需的员工数量，进而分析旅游企业未来人力资源需求量的变化。例如，某饭店客房部某时期内的平均客房出租率为 7%，该饭店的标准客房间数为 200 间。假设客房服务员的技术分级。一级服务员是每人 14 间、二级服务员每人 12 间……（有些饭店按习惯标准 1∶1.5，即按房间数定员），再根据该饭店客房部的轮班计划，即可推断出该饭店客房部所需的服务人员数量。

（2）旅游企业现有人力资源状况。旅游企业现有人力资源状况主要是指员工的流动比率，即员工辞职或解雇员工占总员工数的比例；员工素质，即员工的各方面素质和工作能力与工作要求是否相匹配；员工劳动生产率以及员工利用潜力等方面的状况；例如，饭店客房清扫工作的操作方法和操作程序的优化，提高了清扫速度，即提高了人均清扫房间数，则可减少人力需求。很明显，这些因素都直接影响了旅游企业人力资源需求。

（3）旅游企业内部因素。旅游企业内部因素对旅游企业人力资源需求也有着重要影响。旅游企业的战略发展规划、组织结构、财务状况以及生产和销售规划等方面的因素，也会影响其人力资源需求的变化。例如，组织结构因素不仅影响人力资源需求的增加和减少，还将影响管理人员与操作人员的比例关系。例如，饭店新设立一个部门，则将增加 1～3 名中层管理人员，若在管理人员下设置领班的职位，则将使原管理人员与操作人员的比例发生变化。

2. 人力资源需求预测的方法

人力资源需求预测工作并非像表面看上去那样简单。很多时候，预测得出的结果往往是一种估计，而绝不是绝对正确的结果。正因为如此，人力资源需求预测不仅是一门科学，更是一门艺术，它要求企业根据自身情况选取合适的方法。总的来说，人力资源需求预测的方法有很多，主要包括统计学方法和判断法，下面介绍几种旅游企业进行人力资源需求预测时常用的方法。

（1）趋势分析法。趋势分析法是一种基于过去统计资料的定量预测方法，一般是通过回顾和分析过去五年内企业的人力资源雇佣状况和趋势，来分析企业未来的人力资源需求。旅游企业人力资源规划者通过计算过去五年中每年年末的企业总体雇员数量或者计算某一个部门（如客房部、餐饮部、工程部等）在每年年末的雇员数量，从而推断企业未来的总体或各部门的人力资源需求。由于企业的发展具有一定的连贯性和稳定性，因此以过去的统计资料为基础来预测企业的人力资源需求量具有一定的科学性。这种方法简单易行。但由于它使用的是过去的数据，而未来的人力资源需求不仅受到过去状况的影响而且受各种动态因素的影响。因而，趋势分析法只适用于人力资源需求的初步预测。趋势分析法的统计步骤是先用最刁评方法求得趋势线，再将趋势线延长以进行预测、简单的单变量趋势分析模型仅考虑人力资源需求本身的发展情况，不考虑其他因素对人力资源需求量的影响。该模型以时间或生产量等单个因素作为自变量，以人数作为因变量，且假设过去人的增减趋势保持不变，所有内外影响因素也保持不变。

（2）比例分析法。旅游企业中各部门的人员数量都有相互配比的大致比例关系。比例分析法是用于研究旅游企业中各部门人员数量比例关系的方法，如饭店行政人员与饭店服务人员之间的比例关系。例如首先根据经营业务的水平确定直接为顾客提供服务的员工的需求量，然后按饭店服务人数与其饭店行政人员人数的比例，测算出所需饭店行政人员的人数。饭店的前台人员、餐厅人员、客房人员、管理人员等人员数量与饭店的规模、档次、经营特色等直接相关，因此可按同等饭店的经验数量与比例确定。

比趋势分析法容易理解且使用方便，只要有前几年的职工资料再结合实际的经营业务预测即可进行。总体而言这种方法相对比较粗糙，使用时要注意考虑到工作方法和操作程序改变对所需人力的影响。某酒店根据比例分析法预测人力资源需求的例子如表 2-2 所示。

表 2-2　某酒店服务人员与行政人员比例

	年　份	员工人数（人）		比　例
		服 务 人 员	行 政 人 员	行政人员:服务人员
实际	2007	200	50	1:4
	2008	237	58	1:4.1
	2009	264	63	1:4.2
	2010	296	69	1:4.3
预测	2011	320（a）	72（b）	1:4.4
	2012	350（a）	77（b）	1:4.5

注：a.根据酒店经营状况计算出所需人力数

b.根据比率分析法计算出所需人力数

（3）回归预测法。回归预测法首先确定某一个或某几个因素与企业雇用员工数量之间是否存在相关关系，再以此为基础来预测企业人力资源需求。如果它们这些元素之间是相关的关系，那么只要确定了这一个或几个因素的数值，就可以相应地对企业的人力资源需求量做出预测。

若企业只考虑时间、产量或销售量等单个因素就可以采用简单的回归分析进行预测。而当企业同时考虑人力资源需求的多个影响因素时，则应采用多元回归预测法。多元回归预测法并非单纯地依靠拟合方程、延长趋势线来进行预测，它更重视变量之间的因果关系。它运用事物之间的各种因果关系，根据多个自变量的变化来推测因变量的变化，而推测的有效性可以通过一些指标来加以控制。

具体操作上，工作人员首先应找出与人力资源需求量有关的因素作为变量，如销售量、生产水平、人力资源流动比率等。然后，再找出历史资料中的有关数据，以及历史上的人力资源需求量。为保证预测的有效性，该方法对数据样本的数量也有一定的要求。利用统计工具对数据进行多元回归分析，拟合出回归方程。最后根据回归方程来进行预测。多元回归分析的计算和检验比较复杂，手工计算会耗用很多时间，而且容易出错，所以在多元回归预测法中使用计算机技术是非常必要的。

（4）德尔菲法。德尔菲法是一种团体预测法，又称为专家评估法。一般采用匿名问卷调查的方式，听取专家们对旅游企业未来人力资源需求的分析评估，并通过多次反复，最终达成一致意见。在整个过程中，专家们之间不进行任何形式的交流、而信息的交流完全由预测活动的发起者来进行。

德尔菲法是有步骤地使用专家的意见去解决问题。预测活动的发起者或发起组织先确定预测的目标和要求、参与的专家组，并将问题细分为不同的组成部分，再搜集相关的资料，并设定不同的分析角度，然后将需要征求意见的问题以问卷的形式交付专家组讨论评价。讨论过程中，德尔菲法分几轮进行，第一轮要求专家以书面形式提出各自对企业人力资源需求的预测结果。在预测过程中，专家之间不能互相讨论或交换意见。第二轮中，将专家的预测结果收集起来进行综合，再将综合的结果通知各位专家，以进行下一轮的预测。专家在看到其他人的意见后，对自己的想法进行修改，并说明修改原因，然后将修改结果反馈给发起者或发起组织。

经过这样几轮独立的判断和修改，发起方一般都能获得比较一致的看法，专家评估法也就到此结束。

德尔菲法属于判断法，主要依靠人的主观判断力，而不是使用数据分析的方法。在企业实践中，无论采用何种预测手段，管理者和专家的主观判断都是不可或缺的。对于一些日常问题，企业通常不需要采用严格的统计学方法，而完全依靠管理人员的主观判断来进行决策。至于一些重大的决策，企业有时也只是将统计分析获得的数据，作为管理人员和专家进行判断的依据。

通过德尔菲法对旅游企业人力资源需求进行预测，可以集思广益。而且，匿名方式为专家们的预测设定了一个自由的环境；并通过故意将专家分开来拓展预测的幅度。德尔菲法的每一轮结果都将被收集并整理出来，发给每位专家，起到一种间接沟通的作用，减少了直接沟通时职位差异或人际关系的影响。但使用德尔菲法时要注意，一定要提供充分的信息。发起方必须在预测前让专家们得到尽可能全面的资料，以便他们能够做出正确的判断。另外，德尔菲法相对而言比较费时和昂贵，企业应考虑其实际需要和自身能力，从而决定是否采取这种方法。

3. 人力资源需求预测的类型

人力资源需求预测的内容及相关工作，常因预测时间的长短而有差异。根据预测时间段的长短，可以将预测分为三类：短期预测、中期预测和长期预测。

（1）短期预测。通常在较短时间的人力资源预测（如 1 年以内）是根据现有的人力资源成本预算而决定的，即在成本预算的基础上，估计现有人力资源的数量、可能的离职人数与补充人员的数量。短期预测或计划受限于调整时间较短（多为半年到两年间），有关新聘员工、培训计划等内容都只能做出局部的或战术性的调整，而很难有根本性的变化。所以，根据短期预测所采用的措施多为外包、加班、新聘、裁员、晋升和调职等。

（2）中期预测。一般为 1 年到 3 年期的需求预测，大多是根据组织的财务计划（未来预算）而定。在这一资源限制条件下，估计可能保持的现有员工以及可完成的对新进（或升迁）员工的培训等内容。中期预测可采用的措施不仅限于局部的调整，也可进行某些战略性的人力资源活动，如长期性的聘用计划、培训计划与改善人员流动性的方案等。

（3）长期预测。一般是指 5 年以上的人力资源需求估计。由于时间较长，涉及的不确定因素较多，人力资源规划者在作长期预测时，往往很难客观地分析企业未来所面对的外部环境变化和内部的适应性调整，很难找到较客观的方法，只好采用臆测的分析方式。因此，长期预测的基础通常是公司与未来市场的展望以及预期的技术变革等；预测对象包括未来劳动力市场供求状况以及教育体系的人力资源培训成果。由于规划期较长，一些根本性、全局性的改变可以据此进行，如组织发展、工作内容再设计和管理人员开发计划等。

一般来说，预测期越长，预测的结果就越不可靠。但是，在审慎的规划和各种预测方法的客观运用下，这一预测仍有相当大的参考价值。因而，长期预测多见于大规模的企业组织与政府机构，它可以作为人力资源或其他管理政策的依据。

2.2.3　人力资源供给预测

旅游企业人力资源供给分为内部供给和外部供给两部分。内部供给与外部供给在人力资源来源上有显著不同，相应地，其影响因素和预测方法也有所不同。

1. 人力资源内部供给

旅游企业内部员工的晋升、调用是一种典型的利用内部人力资源来满足人力需求的现象。企业中很多高层管理人员也都是从企业内部选拔出来的。对于旅游企业来说人力资源内部供给是非常重要的。它既节约了企业进行外部人力资源搜寻的成本，又能激励员工，提高员工对企业的认同感和归属感。通过内部人力资源供应，员工可以更快地熟悉新的职位和工作内容，提高工作效率，从而提高整个企业的生产效率。旅游企业可以通过采用工作公告、人事记录以及员工技能库等途径来了解内部人力资源的供应状况。出现职位空缺时，旅游企业可以首先通过工作公告的方式，在企业内部发布招聘信息说明空缺职位的具体要求以及内部应聘途径。对于一些基层职位，主要是通过主管对下属的看法来确定候选人的名单。而主管在考察下属员工时，通常会借助企业已有的人力资源资料。旅游企业可以建立员工技能库，方便搜索那些掌握特殊技能的人才。比如，有些饭店在人事档案中记录了员工的特殊技能，如语言方面的技能、文艺书法等方面的特长等，当相应的职位出现空缺或者临时需要具备某种特殊技能的员工时，就可以通过搜索员工技能库，以最快的速度满足饭店的需要。

内部人力资源供给虽说有很多优点，但也存在不足。如果内部人力资源选拔程序不当，则可能使落选的员工丧失自信以及对企业的信任感，这样反而会造成人员的流失。另外，近亲繁殖现象和角色不易转换等也是内部人力资源供给难以避免的问题。因此，旅游企业需要借助其他方式来弥补内部人力资源供给的缺陷。

2. 人力资源外部供给

当企业内部的人力供给无法满足需要时，企业就需要了解企业外部的人力供给情况。影响旅游企业人力资源外部供给的因素较多，主要包括以下内容：

（1）宏观经济形势。企业人力资源外部供给受宏观经济形势的影响。或者说，整体劳动力市场的供求情况，受国家总体经济状况的影响。企业可以根据预期失业率，来判断企业外部人力资源供给状况。一般来说，失业率越低，劳动力供给越紧张，招聘员工就会越难。

（2）当地劳动力市场供求状况。企业外部人力资源供给受当地劳动力市场的供求状况的影响。一些国家短期或地方性的政策会对当地劳动力市场供求状况造成影响，例如，一些省份地区放开居民户口限制是吸引外省人力资源人流量的一个重要原因；近年来，一些地区提出的购买住房送户籍也起同样作用。

（3）职业市场状况。旅游职业市场主要针对旅游业这一特定行业，向旅游企业提供相关人才的就业信息。有些地区还会定期举办面对面的旅游人才交流会。旅游企业应该充分利用这样的机会，挖掘出能满足其自身需要的旅游人才。

总的来说，人力资源外部供给可以弥补企业人力资源内部供给的一些缺陷，不过相比较而言，组织外部招聘所需的时间和经济成本较高、风险也较大。

3. 人力资源供给预测方法

（1）内部员工流动可能性矩阵表。旅游企业是员工流动率较高的行业，由内部员工流动的趋势就可以知道人力资源内部的供给量，具体方法如表 2-3 所示。

表 2-3　员工流动可能性矩阵

		工作级别（终止时间）									流出率	总量
		A	B	C	D	E	F	G	H	I		
工作级别（起始时间）	A	1.00										1.00
	B	0.15	0.80								0.05	1.00
	C		0.16	0.76	0.04						0.04	1.00
	D		0.01	0.23	0.73						0.03	1.00
	E					0.85	0.05				0.10	1.00
	F					0.25	0.65	0.05			0.05	1.00
	G						0.40	0.50	0.03		0.07	1.00
	H						0.02	0.15	0.75		0.08	1.00
	I								0.20	0.50	0.30	1.00

表 2-3 中，工作级别从 A 到 I。其中 A 最高，I 最低。如果起始时间是前年，终止时间是去年，那么这张矩阵表就是员工流动调查表；如果起始时间是今年，终止时间是明年，其中的数据转移率可推算得出。

小框中的数字是百分比。例如，AA 为 1.00 是指在这个时间段内，最高工作级别的人员未流动；BB 为 0.80 的人员留住 80％，15%晋升到 A 岗位，5%流出企业，依此类推。

从矩阵表中可以看出员工流动的趋势。例如，I 岗位上的人最多，占 50%；其次是 E 岗位；B、D、H 和 I 岗位只有晋升，没有降级；G 和 F 两岗位晋升比例较大，但有降级。

（2）马尔柯夫转移矩阵模型。马尔柯夫转移矩阵模型是一种运用统计学原理预测组织内部人力资源供给的方法。其基本思路是通过收集历史数据，找出企业过去人事变动的规律，从而推测企业未来人事变动的趋势。马尔柯夫模型实际上是一种转换概率矩阵，描述了企业中员工流动的整体趋势，可以作为预测内部人力资源供给的基础。其一般步骤如下：

①根据企业的历史资料，计算出人员流动的平均概率。

②根据计算出的概率，建立人员变动矩阵表。

③根据期末的供给人数和所建立的变动矩阵表，预测下一期企业可供给的人数。

在运用马尔柯夫转移矩阵模型时要特别注意：此模型是建立在历史数据基础上的，其结论的正确性和可行性还有待进一步地探讨研究，在使用时要特别注意其他因素的干扰。

马尔柯夫分析矩阵表与流动可能性矩阵表有相似之处，但前者更清楚一点。从表 2-4 中可以看出，马尔柯夫分析矩阵表的上半部分与流动可能性矩阵表完全相同，只是多了下半部分的现任者应用矩阵。

表 2-4　马尔柯夫分析矩阵

流动可能性矩阵						
		工作级别（终止时间）				
		A	B	C	D	流出率
工作级别（起始时间）	A	0.70	0.10	0.05	0	0.15
	B	0.15	0.60	0.05	0.10	0.10
	C	0	0	0.80	0.05	0.15
	D	0	0	0.05	0.85	0.10
现任者应用矩阵						
	原有员工人数（人）	A	B	C	D	流出人数（人）
A	62	44	6	3	0	9
B	75	11	45	4	8	7
C	50	0	0	40	2	8
D	45	0	0	2	38	5
终止期员工人数（人）	—	52	51	49	48	29

从现任者应用矩阵来看，A 岗位原有员工 62 人，到了 AA 便只有 44 人（62×70%），到了 AB 便只有 6（62×10 %）人，到了 AC 便只有 3（62×5%）人，流出人数为 9（62×15%）人，以此类推。

根据马尔柯夫分析矩阵表，可以很清楚地看出在终止时间时，各工作岗位的人数以及流出的人数。应用马尔柯夫模型进行人力资源供给预测的好处在于它考虑了个人晋升的前景，由于人员转移是推进式的，所以预测过程中也包括了晋升政策的产生。旅游企业中由于对晋升机会感到渺茫而带来的人员流动比较严重，因此这种方法有利于充分考虑内部晋升。但此法尽管广为人们运用，但对其准确性及可行性人们并未进行过广泛研究。

旅游企业应结合实际，进一步研究马尔柯夫模型的应用方法。

（3）人员接替模型。人员接替模型，是通过建立组织内的某些职位候选人的评价模型来预测企业内部人员供给的一种方法，它通过跟踪并分析企业中各职位的员工的绩效考核及晋升可能性，确定企业中各职位的接替人选，然后评价接替人选目前的工作情况及潜质，确定其职业发展需要，考察其个人职业目标与组织目标的契合度。其最终目的是确保组织未来有足够的、合格的管理人员供给。人员接替模型的出发点是职位，描述的是可能胜任其他各职位的个人。人员接替模型预测方法尤其适用于对企业中处于关键地位的中、高层管理职位的人力资源供给进行预测。

旅游企业人力资源管理者使用人员接替模型可以一目了然地掌握企业员工和管理人员的供应情况。通过人员接替模型也可以了解哪个层次哪个部门员工的接替和供应问题比较紧张，以便及早做好准备。

（4）技术调查法。旅游企业可以在员工正式聘用之时将员工的相关资料记录在案，并于日后不断更新，以便在需要人力资源时随时查用。我们把这种记录员工技术和工作能力，从而用于人力资源供给预测的方法称为技术调查法。

旅游企业可以设计技能清单，用来反映员工工作能力特征。这些特征包括培训背景、以前的经历、持有的证书、已经通过的考试、主管的能力评价等。技能清单可以作为员工竞争力的一个反映，可以用来帮助人力资源的计划人员估计现有员工调换工作岗位的可能性的大小，决定有哪些员工可以补充企业当前的空缺。旅游企业人力资源计划不仅要保证为企业中空缺的工作岗位提供相应数量的员工，同时还要保证每个空缺都有合适的人员来填充，尤其是旅游企业一线的服务人员。

因此，有必要建立员工的工作能力记录，其中包括基层操作员工的技能和管理人员的管理能力等方面所达到的水平。

以上所讲的 4 种人力资源供给预测方法主要适用于对旅游企业内部人力资源供给进行预测，当旅游企业内部人力资源供给不足时要考虑外部供给的可能。旅游企业可以通过查阅政府统计、劳动人事部门的统计资料或直接调查相关信息来了解外部劳动力市场，从而进行人力资源外部供给预测。

2.3 制定人力资源规划方案

旅游企业根据分析预测所获得的企业人力资源供求信息，针对企业的人力资源供求状况，制定具体的人力资源规划方案。

2.3.1 协调人力资源供给与需求

旅游企业人力资源供给和人力资源需求可能出现不平衡的情况，主要有人力资源供过于求（劳动力过剩）、人力资源供不应求（劳动力短缺）以及人力资源结构失调这 3 种情况。结构失调是指旅游企业中某些类别职位人力资源供给不足，而另外一些职位人力资源供给过剩。旅游企业可以根据自身的实际情况选择不同的方法和战略来解决人力资源供求失衡的问题，美国学者雷蒙德等人归纳和总结了如下几种方法，以减少预期出现的劳动力过剩和避免预期出现的劳动力短缺. 具体内容如表 2-5 和表 2-6 所示。

表 2-5 减少预期出现的劳动力过剩的方法

方　法	速　度	员工受伤害程度
裁员	快	高
减薪	快	高
降级	快	高
工作轮换	快	中等
工作分享	快	中等
提前退休	快	中等
退休	慢	低
自然减少	慢	低

表 2-6　避免预期出现的劳动力短缺的方法

方　法	速　度	可撤回程度
加班	快	高
临时雇用	快	高
外包	快	高
再培训后轮岗	慢	高
减少流动数量	慢	中等
外部雇用新人	慢	低
技术创新	慢	低

下面将对旅游企业常用的几种协调人力资源供需的方法进行详细说明。

（1）裁员。这里的裁员是指在人力资源供给过剩的情况下，旅游企业以强化企业竞争为目的而进行的有计划的大量人员裁减。调查表明：企业进行裁员主要有 4 个原因。

第一，大规模降低人力资源成本扩低成本是提高旅游企业核心竞争力的一个重要的因素，而劳动力成本是旅游企业总成本的一个很大的组成部分。之所以旅游企业要通过降低成本来提高竞争力，一个重要的切入点就是降低旅游企业的劳动力成本，有计划地进行大规模人员裁减。

第二，新技术和新的管理方法的应用使得企业所需人员的数量大大减少。随着科技的发展和管理理论的不断延伸，企业开始大量采用新技术和先进的管理方法，生产流程和工作流程得到了简化，部分职位的人力资源需求也有缩小的趋势。

第三，并购造成的企业日常管理事务的合并，会带来一部分行政人员的替换。

第四，企业由于一些经济原因而导致的迁址，也会带来大规模的裁员。

在人力资源供给过剩的情况下，旅游企业可以通过裁员的方式迅速解决企业人员供求不平衡的问题。同时，我们也不能不看到，裁员只是一种短期行为，而且在很多情况下，裁员也并没有达到预期的理想效果。尽管裁员初期所形成的成本节约导致公司在短期内能够获利，但是一项管理不当的裁员活动很可能会产生长期的负面效应。一些被裁掉的雇员很可能是企业经营发展中的不可替代的资产；另外，裁员会使那些侥幸留下来的员工产生恐慌和消极的情绪，使企业员工的士气降低。所以，企业在通过裁员的方式来调节人力资源供需矛盾时，要慎重考虑各方面的因素。尽管如此，由于裁员是一种见效较快的方法，所以在某些情况下，它仍是企业应对劳动力过剩的一种主要途径。

（2）提前退休计划。实施提前退休计划，是近年来我国企业普遍采取的一种减少劳动力过剩的方法。提前退休计划就是通过制订提前退休激励计划来诱使老年员工自愿提前退休，近年来企业也将这种方法称为员工内退。

旅游企业可以通过实施提前退休计划来缓解人力资源供给过剩带来的种种问题，这种方法相对可以速度较快地调节旅游企业人力资源供求矛盾。一方面，由于老年员工的人力成本（工资、医疗成本、养老保险缴费水平）较高；另一方面，处于高位的老年员工还可能阻碍年轻员工的雇佣和晋升以及年轻员工能力的发挥。所以，企业采用提前退休计划是有效的和明智的。但是旅游企业也要看到，老年员工的工作经验和稳定性对于企业有着明显的好处，所以，旅游企业采用提前退休计划来减少劳动力过剩也是冒着一定风险的。

（3）雇用临时员工。对于一些临日性的任务，企业往往采用雇用临时员工的方法来解决人员供给不足的情况。例如，在旅游旺季，由于旅行社的组团数量大大超过平时的组团数量，旅行社往往雇用大量的兼职导游，对其进行简单的培训，使其能够胜任向游客提供导游服务的工作，以解旅游旺季专职导游劳动力不足的燃眉之急。

旅游企业是经营业务淡旺季十分分明的服务性企业，因此，通过雇用临时员工可以使旅游企业有效摆脱在旅游旺季人力资源供给不足的困境。雇用临时员工的优点在于可以保持生产规模的弹性，并减少了公司雇用正式员工所需支付的人员福利成本（医疗费、养老金、失业保险等）和培训成本（许多临时就业机构在将临时雇员派到雇主那里之前，还会对他们进行培训）。然而，雇用临时员工有时会在企业内部产生一种比较紧张的关系，也就是临时雇用员工和全职员工之间的紧张关系。另外，大量雇用临时员工也可能给旅游企业的管理工作带来一定的困难。

（4）外包。企业处理某种单一工作的时候可以采取使用临时雇员来做的方式，但是在另外一些情况下，企业可能会将范围更大的工作整块地承包给外部的组织去完成，这种做法就被称为外包。在某些情况下，外包是受规模经济推动的，因为将工作任务转交给外部代理人去做，可以提高效率节省成本。另外，当企业既缺乏某一特定方面的技术经验，同时又不愿意投入时间和精力来进行这方面的开发的时候，外包就是一种很自然的选择。

但外包也会带来一定的负面影响。比如外包可能使企业对外依赖性过强，而且容易被竞争对手所模仿。因此旅游企业在采用外包这种方式时，要确定选择外包商的原则和标准，与外包商建立以相互信任为基础的合作伙伴关系，协商签订完善的外包合同并定期对外包效果进行评估，以规避风险，实现外包利益最大化。

（5）加班加点。企业在面临劳动力短缺的时候，或许不愿意招用新的全职或者兼职的雇员，在临时的工作任务可能不会太持久的情况下，企业可以采用加班加点的做法，来解决劳动力短缺的问题。虽然必须向员工支付比正常情况高的工资，企业还是节省了招聘成本以及培训成本等，而且员工也获得了收人增加的好处。

但是，过度的加班加点很可能会引起员工的反感，工作压力加大，挫败感增强，因此旅游企业采用加班加点的方式来解决劳动力欠缺的问题，并不是长久之计，要掌握好度的问题。

2.3.2 编制人力资源规划

收集信息和进行人力资源预测是成功编制人力资源规划的基本准备工作，在此基础上，旅游企业可以着手开始编制人力资源规划，旅游企业的人力资源规划可以分为总体人力资源规划和业务层人力资源规划两个层次。

旅游企业总体人力资源规划主要包括人力资源规划的总体目标和整体任务，这些目标和任务都应与企业的整体规划和战略目标相一致，还包括旅游企业要制定的人力资源开发利用的总政策、实施步骤以及总的预算安排等。在企业总体人力资源规划中，最重要的是有关旅游企业对外人力资源净需求的内容，这是企业编制总体人力资源规划的目的所在。人力资源对外的净需求可分成两类：第一类是按部门编制的；第二类是按人力资源类别编制的。企业可以根据需要选择其中的一种，或者两种结合。

旅游企业业务层人力资源规划是总体人力资源规划的具体化，包括具体的人员招聘计划、晋升计划、裁减计划、培训计划以及薪酬计划等，业务层的人力资源计划必须建立在人力资源综合平衡的基础上。另外，一个完整的业务层人力资源计划要包括计划的时间段、计划的分段目标、计划的具体内容、计划的制订者和确切的制订时间等几个方面。

2.3.3　规划的实施与反馈

在具体的人力资源规划评价与控制的实践过程中，管理人员已经总结了许多行之有效的方法，通过对各种方法的具体分析和大胆运用，可以保证人力资源规划的战略实施。人力资源规划的评价与控制方法还在不断地推陈出新，企业应结合各自的具体情况进行有效组合。

对人力资源规划工作进行评价与控制虽然在理论和实践上存在较多分歧与争议，对管理人员的管理实践具有现实的挑战性，但是 20 世纪 80 年代以来人力资源管理的迅猛发展还是为我们提供了一些可以借鉴的评价与控制方法。这些评价与控制方法大致包括人力资源会计、人力资源关键指标、人力资源效用指数、人力资源指数、投入产出分析、人力资源调查问卷、人力资源声誉、人力资源审计、人力资源规划案例研究、人力资源成本控制、人力资源目标管理和人力资源利润中心等方法。

1. 人力资源会计评价与控制法

人力资源会计评价与控制法曾盛行于 20 世纪 60 年代末 70 年代初，80 年代一度衰落，最近这种方法又被人们重新采用。人力资源会计评价与控制法是将员工视为企业资产，给出员工价值，采用标准会计原理去评价员工价值的变化。它是一个有关识别、评价人力资源并交流有关信息以实现有效管理的过程。与其他资产评估不同的是，人力资产评价与控制需使用由行为科学所提供的评价工具对员工的能力和价值进行计算。

2. 人力资源关键指标评价与控制法

这种评价与控制方法是用一些测评组织绩效的关键量化指标来说明人力资源规划的工作情况。这些关键指标包括求职雇用、平等就业机会、雇员能力评估和开发、生涯发展、薪酬管理、福利待遇、工作环境、劳动关系以及总效用等。每一项关键指标均需给出可量化的若干指标，如企业在招聘时，各个岗位能够吸引的应聘人数与最终录用人数比等。人力资源规划工作与组织绩效的关联性研究与实证分析显示，二者有较高的相关度，人力资源规划工作做得优秀的企业确实能有良好的企业业绩。

3. 人力资源效用指数评价与控制法

人力资源效用指数是一种试图用一个衡量人力资源工作效用的综合指数来反映企业人力资源工作状况及其贡献度的评估方法。人力资源效用指数是使用人力资源系统的大量数据来评估选才、招聘、培训和留用等人力资源工作。但由于其过分庞杂，加上指数与组织绩效之间的相关性不明确，有不少研究者并不看好它，操作上过于复杂和关联性不强导致用人力资源效用指数评价与控制人力资源规划活动有很大的局限性。

4. 人力资源指数评价与控制法

人力资源指数是由美国著名学者舒斯特教授开发的，由薪酬制度、组织沟通、合作、组织环境等 15 个因素综合而成。人力资源指数不仅说明企业人力资源绩效而且反映企业的环境气氛，包括的内容较为广泛。在美国、日本、墨西哥，许多企业使用人力资源指数问卷进行调查，并在此基础上建立了地区标准和国际标准。我国学者赵曙明曾根据中国的实际情况，对人力资源指数进行重新设计，并在中国国内进行了大量的调查。调查结果显示，人力资源指数的信度和效度均较高。

5. 投入产出分析评价与控制法

将投入产出分析方法运用于人力资源管理评估，计算人力资源成本与其效益之比，具有较高信度。在企业个案研究中，投入产出分析是较为成功的。一般而言，人力资源项目的成本是可以计量的，但问题是项目收益的确认，尤其确认无形收益时，则较为困难。投入产出分析在评估人力资源单一项目时，还是有效的，但是在评估整个人力资源工作时则显得力不从心。

6. 人力资源调查问卷评价与控制法

这种评估方法将员工态度与组织绩效相联系起来对企业人力资源工作进行评价。一般而言，员工态度与组织绩效之间存在正相关关系，尽管相关性的原因仍不清楚，但已有的一些研究表明，也许是好的组织气氛提高了企业业绩，也许是成功企业的环境产生了良好的气氛。这种方式就是给职工一个机会来表达他们对人力资源部门各种工作，包括人力资源规划工作的看法。员工意见调查可以有效地用于诊断哪些方面存在着具体的问题，了解职工的需要和偏好，发现哪些方面的工作得到肯定、哪些方面被否定。除了常规性的问卷调查外，为了打消员工提出意见和建议的顾虑，企业也可以通过电子信箱调查和按钮话机对话式调查的方法来了解员工的意见。

员工意见调查是一种专项调查，它着重了解员工对自己的工作和企业的感受及信念。这类调查事实上可以视为一个讲坛，使员工得以公开他们对工作、负责人、同事及企业政策措施的看法。这种调查还可以成为企业改善生产力的一个起点。调查的频率应根据情况而定，目前，有些企业实行定期调查（如每年一次），有些企业则实行不定期调查。

7. 人力资源声誉评价与控制法

有些专家认为，对人力资源规划工作的效用，可以通过员工的主观感受来进行评估。员工的反映及企业人力资源规划工作的声誉对人力资源规划管理评价与控制是比较重要的。但根据实证分析和研究发现，这种评价与控制和组织绩效之间的直接相关度不高。

8. 人力资源审计评价与控制法

审计是客观地获取有关经济活动和事项的数据，通过评价弄清实际业绩和标准之间的符合程度，并将结果报知有关方面的过程。

与传统财务审计的综合性特点相类似，人力资源审计是评估人力资源规划效用的综合性手段，它是对企业人力资源管理现状所进行的一种正式考察。人力资源审计的目的，是通过充分开发和利用统计报告和研究数据来全面准确地评价人力资源规划到底落实得如何。

人力资源审计工作以管理层在人力资源管理方面所确定的各种目标为起点，由审计人员将人力资源管理工作的实际效果与各种原定目标进行比较。人力资源管理审计的目的，就是了解一个企业对人力资源规划管理的重视程度和实际管理状况，并依此给予评价。在进行打分时，应先估计一下其他管理者和员工可能给予什么样的分数。得分总数情况可以作为改善企业人力资源管理的行动指南。

人力资源审计是传统审计的延伸，它通过采用、收集、汇总和分析较长时期内的数据来评价人力资源管理绩效。这种系统方法取代了过去的日常报告，经过调查、分析、比较，审计为人力资源工作提供基准以便人们发现问题，并采取措施提高效用。在人力资源审计中可综合使用访谈、调查和观察等方法。

9. 人力资源规划案例研究评价与控制法

人力资源规划案例研究近年来被广泛地引入人力资源管理评估实践中，成为一种低成本的评估方法。通过对人力资源工作绩效的调查分析，通过与人力资源部门的顾客、计划制订者进行访谈，研究一些人力资源项目、政策的成功之处，并将其报告给选定的听众。

10. 人力资源成本控制评价与控制法

虽然大多数管理者意识到了工资和福利这一成本，但是他们没有认识到人力资源工作的改变需要巨大的开销。评估人力资源绩效的一种方法是测算人力资源成本并将其与标准成本相比较。普通的人力资源成本可包括每一雇员的培训成本、福利成本占总薪酬成本的比重，以及薪酬成本等。这种人力资源成本控制方法是对传统成本控制的拓展，在其成本控制表中可包括雇用、培训和开发、薪酬、福利、公平雇用、劳动关系、安全和健康、人力资源整体成本等。

11. 人力资源竞争基准评价与控制法

竞争基准方法是先将人力资源工作的关键产出列出来，再将此与同行业中的佼佼者进行比较，从而进行评估。用竞争基准方法进行人力资源规划的评价与控制，需用本企业人力资源规划工作情况与那些“表现最好”的企业的各项标准进行比较。它可使人力资源部门的员工了解到，他们的工作业绩与其他企业相比到底处在什么样的水平。运用参照标准对人力资源规划管理工作进行评价与控制，可以促进下列各方面的工作：确认人力资源规划的运行情况，并确定是否应该进一步改进；评估人力资源规划政策和人力资源利用效果；将人力资源规划政策和人力资源利用效果与“最佳利用效果”进行比较；设立人力资源利用目标，逐渐缩小当前利用状况与最佳利用状况之间的差距。

为了运用参照标准进行评估，必须制订计划、确立评价方法和了解最佳利用状态。在此基础上，再对存在差距的方面进行改进。

12. 人力资源目标管理评价与控制法

这是运用目标管理的基本原理，根据组织目标要求，确立一系列的目标来评价人力资源工作。在这种方法中，关键是目标合理、可评估、有时效性、富有挑战性且又合乎实际，能被所有参与者理解。同时，目标又必须是达到高水平管理所要求的。当然，这些目标应尽可能量化，且必须与组织绩效相联系。

13. 人力资源利润中心评价与控制法

利润中心评估方法是当代管理理论和实践将人力资源部门视为能够带来收益的投资场所的体现。人力资源部门作为利润中心运作时，可对自己所提供的服务和计划项目收取费用，典型的人力资源服务项目有培训与开发项目、福利管理、招聘、安全和健康项目、调遣项目、薪资管理项目和避免劳动纠纷等。

14. 运用人力资源规划研究进行评价与控制

通过运用人力资源规划研究，对企业内外的各种人力资源记录资料进行分析，从而确定已往和当前人力资源规划措施的可行性、有效性。这种研究分析结果可用于以下几个方面的控制工作：观察近期人力资源规划的工作；确认人力资源方面存在的问题并针对这些问题提出解决方案；预测各种发展趋势以及对人力资源管理的影响；考核人力资源规划工作的成本与收益。

由于缺乏适当的信息就难以制定好的决策，这使得研究分析工作对解决人力资源问题具有十分重要的作用。

人力资源专业人员必须研究和分析当前人力资源的管理措施，以保证未来的人力资源规划工作变得更为实际和有效。研究可以是非常简单和直接的。例如，一个雇主拿着一份问卷，询问雇员愿意选择什么样的工作时间安排，事实上这也是一种研究。

15. 利用离任交谈方式进行人力资源规划的评价与控制

离任交谈是一种被广泛采用的评价与控制方法。在这一交谈中，企业主要了解员工决定离开企业的原因。主持这种谈话的人员通常是人力资源专家而非企业的各级负责人。一个高水平的交谈者可从交谈中获得非常有价值的信息。离任交谈可以了解许多方面的问题，包括离职原因、管理问题、工资问题、培训问题以及对自己工作最喜欢和最不喜欢的方面等。为了便于对交谈所得信息进行汇总，有些企业在离任交谈时采用统一化的提问内容。离任调查的结果将汇报给管理层，供管理层做各种评估之用。

模拟实训

【实训目的】

1. 学会对旅游人力资源需求进行调查。

2. 掌握一定的调查研究方法。

【实训时间】

本章课堂教学内容结束后的双休日和课余时间，为期一周。或者指导教师另外指定时间。

【背景材料】

根据学校所在的省份，运用所学的调查方法，对该省份的旅游人力在资源供给、需求方面做一个调查分析。调查应包括以下内容。

旅游人力资源供给调查包括：

（1）旅游人力资源供给概况；

（2）旅游教育概况。主要包括：

①高校各层次旅游专业设置概况；

②旅游专业学生的择业取向调查研究。包括：被调查的旅游专业学生的基本特征；对新疆旅游专业学生认知和理解程度的调查；新疆旅游专业学生就业期望值和择业标准的调查。

旅游人力资源需求调查包括：

（1）旅游企业人力资源的需求现状研究；

（2）旅游企业对潜在旅游人力资源的需求调查与分析。可从以下方面进行：

旅游企业进入校园招聘旅游专业毕业生的频率调查；

旅游企业进入校园招聘旅游人才类型需求调查；

旅游企业对旅游专业毕业生在企业的满意度调查；

旅游企业是否愿意为在校旅游专业学生提供实习岗位的调查分析；

旅游企业认为旅游专业学生所要求的薪酬福利是否合理的调查分析；

旅游企业认为旅游专业学生最应具备的素质调查；

旅游企业在招聘时最看重旅游专业学生的因素调查；

从旅游企业方面分析旅游专业就业难的原因；

旅游企业对潜在旅游人力资源的需求特点。

【实训过程设计】

（1）指导教师布置学生课前预习。

（2）将全班同学平均分成小组，按每组4～6人进行讨论。实训组根据背景资料进行讨论和设计方案。

（3）根据"背景资料"，按小组数目，其中一半组讨论你所在省份的旅游人力资源需求状况，另一半组讨论你所在省份的旅游人力资源供给状况。

（4）各实训组对本次实训进行总结和点评，参照"课业范例1"撰写作为最终成果的《实训报告》。

（5）指导教师对小组讨论过程和发言内容进行评价总结，并讲解本案例的分析结论。先评定小组成绩（在小组成绩中每一个人参与讨论占小组成绩的40%，代表发言内容占小组成绩的60%），各小组提交填写"项目组长姓名、成员名单"的《实训报告》。优秀的实训报告在班级展出，并收入本课程教学资源库。

本章小结

人力资源规划是指企业为实施发展战略和适应内外环境的变化，运用科学的方法对人力资源的需求和供给进行预测，并制订出适宜的计划和方案，从而使人力资源需求和供给达到平衡的过程。

旅游人力资源规划能确保企业对人力资源的需求，促进企业总体战略目标的实现；能指导旅游人力资源的具体活动，调整旅游人力资源管理的政策和措施；能有利于较好控制旅游人力资源成本；能有利于提高旅游企业人力资源的利用率，促进人力资源合理有效流动；能有利于更有效地激励员工，提高工作效率。因而，具有重要的作用。

人力资源规划包括收集信息、预测人力资源需求供给、综合平衡并制定人力资源规划、实施人力资源规划和收集反馈信息。

对人力资源规划工作进行评价与控制的方法大致包括人力资源会计、人力资源关键指标、人力资源效用指数、人力资源指数、投入产出分析、人力资源调查问卷、人力资源声誉、人力资源审计、人力资源规划案例研究、人力资源成本控制、人力资源目标管理和人力资源利润中心等方法。

综合练习

一、单项选择题

1. 在企业人力资源变动预测中，马尔可夫分析方法的基本思想是（ ）
   A. 根据企业现在人员结构状况推测未来人事变动趋势
   B. 根据企业生产情况推测未来人事变动趋势
   C. 找出企业过去人事变动规律，以此来推测未来的人事变动趋势
   D. 根据市场变化推测未来人事变动趋势
2. 企业在进行外部人力资源供给的预测时，应侧重于（ ）
   A. 关键人员　B. 一般人员　C. 临时工　D. 一线工人
3. 下人员需求预测方法中，不属于量化分析方法的是（ ）。
   A. 德尔菲法　B. 趋势外推法　C. 马尔可夫分析法　D. 人员比率法
4. 某企业计划期任务总工时为6060，定额工时为60，计划期劳动生产率变动系数为0.01，运用工作定额分析法测定的企业人力资源需求为（ ）。
   A. 60　B. 100　C. 160　D. 200

二、名词解释

1. 旅游人力资源规划
2. 人力资源需求预测
3. 趋势分析法
4. 比率分析法
5. 德尔菲法
6. 人力资源指数

三、问答题：

1. 什么是人力资源规划?主要包括哪些内容？
2. 旅游企业人力资源规划要重点解决哪些方面的问题？
3. 旅游企业如何预测人力资源需求与供给？

第3章

旅游企业工作分析

学习目标

- 掌握旅游企业工作分析的概念、工作说明书的主要内容
- 熟悉工作分析的方法和工作分析的一般流程
- 能够根据具体的职位分析结果架构条理清晰的职位说明书

互联网阅读

学习本章之前，先浏览以下网站。

（1）中国人力资源开发网http://www.chinahrd.net/。

（2）管理资源吧http://www.glzy8.com。

（3）精品资料网http://www.cnshu.cn/rlzy/338252.html。

（4）金陵饭店股份有限公司www.jinlinghotel.com。

3.1 旅游企业工作分析的概念和意义

企业所进行的各项活动都需要以具体的工作岗位为依托。旅游企业为了更好地进行人力资源管理，首先要做的就是对企业内部的各工作岗位进行系统的研究和分析，即旅游企业工作分析的主要任务。

3.1.1 旅游企业工作分析的概念

工作分析用于人力资源管理领域已有近百年的时间，以“科学管理之父”泰罗提出的工作时间与动作为最早的研究。现在工作分析已被作为人力资源管理的基本模块固定下来，是

人力资源管理的重要职能之一。

旅游企业的工作分析，也可以称为旅游企业的职位分析、岗位分析，它是旅游企业人力资源管理的一项职能活动，是指旅游企业为了了解组织内部的各类职位，对企业内部各类工作岗位的性质、任务、职权、各岗位之间的关系、劳动条件及环境，以及岗位资格条件所进行的系统研究，并按一定的格式规范制定出旅游企业工作说明书的过程。旅游企业工作分析的主体是工作分析者，客体是旅游企业内部的各类工作岗位，内容是与各个工作岗位有关的情况介绍，结果是涵盖各个职位有关信息的工作说明书。

管理者的苦恼

为什么有的员工工作量很大，加班加点还是没法完成工作任务？

为什么有的员工整天上班淘宝、偷菜，总是闲着没事干？

为什么有的员工拿着比市场平均工资高的薪水，还是提不起工作的积极性？

为什么有的事总是没人做？

为什么招聘的员工常常不符合实际的工作需要？

为什么办公资源总有闲置的现象发生？

……

3.1.2 旅游企业工作分析的意义

工作分析是旅游企业人力资源管理的一项基础性的职能，在整个人力资源管理系统中发挥着重要的作用。

1. 工作分析为旅游企业开展其他人力资源管理活动提供依据

（1）为招聘、选拔任用合格的员工奠定基础。通过工作分析，旅游企业能够系统地总结各工作岗位所需人员在专业技能和文化水平方面的具体要求，而通过分析得出的这些信息和要求，实际上决定了旅游企业需要招收的员工种类，这就为旅游企业人力资源管理部门在选人和用人方面提供了客观的依据。

（2）为新老员工的任职培训提供明确的依据。借助对各个职位的工作内容和任职资格的明确规定，新员工可以以此为依据进行资格筛选和岗前培训，让其更加客观地了解自己所在岗位的特点和价值。对于在职员工，可以根据员工与岗位说明书资格要求之间的差距进行相应的培训，提高在职员工自主学习的能力，促进员工与岗位的协调匹配。

（3）提高员工绩效考评的科学性和客观性。根据工作分析的结果，人力资源管理部门可以制定各类工作人员考评、晋升的指标和具体条件，这就为员工的绩效考核提供了明确的标准，从而最大限度的减少了绩效考评过程中的不确定因素和主观因素，提高考评的科学性。

（4）促进薪酬制度的公平性和合理性。薪酬通常与工作本身要求工作人员所具备的任职条件和技能联系在一起，而所有这些因素是通过工作评价所呈现的。工作分析是工作评价的基础，工作评价直接影响薪酬制度的建立和健全，通过工作分析，旅游企业可以根据各工作岗位在企业内部不同的工作属性和创造的价值大小给予不同的报酬，从而确保旅游企业薪酬制度对内的公平性和激励性，对外的竞争性。

2. 工作分析为旅游企业实现整体管理奠定基础

在工作分析过程中，企业的人力资源管理部门可以根据计划期内工作总量和人员安排的变动，制定科学的人力资源规划，从而合理地预测人才供给与需求；还可以更直观地了解企业经营的重要环节和工作流程，使旅游企业的人力资源部门上升到统筹企业发展的核心战略位置，促进企业科学决策，实现“人尽其才，岗得其人，能位匹配”。

3. 工作分析是员工制定职业生涯规划的重要前提

如前所述，工作分析以工作说明书来呈现，员工通过其可以充分了解本岗位性质、任务、权限，明确本岗位在整个企业中的作用和发展前景、晋升空间，对比、反省自己的工作行为，从而更好地促进员工自主制订符合自身发展的职业生涯规划。

3.2 旅游企业工作分析的方法

工作分析目的的实现依赖于对工作任务和要求、工作环境等与职位有关的信息进行科学的收集。一般由人力资源管理者或工作分析专家在观察和分析的基础上，编写出一份工作说明书和一份工作规范。在此过程中，雇员及其上级主管也要参与此项工作。实践中，在具体的工作分析中可以根据自己的目的选择不同的工作分析方法。本节我们所讲的工作分析方法包括以下几种。

3.2.1 观察法

观察法是指工作分析人员通过感官或其他工具直接观察工作者在正常工作环境中的工作情况，记录某一工作周期该职位工作的内容、形式、过程和工作方法，并在此基础上，获取该职位的特点和方法，提出具体的分析报告。在应用此法分析时，可以用录像机等仪器测量具体的工作条件。

观察法是最为简单的一种工作分析方法，适用于重复性大的岗位，如流水作业的装配工人。它的优点是工作分析人员能够直观地观察分析对象，能够比较全面地了解工作的要求和工作状况，获得工作岗位的第一手分析资料。但是，人们在有其他人观察的情况下，往往因为紧张而不能代表该职位最典型的工作状态。而且观察法的适用范围有限，不适用于脑力劳动者和处理紧急情况的间歇性工作。此外，观察法也是比较费时的。

要发挥观察法的最大效用，在观察前应准备较详细的行为标准；在对象选择上，应多观察几个人以使工作样本更具代表性，避免观察结果的偏差；在观察的过程中，要取得观察对象的理解和合作，防止产生误解；尽量不要影响分析对象的正常工作，保证观察结果的准确性。

3.2.2 面谈法

面谈法是使用比较广泛的一种数据信息收集的方法。它是工作分析人员与分析对象面对面交谈以收集信息的方法。在工作分析中有着不可替代的作用，因为对于许多工作，特别是对于复杂的和耗时的工作，如飞行员、医生等，分析人员不可能直接观察。面谈法的对象既可以是单独的雇员个体，也可以是从事同种工作的雇员群体，还可以是对分析对象的主管。

通过面对面的交谈，工作分析对象的承担者可以用简单的语言概括长期的、复杂的工作的体会和感想，从而使分析人员简单、快捷的掌握工作分析所需的相关信息，适用性强。在面谈过程中，可以使雇员深切地感受到企业对其的关心，为雇员表达自己对工作的认识及了解工作分析的作用和功能提供了一个很好的机会。需要注意的是，由于工作分析经常被认为改变工资率和绩效评价的依据，面谈对象往往倾向于夸大自己对工作的付出、责任和工作的难度，弱化他人的某些职责。从而使收集的工作分析信息扭曲、失真。

在采用面谈法时，选择的分析对象，必须十分明确面谈的目的，并能客观阐述其工作职责。面谈之前应做到对最有价值的问题心中有数。除了了解工作分析对象的一般信息，应围绕工作目标、工作内容、工作性质和范围、工作职责等方面的重点和难点进行交谈。面谈过程中，态度要真诚，尊重被调查人，在出现不同观点时，避免与员工争论，积极培养一种融洽、轻松的气氛。

3.2.3 工作日志法

工作日志法要求工作人员将每天的工作，从事的每一项活动，以日记的形式记录下来。一般要做一周的日志以收集典型的工作分析数据。它可以为工作分析者提供一个非常完整的工作图景，详细了解工作的整体流程。同观察法一样，可以作为工作分析的第一手资料，如果日志详细，还可以总结出观察法难以观察的工作细节，可以避免信息在传递过程中的误差。在以连续同工作人员及其主管进行面谈为辅助手段的前提下，这种分析方法的效果很好。工作日志是工作人员自己主笔进行的，这需要工作人员离开工作岗位去写日记，这要花费很多时间。另外，在工作描述和工作记录上，如果准备的不好或对工作岗位了解的不透彻，都容易造成工作分析数据的准确性。

3.2.4 工作实践法

工作实践法是指工作分析人员亲自从事需要进行工作分析的工作，以搜集工作分析的相关数据。实践是了解和学习的主要方法，工作分析者可以通过身体力行的工作，了解需要分析的工作岗位的实际性内容，及体力、知识、经验和环境等方面的要求。但是需要注意的是，由于工作实践法耗时耗力，所以只适合短期内可以掌握工作内容和要求的工作，如速递员、服务生，而不适用于需要长期培训或需要技术含量较高的专业性、危险性工作，如网站设计、电路维修等。

3.2.5 调查问卷法

调查问卷法也是一种常用的工作分析方法，类似于面谈法，只是搜集工作分析数据的形式是问卷。可以用常用的、可应用于不同组织的标准调查表来收集数据，也可以用特别设计的调查表收集特定组织的信息。调查问卷有效性高低的关键在于问卷设计的质量。一份设计精准的调查问卷可以很好地收集需要调查问题的方方面面，将员工回答问题时可能出现的误差调整到最小。

想要设计出理想的调查问卷需要花费很多的人力、物力和时间，设计费用比面试法、观察法等高很多，工作难度大，而且不易于工作分析人员与工作人员的正面交流，缺乏反馈。其分析结果也受制于被分析者对待问卷的态度。但是，这种方法可以快速得到工作岗位的相关资料，比起面谈法、实践法等更加节省人力和时间，实施的费用比一般的工作分析方法低；对填写时间没有要求，减少因工作分析对在岗工作的影响程度，而且适用范围广泛；所取得的调查结果，还可以通过社会科学分析方法，进行数据处理，提高数据的可信性和精确性。

典型的调查问卷包括两部分，一是工作标志信息，询问被分析者的工作名称、个人经验、资格和学历、对待问卷的态度等问题；二是工作任务，即详细的工作活动表。有时，工作岗位的主管人在完成调查问卷时，还要评估每项工作活动对整体工作岗位的意义和比重等。

表 3-1　旅游企业调查问卷范例

工作问卷		
×××旅游公司		
姓名：	工作名称：	
工作部门：	工号：	
目前职位：	在职时间：	
年龄：	性别：	
受教育程度：		
1.工作任务综述：简要叙述主要工作任务。		
2.工作技能要求：完成相应工作所需要的技能，按先后顺序排列。		
3.对目前工作内容的满意程度。		
□有趣	□一般	□枯燥
4.留在该岗位工作的原因（多选）。		
□生活、家庭方面的经济压力。		
□实现自己的旅游职业的理想。		
□所在企业发展前景乐观，升职机会多。		
□外面就业压力大		
□其他原因		
5. 完成工作任务所需要的工作设备。		
6.完成工作任务所需要的理想工作环境。		

续表

7.你认为完成该项工作所需的最低学历和专业要求是什么？
8.请提供上述关于您从事的职位非常重要的其他信息。
填表日期：

3.2.6 关键事件法

关键事件是指可以促使工作成功或失败的关键事件，或者是对于工作结果来说特别有效或者特别无效的工作行为。关键事件法是通过列举一系列的工作内容和要求来说明工作的关键事件，包括事件发生的原因和背景，员工特别有效的或多余的行为，关键行为的一般后果，员工能否支配和控制的一般行为后果。工作分析人员通过收集、分类分级、分析关键事件，总结关键事件发生的频率、重要程度，从而总结出工作的关键特征和行为要求，并以此作为确定该岗位任职资格的依据。这种方法的缺点是需要耗费大量的时间，且其分类的标准与工作绩效好、坏这两个极端有关，难以确定某项工作的平均绩效水平。

导游能力概括范例

分析客体：导游

关键事件：

1. 遵守旅游行业相关政策独立宣传旅游产品，执行旅行社接待计划。
2. 组织协调能力强，积极、主动、形象讲解旅游景点。
3. 热情、妥善地处理游客的各种问题，如交通、住宿等。
4. 有较强的理解能力和人际沟通能力。
5. 语言表达能力欠缺，经常在介绍景点时忘词、口吃。
6. 个人职业道德水平差，辱骂游客、强制游客在指定商场消费。
7. 发车返回目的地遗漏游客，致使游客投诉或要求赔偿。

3.2.7 职位分析问卷法

职位分析问卷法是一种量化的工作分析方法，它利用清单的方式来确定工作要素，需要分析人员来填写的工作分析方法。职位分析问卷共包括 194 个要素，每个要素代表工作中起重要作用或者仅起不太重要作用的一个基本方面。涵盖工作信息、工作过程、工作关系、工作环境等特点和要求。而工作分析人员所要确定的是，这些要素对于某项工作来说，是否重要及其重要的程度如何。这种分析方法的优点在于，对工作进行了等级划分，并且提供了一个量化的分数顺序，因而可以用于不同工作之间的比较。但是，西方学者的研究表明，这种方法对体力劳动性质的职业的适用性好。由于没有对工作活动进行描述，所以也无法体现工作性质的差异。

3.3　旅游企业工作分析内容和步骤

工作分析是专注于收集、分析和整合与职位相关的信息，从而为旅游企业提供人力资源规划、组织设计和人力资源管理的依据。旅游企业开展工作分析所要解决的主要问题有两个：其一，旅游企业内部某一工作岗位的工作描述是什么？该问题涉及工作岗位的性质、任务、职权、岗位关系、工作要求和工作条件等一系列内容。其二，从事该工作岗位的任职资格是什么？该问题则与从事该项岗位的工作人员的任职资格有关，例如专业、年龄、必备证书、工作经历等任职条件。

一般而言，旅游企业工作分析的基本内容包括以下项目：

1. 工作名称，即工作岗位的名称。
2. 人员数量，即岗位所需工作人员的数目和性别。
3. 组织位置及岗位关系，即该岗位在组织中的位置，及其上下左右的关系。
4. 工作目标，即该项工作所要达成的工作目标，所需执行的工作任务。
5. 工作职责，即工作人员所应负的工作责任。
6. 工作知识和工作方法，即圆满完成此项工作所应具备的专业知识和具体方法。
7. 工作经历与经验，即是否需要工作经验及经验的具体要求。
8. 教育与培训，即工作人员所应具备的教育背景，及新老员工的培训要求。
9. 体能要求和员工特性，即具体某一工作岗位对工作人员体能状况和特殊能力的要求，如视力、听力、推力、爬高等体能要求，辨别、记忆、计算机使用等工作能力。
10. 装备、器材和补给品，即工作岗位所使用的具体装备、器材。
11. 工作环境，即影响工作的室内、室外、温度、湿度等方面的环境特性。
12. 工作时间，即工作时数、天数，轮班与休班安排等。

3.4　旅游企业工作流程分析

一般来说，旅游企业的工作分析是通过以下几个步骤来完成的，如图 3-1 所示。

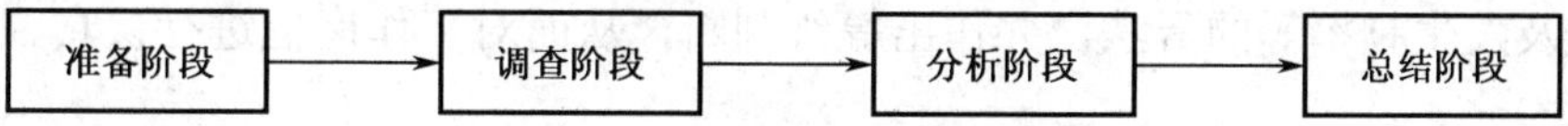

图 3-1　旅游企业工作流程分析

1. 准备阶段

准备阶段的主要任务是了解被分析工作岗位的基本资料，与被分析者建立必要的联系，确定工作分析小组的主要成员，设计和规定搜集信息的对象和调查方案。具体工作如下：

（1）明确工作分析的意义、目的，根据工作分析的总体目标，通过查阅已有的资料，对旅游企业中被分析岗位的工作任务、对象和工作方法进行初步的了解。

（2）设计具体岗位的调查方案。

① 确定此项调查的主要任务

只有确定调查分析的主要任务，才能正确确定调查的范围、对象、内容以及调查方法，明确收集资料的内容、渠道。

② 成立工作分析小组

为了保证工作分析的顺利进行，必须有一个分工明确的工作分析小组。工作分析小组中，通常由三类成员组成。

一类是企业的高层领导，他们负责工作分析的战略方向，确认工作分析的正规性和合法性。

一类是工作分析人员，他们是工作分析的主力军，主要由人力资源管理人员和被分析岗位的直接领导，或对被分析岗位非常熟悉的人员构成。

还有一类是旅游企业外部的专家和工作分析顾问，由于其独有的专业性和经验，可以保证工作分析结果的客观性，有效防止工作分析的过程和结果出现偏差。

（3）确定调查项目和调查表格。在上述两项工作完成的基础上，要确定对整体工作岗位进行调查的具体内容，例如工作岗位的基本情况和工作分析的各项指标等。调查项目的呈现形式一般表现为调查表格。调查表格通常是根据调查项目制定的统一的调查问卷，并附带填写要求和说明，从而保证调查表格的有效性。

（4）组织相关培训。为了保证工作分析的效果，还应对工作分析人员进行相关的业务培训，使其学习并掌握相关的调查内容，熟悉具体的实施步骤、调查方法及注意事项。

（5）做好思想工作。为了搞好工作分析，应做好分析对象的思想工作，通过宣传、沟通，使其明确工作分析的目的和意义，消除误解和紧张，减少分析对象在分析过程中的抵触心理，从而有助于建立良好的合作关系。分析人员也应该明确工作分析对整个人力资源管理工作的重要性，提高对工作分析的重视。

2. 调查阶段

调查阶段的主要内容是通过工作流程图、组织图和工作说明书等，了解与分析对象有关的背景信息。根据准备阶段确定的调查方案，灵活运用访谈、问卷、观察等工作分析方法，广泛、深入地收集分析对象的各种数据资料，重点收集被调查员工对各种工作特征和工作特征的重要性及发生频率等的看法，并作出等级判断，从而对工作岗位进行认真、细致地调查研究。

（1）调查阶段所应搜集的重要信息包括：

① 分析对象的背景资料

背景资料包括旅游公司的组织结构图、工作流程图、旅游企业的职位分类标准，以及之前存档的工作分析资料。这将有助于明确某一职位在整个旅游企业中的地位、上下级关系，从而更全面地了解该职位的具体情况。

② 分析对象的相关信息

相关信息一般通过工作人员、上级主管、服务对象、人力资源专家和顾问、职业名称辞典、以往的工作分析资料获取，主要包括工作岗位所有工作的具体程序、工作人员的工作职责和权力、工作要求（工作人员的兴趣爱好、精力和体力、教育与培训水平、工作经验等）、工作辅助设备（话筒、旅游巴士等）、工作绩效等。

（2）调查阶段的具体工作有：

① 综合运用各种工作分析方法进行实地调查。选择工作分析的方法应选择能够了解实际行为、易于实施的方法。

② 针对工作分析的目的有针对性地收集与被分析岗位相关的各类数据。

③ 要求被调查对象对其工作特性和员工特性的重要性作出等级评定，便于分清主次和重要程度。

3. 分析阶段

分析阶段的主要任务是对调查阶段收集的有关工作特性和员工特性的数据进行细致地归纳、总结和分析，以便揭示分析对象的特质，明确旅游企业内部各个职位的主要工作活动和关键因素。

需要注意的是，工作分析是对调查对象的工作情况特征进行分析，这种分析并非是对调查收集的资料进行直接的罗列，而是将具体某项职责分解为若干的组成部分，进而重新归纳总结，形成总结的基础数据。例如，旅游企业对旅游热线接线员接听旅游业务询问这项职责，经过分析应当描述为："按照公司的职责要求接听电话，熟练应答顾客问题，适时推荐旅游套餐。"而不是把所有的活动一一罗列："接起电话，介绍公司名称及主要业务，询问对方要求，根据顾客提问回答问题，推荐旅游套餐选择，记录顾客信息，挂上电话。"

此外，任职者是工作分析了解工作状况的途径，工作分析所关心的是职位的情况，与任职者无关。例如旅游企业中导游一职原本要求的是具有旅游管理专业本科学历的人来从事，由于用工荒、工资待遇等问题，现在这一职位是由一位具有公共事业管理专业毕业的专科生来担任，那么在分析该职位的任职资格中仍要将职位的任职资格规定为旅游管理专业本科学历，而不能根据现在的状况将任职的学历要求改为其他专业或其他学历。

分析阶段的具体工作有：

（1）仔细核对、审查收集到的具体信息和数据。

（2）以当前工作为分析依据，有针对性地分析、发现工作分析对象职责的关键事件、影响因素及存在的问题，进而指出任职者的职责要求。

（3）归纳、总结工作分析总结阶段所需要的主要成分和关键要素，如岗位的职责、任务、工作性质与工作关系、职责权限等。

（4）回顾工作分析准备阶段所确定的工作分析的主要任务，如果有所遗漏，或存在一定的困难，则说明对职位的调查分析还不够深入、全面，继续搜集缺少的分析素材，以确保工作分析按要求进行。

4. 总结阶段

总结阶段为工作分析的最后一个阶段，其主要任务是将分析阶段的分析结果，综合提出工作描述和工作规范，用文字图表的形式，作出全面的归纳和总结，形成工作说明书或岗位规范、工作标准，进而提交高层领导批准作为正式的公司制度文件下达。

由此可知，此阶段的主要任务有三个：一是按照标准格式，编写工作说明书。二是对整个工作分析流程进行总结，找出分析过程中存在的问题及成功的经验，以寻求适合本旅游企业自身发展要求的工作分析方式。三是将工作说明书提交给高层领导审批、下达，从而将工作分析的结果运用于旅游企业内部的人力资源管理，真正实现工作分析的目的。

3.5 旅游企业工作说明书的编写

旅游企业的工作说明书也称为职位说明书或者岗位说明书，是旅游企业对各类工作岗位的性质和特征、任务、职权、各岗位之间的关系、劳动条件及环境，以及岗位资格条件等具体事项（工作分析的主要内容）所作的统一规定。

3.5.1 旅游企业工作说明书的分类

按照旅游企业工作说明书所说明的对象的不同，可具体分为：

1. 岗位工作说明书，即以具体工作岗位为对象所编写的工作说明书。
2. 部门工作说明书，即以旅游企业内部的某一部门为对象所编写的工作说明书。
3. 公司工作说明书，即以旅游企业为对象所编写的工作说明书。

其中，后两种可归为一种，统称为部门工作说明书，只是说明的范围各异而已。

3.5.2 旅游企业起草和编写工作说明书的具体步骤

旅游企业起草和编写工作说明书，首先，需要按照工作分析的流程顺序对企业内部的岗位进行系统、全面的调查，并起草工作说明书的初稿。其次，由人力资源部组织工作分析专家组，包括岗位的部门经理、相关管理人员和工作分析专家，召开有关工作说明书的专题研讨会，对工作说明书的订正、修改提出具体的意见，逐段逐句地对工作说明书进行细致的修改。一般来说，一份科学的、可靠的、可行的工作说明书从初稿到定稿需要经过多次送审、删减，才能最终颁布执行。

3.5.3 旅游企业工作说明书的基本内容

工作说明书都包括两部分的内容：一是工作描述，也称为工作标准、岗位描述，反映的是职位的工作情况，如工作名称、所属部门等标准数据，同时要写出本职务的主要工作目标、任务及内容。二是工作规范，反映的是职位对任职者的各种要求，如学历、技能等。

一般来说，一个内容比较完整的工作说明书都要包括以下几项具体内容：

（1）基本资料：主要包括职位标志，如职位名称、职位编号、上下级关系、分析日期等方面的识别信息。

（2）职位概要：一般是用几句简练的话概括说明这一职位的主要工作职责。例如，公司前台接待人员的职位概要可以描述为："负责接待客户的来电与来访，打扫前台卫生，整理宣传单页等行政服务工作，维护公司的良好形象。"

（3）岗位职责：主要包括职责概述和职责范围，是职位概要的细化。以导游对话筒等外出宣传服务设备保养这一职责来说，其职责可以描述为："根据保养时间要求更换零部件和电池；定期检查设备的电量和运行情况，以免影响正常工作；保持对设备外借的所有记录。"

（4）岗位关系：主要指某一职位在正常的工作情况下，与其他岗位、部门，甚至是企业外部的部门，发生的横向与纵向的联系。

（5）工作权限：为了确保工作的正常开展所必须赋予每个岗位与工作责任相协调的权限，以保证工作任务的完成。

（6）工作条件与环境：具体岗位在一定时空范围内工作的具体要求，如工作时间要求、工作地点要求和各种工作物质条件。

（7）任职资格：一般由所学专业和学历、资格证书、工作经验、专业知识和技能、工作时间、身体条件、心理品质等组成。1952 年，罗杰曾将任职资格概括为七项：体貌特征、教育与经历成就、一般智力、特殊能力、兴趣、性格、特殊的工作环境。

（8）绩效考评：对员工进行德、能、勤、绩的全面的考核和评价，如平行、时效、质量等多个方面。

★案例 3.1

某旅游公司客户接待室主任工作说明书

一、基本资料

岗位名称：客户接待室主任

岗位编码：1025

直接上级：客户部经理

二、岗位概要：在客户部经理的领导下，全权负责来访客人接待工作；提供前台咨询的技术指导；旅游套餐的业务推荐与联系。

三、岗位职责

（一）根据客户部经营管理体制，制定本部门的各项规章制度并实施监督。

（二）全权负责会客室的客户接待工作。

（三）协调本部门与其他部门的关系，确保客户登记、旅游、保险等环节的顺畅，从而树立良好的部门和企业形象。

（四）负责准客户信息的搜集与整理，按照客户需要提供打印、预定等服务。

（五）制定本部门的工作计划、业务学习计划及绩效考核办法，统筹本部门员工的工作秩序。

（六）全面负责本部门的员工的思想政治工作，认真贯彻、执行上级领导的指示和制度要求。

（七）定期向客户部领导汇报本部门业务工作的进展情况和员工的思想状况，充分发挥好上下级之间纽带的作用。

四、岗位关系

（一）在接受客户部经理监督指导的同时，对下属的行政助理、商务中心工作人员、前台接待人员及专项负责人员等进行直接监督和指导。

（二）本岗位与客户部有直接的从属关系；与业务部有业务上的协调和配合关系；与外联部有协调关系。与全国各大酒店、景点售票点及地接旅行社等部门有业务上的合作关系。

五、工作内容与要求

（一）制定的各项规章制度应根据本部门的实际工作需要，确保制度的切实可行，监督有力。

（二）帮助客户熟悉本企业的旅游套餐和优惠计划，协调办理客户入团手续，保证客户对企业服务有较高的满意度。

（三）确保客户登记、旅游、保险等环节的顺畅进行。

（四）提供优质的附加服务，收费合理，服务到位。

（五）本部门制订的工作计划、业务学习计划应包含长期计划和短期计划；绩效考核办法应客观反映员工的实际工作成果，奖惩有据，确保公平合理。

（六）每周一定期向客户部经理汇报本部门的工作进展和业绩，及时下达上级领导的工作计划和新产品的营销计划。

六、工作权限

（一）对客户接待室的业务和行政管理工作有指导权和监督权。

（二）有对上级部门提出优化旅游套餐、组团安排等方面合理化建议和意见的权力，及申请拓展工作管理幅度和经营领域的权力。

（三）有权根据公司假期审批制度对从属员工的假期要求提出审批意见。

（四）有权记录员工的日常工作绩效。

七、工作条件与环境

（一）本岗位实行每周48小时工时制，周末轮流单休。

（二）本职务属于室内工作，坐姿站姿相结合，主要以口头介绍为主，属于较轻的体力劳动，工作环境温湿度适中，照明条件良好。

八、任职资格

（一）教育背景：与旅游相关专业的大专以上文化程度。

（二）资格证书：导游证、普通话证、计算机二级证。

（三）工作经验：具有三年以上旅游行业相关工作经验。

（四）技能要求：掌握服务接待的基本规范；能够熟练使用计算机办公自动化软件；具有一定的外语交流能力，较强的口头和书面语言表达能力；有一定的组织协调能力和执行力；有较强的公关意识和安全意识；能够有效判断市场需求，善于接受先进的工作方法。

（五）任职者上岗前应接受的培训内容：了解客户接待室的主要职能和责任，熟悉旅游企业和客户接待室现行的规章制度；掌握客户接待部工作人员的业务分工情况，了解下属的工作特点和业务进展情况；熟悉本职应具备的服务意思、安全意识和公关意识。

九、绩效考评

从德、能、勤、绩四方面对任职者进行全面的考核，以领导评定为主，自我评定和同级评定为辅进行。其中，领导评定占70%，同级评定占20%，自我评定占10%。

（一）考核内容：

1. 德：是否具备良好的职业道德修养，敬业爱岗，认真负责。

2. 能：是否能够熟练运用专业知识和公关协调能力迅速处理突发事件；是否具有计划、组织、控制和决策本部门行政事务的管理能力。

3. 勤：出勤率达到95%以上，不可无故缺勤。

4. 绩：是否圆满完成本部门的工作计划；部门内业务是否运行良好；客户投诉率是否很低。

（二）考评结果的分析与反馈：由上级主管部门客户部对考核结果的真实性进行分析，并将考评结果与企业业务计划和同期指标进行对比，及时将绩效考评分析结果反馈给客户接待室全体职工。

管理实训

【实训目的】

1.熟悉旅游企业工作分析的具体步骤。

2.设计工作分析的具体方案。

【实训时间】

本章课堂教学内容结束后的双休日和课余时间，为期一周。或者指导教师另外指定时间。

【背景材料】

A 公司工作分析案例

A 公司是我国中部省份的一家房地产开发公司。近年来，随着当地经济的迅速增长，房产需求强劲，公司有了飞速的发展，规模持续扩大，逐步发展为一家中型房地产开发公司。随着公司的发展和壮大，员工人数大量增加，众多的组织和人力资源管理问题逐渐凸显出来。

公司现有的组织机构，是基于创业时的公司规划，随着业务扩张的需要逐渐扩充而形成的，在运行的过程中，组织与业务上的矛盾已经逐渐凸显出来。部门之间、职位之间的职责与权限缺乏明确的界定，扯皮推诿的现象不断发生；有的部门抱怨事情太多，人手不够，任务不能按时、按质、按量完成；有的部门又觉得人员冗杂，人浮于事，效率低下。

公司的人员招聘方面，用人部门给出的招聘标准往往含糊，招聘主管往往无法准确地加以理解，使得招来的人大多差强人意。同时目前的许多岗位不能做到人事匹配，员工的能力不能得以充分发挥，严重挫伤了士气，并影响了工作的效果。公司员工的晋升，以前由总经理直接做出。现在公司规模大了，总经理已经几乎没有时间来与基层员工和部门主管打交道，基层员工和部门主管的晋升只能根据部门经理的意见来做出。而在晋升中，上级和下属之间的私人感情成为了决定性的因素，有才干的人往往却并不能获得提升。因此，许多优秀的员工由于看不到自己未来的前途，而另寻高就。在激励机制方面，公司缺乏科学的绩效考核和薪酬制度，考核中的主观性和随意性非常严重，员工的报酬不能体现其价值与能力，人力资源部经常可以听到大家对薪酬的抱怨和不满，这也是人才流失的重要原因。

面对这样严峻的形势，人力资源部开始着手进行人力资源治理的变革，变革首先从进行职位分析、确定职位价值开始。职位分析、职位评价究竟如何开展、如何抓住职位分析、职位评价过程中的要害点，为公司本次组织变革提供有效的信息支持和基础保证，是摆在 A 公司面前的重要课题。

首先，他们开始寻找进行职位分析的工具与技术。在阅读了国内目前流行的基本职位分析书籍之后，他们从其中选取了一份职位分析问卷，来作为收集职位信息的工具。然后，人力资源部将问卷发放到了各个部门经理手中，同时他们还在公司的内部网上也上发了一份关于开展问卷调查的通知，要求各部门配合人力资源部的问卷调查。

据反映，问卷在下发到各部门之后，却一直搁置在各部门经理手中，而没有发下去。很多部门是直到人力部开始催收时才把问卷发放到每个人手中。同时，由于大家都很忙，很多人在拿到问卷之后，都没有时间仔细思考，草草填写完事。还有很多人在外地出差，或者任务缠身，自己无法填写，而由同事代笔。此外，据一些较为重视这次调查的员工反映，大家都不了解这次问卷调查的意图，也不理解问卷中那些生疏的治理术语，何为职责、何为工作目的，许多人对此并不理解。很多人想就疑难问题向人力资源部进行询问，可是也不知道具体该找谁。因此，在回答问卷时只能凭借自己个人的理解来进行填写，无法把握填写的规范和标准。

一个星期之后，人力资源部收回了问卷。但他们发现，问卷填写的效果不太理想，有一部分问卷填写不全，一部分问卷答非所问，还有一部分问卷根本没有收上来。辛苦调查的结果却没有发挥它应有的价值。

与此同时，人力资源部也着手选取一些职位进行访谈。但在试着谈了几个职位之后，发现访谈的效果也不好。因为，在人力资源部，能够对部门经理访谈的人只有人力资源部经理一人，主管和一般员工都无法与其他部门经理进行沟通。同时，由于经理们都很忙，能够把双方凑在一块，实在不容易。因此，两个星期时间过去之后，只访谈了两个部门经理。

人力资源部的几位主管负责对经理级以下的人员进行访谈，但在访谈中，出现的情况却出乎意料。大部分时间都是被访谈的人在发牢骚，指责公司的治理问题，抱怨自己的待遇不公等。而在谈到与职位分析相关的内容时，被访谈人往往又言辞闪烁，顾左右而言他，似乎对人力资源部这次访谈不太信任。访谈结束之后，访谈人都反映对该职位的熟悉还是停留在模糊的阶段。这样持续了两个星期，访谈了大概 1／3 的职位。王经理认为时间不能再拖延下去了，因此决定开始进入项目的下一个阶段——撰写职位说明书。

可这时，各职位的信息收集却还不完全。怎么办呢？人力资源部在无奈之中，不得不另觅它途。于是，他们通过各种途径从其他公司中收集了许多职位说明书，试图以此作为参照，结合问卷和访谈收集到的一些信息来撰写职位说明书。

在撰写阶段，人力资源部还成立了几个小组、每个小组专门负责起草某一部门的职位说明，并且还要求各组在两个星期内完成任务。在起草职位说明书的过程中，人力资源部的员工都颇感为难，一方面不了解别的部门的工作，问卷和访谈提供的信息又不准确；另一方面，大家又缺乏写职位说明书的经验，因此，写起来都感觉很费劲。规定的时间快到了，很多人为了交稿，不得不急急忙忙，东拼西凑了一些材料，再结合自己的判定，最后成稿。

最后，职位说明书终于出台了。然后，人力资源部将成稿的职位说明书下发到了各部门，同时，还下发了一份文件，要求各部门按照新的职位说明书来界定工作范围，并按照其中规定的任职条件来进行人员的招聘、选拔和任用。但这却引起了其他部门的强烈反对，很多直线部门的治理人员甚至公开指责人力资源部，说人力资源部的职位说明书是一堆垃圾文件，完全不符合实际情况。

于是，人力资源部专门与相关部门召开了一次会议来推动职位说明书的应用。人力资源部经理本来想通过这次会议来说服各部门支持这次项目。但结果却恰恰相反，在会上，人力资源部遭到了各部门的一致批评。同时，人力资源部由于对其他部门不了解，对于其他部门所提的很多问题，也无法进行解释和反驳，因此，会议的最终结论是，让人力资源部重新编写职位说明书。后来，经过多次重写与修改，职位说明书始终无法令人满意。最后，职位分析项目不了了之。

人力资源部的员工在经历了这次失败的项目后，对职位分析彻底丧失了信心。他们开始认为，职位分析只不过是“雾里看花，水中望月”的东西，说起来挺好，实际上却没有什么大用，而且认为职位分析只能针对西方国家那些治理先进的大公司，拿到中国的企业来，根本就行不通。原来雄心勃勃的人力资源部经理也变得灰心丧气，并且一直对这次失败耿耿于怀，对项目失败的原因也是百思不得其解。

那么，职位分析真的是他们认为的“雾里看花，水中望月”吗？该公司的职位分析项目为什么会失败呢？

1. 该公司为什么决定从职位分析入手来实施变革，这样的决定正确吗？为什么？

2. 在职位分析项目的整个组织与实施过程中，该公司存在着哪些问题？

3. 该公司所采用的职位分析工具和方法主要存在着哪些问题？

4. 如果你是人力资源部新任的主管，让你重新负责该公司的职位分析，你要如何去开展？

资料来源：安徽建筑工业学院人力资源研究中心，http://www.auahr.com/hr_Show.asp?id=201&classid=8，2011-04-15

【实训过程设计】

1. 全班同学划分为4～6人的小组，根据案例所问问题分组讨论A公司在职位分析和选用的工作分析方法所存在的问题。

2. 根据工作说明书的内容和格式要求和讨论的结果，分工合作写一份条理清晰、可操作性强的职位分析的工作实施方案。

3. 各组推选一名代表讲解工作说明书的具体内容和学习心得，由教师做最后评价。

（1）指导教师布置学生课前预习阅读案例。

（2）将全班同学平均分成小组，按每组4～6人进行讨论。实训组根据背景资料进行讨论和设计方案。

（3）根据“背景资料”，讨论该公司为什么决定从职位分析入手来实施变革，这样的决定正确吗？为什么？

（4）根据“背景资料”，分析在职位分析项目的整个组织与实施过程中，该公司存在着哪些问题？

（5）根据“背景资料”，分析该公司所采用的职位分析工具和方法主要存在着哪些问题？

（6）根据“背景资料”，你是人力资源部新任的主管，让你重新负责该公司的职位分析，你要如何去开展？

（7）各实训组对本次实训进行总结和点评，参照“课业范例1”撰写作为最终成果的《实训报告》。

（8）指导教师对小组讨论过程和发言内容进行评价总结，并讲解本案例的分析结论。先评定小组成绩（在小组成绩中每一个人参与讨论占小组成绩的 40%，代表发言内容占小组成绩的 60%），各小组提交填写“项目组长姓名、成员名单”的《实训报告》。优秀的实训报告在班级展出，并收入本课程教学资源库。

本章小结

1. 旅游企业的工作分析，也可以称为旅游企业的职位分析、岗位分析，它是旅游企业人力资源管理的一项职能活动，是指旅游企业为了了解组织内部的各类职位，对企业内部各类工作岗位的性质、任务、职权、各岗位之间的关系、劳动条件及环境，以及岗位资格条件所进行的系统研究，并按一定的格式规范制定出旅游企业工作说明书的过程。

2. 旅游企业工作分析的主体是工作分析者，客体是旅游企业内部的各类工作岗位，内容是与各个工作岗位有关的情况介绍，结果是涵盖各个职位有关信息的工作说明书。

3. 工作分析为旅游企业开展其他人力资源管理活动提供依据；为招聘、选拔任用合格的员工奠定基础;为新老员工的任职培训提供明确的依据;提高员工绩效考评的科学性和客观性;促进薪酬制度的公平性和合理性。工作分析为旅游企业实现整体管理奠定基础。工作分析是员工制定职业生涯规划的重要前提。

4. 观察法是指工作分析人员通过感官或其他工具直接观察工作者在正常工作环境中的工作情况，记录某一工作周期该职位工作的的内容、形式、过程和工作方法。

面谈法是使用比较广泛的一种数据信息收集的方法。它是工作分析人员与分析对象面对面交谈以收集信息的方法。

工作日志法要求工作人员将每天的工作，从事的每一项活动，以日记的形式记录下来，可以为工作分析者提供一个非常完整的工作图景，详细了解工作的整体流程。

工作实践法是指工作分析人员亲自从事需要进行工作分析的工作，以搜集工作分析的相关数据。

调查问卷法可以用常用的、可应用于不同组织的标准调查表来收集数据，也可以用特别设计的调查表收集特定组织的信息，其有效性高低的关键在于问卷设计的质量。

关键事件法是通过列举一系列的工作内容和要求来说明工作的关键事件，包括事件发生的原因和背景，员工特别有效的或多余的行为，关键行为的一般后果，员工能否支配和控制的一般行为后果。

5. 旅游企业开展工作分析所要解决的主要问题有两个：其一，旅游企业内部某一工作岗位的工作描述是什么？其二，从事该工作岗位的任职资格是什么？

6. 工作说明书都包括两部分的内容：一是工作描述，也称为工作标准、岗位描述，反映的是职位的工作情况。二是工作规范，反映的是职位对任职者的各种要求。一般来说，一个内容比较完整的工作说明书都要包括以下几项具体内容：基本资料、职位概要、岗位职责、岗位关系、工作权限、工作条件与环境、任职资格、绩效考评。

综合练习

一、单项选择题

1. （　　）是人力资源管理的基础性工作，关系到人力资源管理的各个方面。
   A. 员工招聘　　B. 工作分析　　C. 绩效管理　　D. 薪酬管理
2. （　　）是工作分析最基本的单元。
   A. 任务　　B. 职务（岗位）　　C. 工作说明　　D. 职业
3. 整个工作分析过程的核心阶段是（　　）。
   A. 准备阶段　　B. 设计阶段　　C. 分析阶段　　D. 描述阶段
4. 工作说明书的具体内容有（　　）个。
   A. 2　　B. 5　　C. 6　　D. 8
5. 关键事件法是（　　）年由J.C.佛拉那甘研究开发出来的。
   A. 1974　　B. 1954　　C. 1950　　D. 1969
6. （　　）是目前国内企业运用最广泛、最成熟、最有效的一种工作分析的方法。
   A. 观察法　　B. 访谈法　　C. 问卷法　　D. 关键事件法

二、名词解释

1. 工作分析
2. 关键事件法
3. 工作说明书

三、问答题

1. 旅游企业工作分析的意义是什么？
2. 简述旅游企业工作分析流程。
3. 旅游企业工作说明书的主要内容是什么？

第4章 旅游企业员工的招聘与甄选

学习目标

- 熟悉招聘的基本程序
- 掌握内部招聘与外部招聘的种类、特点
- 了解其他招聘方法
- 掌握评价招聘工作的分析维度

互联网阅读

在学习本章前，请你游览 http://www.songcn.com/shares/job/job.shtml，将会对你学习本章内容有帮助：

投入休闲产业，成就爱的事业。宋城股份放榜纳贤

行政/策划类纳贤岗位：人力资源专员

财务/审计类纳贤岗位：税务筹划师

工程类纳贤岗位：氛围设计师、结构设计师、室内装修设计师、安装工程师、招投标管理工程师、安装预算员、土建预算员、工程采购员

外地项目纳贤岗位：财务负责人、出纳、艺术团负责人、剧场部经理、旅游市场销售员（工作地点：三亚、丽江、九寨等）

演职类纳贤岗位：舞蹈演员、灯光师、音响师、舞台机械、化妆造型师、视频制作、舞美设计

你知道，旅游企业如何进行员工的招聘吗?

招聘和甄选员工是旅游企业人力资源管理的重要内容之一，能够有效满足企业发展对高质量人力资源的需要，在一定程度上保持企业员工队伍的稳定性，同时也是企业树立良好形象、对外宣传的有效渠道。

4.1　员工招聘的基本过程

4.1.1　招聘的原则

在开展招聘工作之前，必须要明确招聘的基本原则。员工招聘是为了满足企业发展过程中的人才需求，招聘工作的开展必须以岗位需求和企业的发展要求为宗旨，坚持以全面考核、择优录取为原则，确保企业吸引到合适的人才。

4.1.2　招聘的基本程序

为了保证员工招聘的规范性和有效性，提高招聘的效果，旅游企业的员工招聘一般按照以下的基本程序进行。

1. 确定招聘需求

确定招聘需求是整个招聘活动的起点。企业发展的不同时期对职工有不同的需求，例如，在企业发展初期，继续拓展型的员工与企业元老共同打拼；在企业成熟期，则可能需要认真负责、有独特技能的员工；而在市场转型期或竞争日剧激烈时期，则可能需要招聘有远见、能够为企业转型或应对竞争提供优质思想的员工。

招聘需求是人力资源部门以人力资源规划和工作分析为基础，根据企业内部的职工结构、绩效需求和未来发展规划的变化，适时调整企业所要招聘员工的招聘的范围和策略；确定类型、数量；招聘费用的预算。

这一阶段的主要工作是准确把握企业对各类职工的需求，包括质量和数量两个方面。这种需求的展现具体分为以下步骤：

首先，通过公司各部门业务拓展的需求、员工队伍递补的需求、人力资源规划调整的需求等实际工作的需求体现出来。

其次，由具有招聘需求的部门填写招聘需求表，一般来说，招聘需求表一般包括：招聘岗位及部门；工作内容及权限；所需人员的要求及必须具备的技能等内容。

以旅游企业客户部招聘需求表为例：

表 4-1　客户部招聘需求表

需求职位名称	人　数	文化程度	专　业	具体要求
客户部主任	1	管理类本科及以上	旅游	1. 3 年以上同类工作经验； 2. 有良好的社交和公关能力，熟悉旅游产品市场； 3. 有一定的财务及相关知识
销售代表	3	大专及以上	营销、旅游类	1. 1 年以上工作经验； 2. 需要定期电访客户、推销产品； 3. 有较强的语言表达能力，举止大方

再次，旅游企业的人力资源部结合企业的人力资源规划，对招聘需求表进行审核，汇总招聘需求信息，提出招聘参考意见，上报主管部门进行审批。

2. 选择招聘渠道

招聘渠道是确定选聘对象的来源，企业人员的招聘渠道主要分为内部招聘和外部招聘两种，将在下节中详细介绍。不同的招聘渠道在招聘费用、招聘人员、招聘效果和准入机制方面都有不同的特点。因此，人力资源部门在制订招聘计划时，要根据招聘的对象、招聘预算和招聘渠道的不同特点、作用，选择适合企业招聘需求的招聘渠道。

3. 制订招聘计划

制订招聘计划是企业人力资源规划的重要内容，主要是由人力资源部门根据上级主管部门审批通过的招聘需求制订相应的招聘计划。它直接关系到企业能否招聘到切实所需的优秀人才，有效填补企业的职位空缺。同时，这种计划也为企业的后续招聘活动提供参考依据和招聘渠道，从而保证员工招聘的科学性和有效性。

（1）招聘计划的内容主要包括：招聘规模、录用标准、招聘渠道、招聘时间、招聘预算。具体来说：

①招聘规模。招聘规模主要是指招聘的种类、人数、录用率。招聘的种类和数量一般是由工作分析和通过审批的招聘需求表来决定的，首先，为了保证企业经营正常顺畅，人力资源构成合理，人力资源部门都会定期制订招聘计划，以明确招聘的总数与种类。其次，在招聘的具体用人计划中，要对任职者未来的升职空间、转正要求等问题有所涉及。再次，招聘的数量应控制在一个合适的规模，要根据招聘的人数和以往招聘的工作经验，确定本次招聘活动的面试规模与录用比例。

企业招聘人员大致分为执行层和策略层。其规模的确定一般成金字塔形结构。执行层的招聘规模大于管理层的规模，而管理层的应聘竞争激烈程度远远大于执行层的竞争。因为执行层要处理各类繁琐的日常工作事务，人员需求相对较多；而策略层要为企业运转掌舵，具体要求、升职要求相对较多，而且通常要保持其稳定性。

②录用标准。录用标准是企业录用招聘人员的客观考察依据，是参考工作说明书对任职者的任职资格的要求。包括所学专业和学历、资格证书、工作经验、专业知识和技能、工作时间、身体条件、心理品质等几部分。

③招聘时间。招聘时间是指从应聘者应聘到企业录用结束的时间间隔。由于招聘、考核、录用，都需要耗费一定的时间，所以为了保证招聘顺利进行，必须在招聘计划中规定招聘时间，以免耽误招聘需求部门的正常工作。招聘时间一般包括招聘信息、录用通知、培训和正式上班通知等信息的发布日期。需要注意的是，招聘现场可能面临各种不确定因素，所以，人力资源部门要根据活动的进展调整时间，以保证吸纳到企业所需的优秀人才。

④招聘小组。招聘小组即招聘活动的主要负责者，是落实具体招聘计划的执行者。招聘小组一般由招聘需求部门主管、人力资源管理部门人员共同参与。如果招聘特殊人才，还需要配备一名有经验的人才，或外聘招聘公司猎才。

⑤招聘预算。招聘活动涉及招聘宣传、招聘场地等物质条件，招聘计划有必要对招聘预算进行评估。招聘预算的多少一般受以下诸多因素的影响：

参与招聘人员的工资和餐宿费；

报纸、网页的招聘信息宣传费；

应聘申请表及笔试试卷的印刷费；

租赁、使用招聘场所及办公用品等方面的费用；

其他管理费用。

（2）制定招聘计划需要注意的问题。招聘计划是员工招聘的依据。在编制招聘计划时应注意将招聘计划的内容及要求与企业的发展状况相联系，与招聘的目的相一致，不断调整招聘计划的内容。此外，在招聘计划编制过程中，要充分尊重现有的劳动法律和就业政策，避免性别歧视和语义含糊不清等问题的出现。例如，我国《劳动法》明确规定“劳动者就业，不因民族、种族、性别、宗教信仰不同而受歧视”“妇女享有与男子平等的就业权利。在录用职工时，除国家规定的不适合妇女的工种或者岗位外，不得以性别为由拒绝录用妇女或者提高对妇女录用的标准”。此外，《企业法》、《私营企业劳动管理暂行条例》、《女职工劳动保护规定》、《残疾人保障法》等都对企业招聘录用有不同的规定。

×××旅游公司营销部招聘计划书

一、招聘目标及要求

招聘人数：5

岗位：

（一）旅游产品研发员

要求：旅游类相关专业本科毕业生；思维活跃，热爱旅游；具备一定的产品开发和策划能力；有相关工作经历者优先考虑。

（二）行政助理

要求：管理类相关专业的本科毕业生；熟悉电脑自动化办公室软件及办公设备的应用；两年以上的相关工作经验。

二、招聘组成员

组长：人事科科长王敏

组员：客户部主任李辉 产品研发部主任乔娜

三、选拔方案

（一）招聘途径：人才市场和劳务市场

（二）招聘方式和安排

由外联部发放招聘启事、联系面试场地，并负责布置会场；面试组组员审查应聘者简历和提问；面试组组员负责定夺录用者及招聘经费预算的调整。面试结束后由小组成员辅助外联部工作人发布面试结果信息，并通知录取人。

四、招聘时间安排

2012 年 8 月 24 日发布招聘广告做好宣传工作。

2012 年 8 月 25～26 日在招聘会场接待应聘者，并进行面试。

2012 年 8 月 26 日下午发布录用通知。

2012 年 8 月 27 日新员工到所属部门报到。

2012 年 9 月 1 日新员工岗前培训、办理上岗手续。

五、招聘预算

宣传广告费：2000.00元；人才市场摊位费:500.00元。

XXX旅游公司人力资源部

2012年8月22日

4. 实施招聘计划

实施招聘计划就是根据招聘计划来组织应聘者进行初试、复试、录用、培训与安置的工作。实施招聘计划的方法主要有两种：一种是招聘业务外向化，将招聘工作委托给职业招聘代办机构、人才市场或劳动市场、猎头公司等。一种是招聘业务内延化，由企业内部人员升职、调岗完成，或者通过员工介绍等形式。招聘计划的实施要根据之前确定的招聘渠道来选择合适的招聘方法。

需要说明的是，招聘计划在实施过程中会受到很多因素的影响。如劳动力市场上的人才供需关系会影响到企业招聘的顺畅程度和招聘成本；薪酬待遇、组织规模会影响到应聘的规模；招聘场所和工作环境会影响应聘者的主观判断；招聘人员的种类也在一定程度上决定了任职条件。所以，招聘计划要根据实际的招聘情况做相应的调整。

5. 评估招聘效果

评估招聘效果是指企业在招聘活动结束后对招聘活动有效性的综合评定，考评招聘活动是否满足了招聘需求部门的人才需求。作为招聘程序的最后一环，很多企业并未给予足够的重视。其实，评估招聘效果可以有效地帮助人力资源部门及时发现招聘过程中所存在的问题，优化招聘计划，提高招聘效果，积累招聘经验。

对于招聘效果的评估通常从以下几方面开展：

（1）招聘计划的可行性。这主要是指招聘计划是否为招聘活动提供了可行的评判标准、明确的决策依据和有效的招聘渠道与方法。

（2）招聘计划的完成度。这主要是指招聘计划是否在预定的时间内完成招聘工作；资金、物力的花费是否有序开展。

（3）招聘的成本。这主要是指招聘的整体花费是否超出预算计划。

4.2 员工招聘渠道类别与选择

4.2.1 招聘渠道

员工招聘的渠道主要分为两大类：企业内部招聘与企业外部招聘。

1. 内部招聘渠道

企业在出现招聘需求时，通常先寻求内部招聘的方式来挑选合适的人选填补职位空缺。内部招聘主要是指通过内部晋升、工作调换、老职工重聘等方法进行。内部招聘的具体方法有：

（1）推荐法。推荐法是由企业员工根据企业的招聘需求推荐其认为适合某一岗位的下属或同事，供招聘需求部门和人力资源部门进行选择。因为推荐人对用人单位和被推荐者的情况都比较熟悉，从而方便被推荐者了解应聘岗位的工作特点，也便于企业了解被推荐者的实际情况，所以，这种方法的有效性较强。

在企业中最常见的推荐方法是由招聘需求部门的直属领导推荐。一方面，直属领导对招聘需求有总体的把握；对被推荐人的能力和人品有直观的感受。从而有效地节约程序上的招聘时间与成本，同时有效提高了推荐法的成功率。另一方面，这种推荐方法带有很强的主观性，直属领导推荐的对象可能不是最适合岗位需求的职工，而是最适合维护其主导地位和利益的人选，容易造成近亲繁殖，不易于本部门的长远发展。因此，在运用这种方法时，要特别注重考察被推荐人的实际工作能力，力求任人唯贤。

（2）布告法。布告法，也称公告法，是内部招聘最常用的一种方法。它是指企业在确定招聘需求后，将招聘信息以公告的形式，发布于企业的内部媒体上。例如，企业的广播台、宣传栏、墙报、企业信息网等。随着互联网的普及，布告法也逐渐转向电子化，发布信息更加快捷、提交申请也更加方便。这种方法，可以为企业员工的职业生涯规划提供更多的机会，但是需要花费较多的时间完成招聘，也很可能影响落选者的工作积极性，也容易使那些盲目更换工作岗位的职工丧失胜任原本工作的比较优势。

应用布告法需要注意的是：布告法通常适用于非高管层员工的招聘，如办公室助理、销售代表等。布告的内容，应包括工作内容、任职资格、工作关系、报酬薪资等各方面的信息。要尽可能让企业全体职工能够有效获取到招聘信息，吸引所有对招聘岗位感兴趣的职工提出申请。

×××旅游公司内部招聘公告

编号：2569

一、招聘岗位：客户部全日制职位销售顾问两名（此职位可对外部申请者开放）。

二、薪资支付水平（元）：2000～3500

三、岗位职责：

1. 对旅游产品开发享有建议权。
2. 执行公司的销售计划，负责旅游产品的介绍和销售。
3. 制订旅游产品的促销计划并监督其实施。
4. 其他工作联系。

四、所需技能和能力：

1. 在现在或过去的岗位上表现出较好的工作绩效。
2. 有较强的语言表达能力、组织能力和公关意识。
3. 具备旅游产品开发与策划的专业技能。
4. 热爱旅游产品的销售与策划工作。
5. 优先考虑具有导游资格，或从事过相关工作的职工。

五、报名材料：

1. 国家承认的学历和学位证书。
2. 与旅游业相关的职业证书和计算机等级证书。
3. 所在部门的主管介绍信。

4. 个人简历。

六、员工申请程序：

1. 申请者登录公司网站首页招聘信息栏下载申请登记表。

2. 将报名材料在报名截止日期前送至人力资源部。

3. 面试选拔工作由人力资源部统一组织，于8月12日在公司客户招待室开展。

4. 对面试、考核合格的拟录用人员，在公司网站招聘信息栏统一公示，公示期为3日。公示无异议，进行岗前培训，确定人事关系。

七、报名时间：2012年8月5日—8月10日

联系人及电话：陈主任，×××××××××（下午5：30分之前，节假日除外）。

报名地址：B楼115室

八、其他：未尽事宜请咨询人力资源部。

×××旅游公司

2012年8月3日

（3）档案法。档案法是人力资源部门根据存放的职工档案或职工信息管理系统，将员工的教育背景、工作经历、工作技能和工作绩效等方面的信息与企业的招聘需求相比对，确定符合招聘需求的候选人进行提升、调动，通过一定形式的沟通与考核来填补职位空缺。应用档案法的前提是，企业的职工档案必须是真实、可靠的。

2. 外部招聘

如果内部招聘满足不了招聘需求，企业自然会把目光投向企业外部。外部招聘，也称社会招聘，是企业在创建初期，或是产业调整、转型需要大批专业技能人才时，通过外部招聘渠道来招聘企业所需人才的招聘渠道。一般来说，学校、人才交流市场、猎头公司等都能够很好地满足企业外部招聘的需要。

常用的外部招聘方法主要有：

（1）广告招聘。广告招聘是企业外部招聘最常用的方法之一，由企业将招聘需求信息刊登在大众媒体上，如报纸、杂志、专业招聘网站等，通过大众媒体的宣传吸引对招聘岗位感兴趣的潜在应聘者。广告招聘的内容应该包括企业简介、招聘岗位的名称、要求、薪资待遇、及联系方式等，从而方便求职者应聘。

由于广告的宣传力度大、传播快捷，招聘信息能够因此得到迅速传播，而且也有助于提高企业的知名度。但是不同的广告传播媒介有各自的特点，例如，报纸的成本低、发行量大，但是读者缺乏针对性，较适用于从事简单劳动或习惯于通过报纸找工作的人群；杂志的针对性相对较强且便于长期保存，但是其发行期较长，发行范围广泛，较适用于大范围招聘专业型、技术型的急需人才；专业招聘网站的传播速度快、范围广、信息量大，但是仅适用于会使用电脑上网的应聘者，而且大量的信息堆积、重叠，招聘信息容易被潜在应聘者所忽视。企业应该根据自己的招聘需求选择合适的广告媒体。

（2）中介招聘。中介招聘是企业借助专门从事招聘工作的职业中介机构，如人才交流中心、劳务市场、猎头公司等，满足招聘需求的招聘渠道。中介机构通过定期或不定期地举办

招聘会，随着信息技术的发展，还配有自己的人才信息库，为企业与应聘者提供面对面的交流机会，也提高了招聘的针对性。企业通过中介招聘，可以有效获得大量与其招聘需求相符的应聘者信息，节省招聘时间。但是，中介机构只是企业招聘工作的承接单位，如果对企业的情况和招聘需求不能精准的把握，可能招聘到不符合企业要求的人员。此外，中介机构的服务都是要收取中介费用的，在一定程度上也提高了企业的招聘成本。

中介招聘的渠道包括：

①人才市场。全国各大中城市基本都有人才交流市场常年为企业招聘服务。他们一般为企业招聘提供专业的潜在招聘对象的信息资料供企业选择。人才市场最大的优点是针对性强、收费低廉，比较适合普通劳动类型员工的招聘，但是不适合专业要求较高的人才或高层管理者的招聘。

②招聘洽谈会。招聘洽谈会是各中介机构定期或不定期举办的招聘见面会，为招聘者和应聘者提供招聘场所和直接洽谈的机会。比如，应届生双向选择招聘会、专项人才招聘会等。通过这种直观的交流形式，企业可以把握当地人力资源的整体素质和发展动态，也便于掌握各类人才的市场需求情况。不过这种招聘形式同样不适于招聘高级人才。

③猎头公司。猎头公司，是在高层次人才的求职需求与企业对高层次人才的需求膨胀中发展起来的，是当下企业招揽高层次人才和尖端人才的重要渠道之一，最早出现于二战后的美国。它最大的优势在于其独特的人才资料库、搜寻人才的渠道和手段，可以详细了解企业的人才需求，掌握全面的求职者信息，推荐的人才优质高效，服务专业。当然，与其优质服务相匹配的是其高昂的服务费。目前，猎头公司通常要收取其所推荐的高级人才年薪的三成佣金，中级人才三个月的月薪。同时，猎头公司也会为顾客设立保用期，保用期期间任何一方毁约，都可以享有免费寻求新客户的机会。目前，猎头公司以其针对性强、质量高的特点也逐渐受到我国各大企业的青睐，在人才招聘中发挥着重要作用。

④校园招聘。校园招聘主要是针对学校的应届毕业生和假期工进行的招聘。有的招聘单位会直接参加学校组织的毕业生双向选择大会等形式的招聘活动，有的则通过张贴广告的形式约见有求职意向的学生去企业参加面试，还有的是通过定向委培或委托培养的方式直接向学校预留所需人才。就校园招聘的主要形式来说，主要包括招聘公告、招聘双向选择大会和学校推荐三种形式。这种招聘形式对于挑选专业化的初级水平人才特别有效。在采取这种招聘方法时，要特别注意国家对于应届毕业生新出台的政策、法规，积极引导大学毕业生树立正确的择业观、薪酬观。

⑤熟人推荐。这里的熟人推荐，是由在岗职工、客户等熟人向企业推荐的潜在应聘者。与内部招聘中的推荐法相类似，这种方式的优缺点在此就不赘述了。

⑥网络招聘。目前，越来越多的企业还常常借助网络招聘实现企业人力资源的扩充。网络招聘是随着互联网的普及和 e-HR（信息化人力资源管理）管理模式的发展而新兴起来的一种招聘形式。网络招聘可以借助现代信息处理程序，简化分解简历的程序，有效地节约招聘时间和招聘成本，招聘选择范围广，而且不受时空的限制，大大提高了招聘的效率。但是，企业在选用这种招聘形式时，要特别注意网络的虚拟性，强化对应聘者信息真实性的考核。

4.2.2 招聘渠道的选择

内部招聘与外部招聘都包含不同的种类，而只有了解其各自的特点，才能选择出最符合企业招聘需求的招聘渠道。

1. 内部招聘的特点

内部招聘对于企业来说，可以准确掌握员工的性格、能力和心理状态，招聘的结果可靠性高；可以节省招聘宣传费、场地租赁费和岗前培训费等，更有利于企业节省招聘成本。对于员工来说，对于组织运作模式和企业文化都比较熟悉，适应性强；而且，内部招聘可以为员工提供良好的晋升、发展空间，从而增强了员工对于企业的忠诚度，对于工作的责任感；还有助于在企业内部形成竞争的优良工作氛围，激励作用十分明显。同时，需要注意的是，内部招聘还存在着明显的不足。这种招聘形式可能因为内部竞争，影响落选者的工作积极性；而且，在相同的工作氛围和企业文化背景下，容易产生同化思维，抑制新想法的萌生，进而不利于企业的长远发展。

2. 外部招聘的特点

相比于内部招聘来说，外部招聘需要花费更多的时间筛选应聘者的资料，招聘成本大，招聘时间长；招聘的员工有可能不符合企业的招聘需求，录用结果受面试官主观影响较多，存在一定的风险性和不确定性；外部招聘的员工需要花费较长的时间适应新环境，而且对于内部员工来说，相对剥夺了其晋升的机会，容易影响内部员工的积极性和企业的效益。但是外部招聘的优点也是内部招聘无法比拟的。外部招聘的员工可以为企业带来崭新的发展视角和工作理念，刺激老员工创优争先，活跃企业工作状态；可以为企业吸引到一流的、专业的、稀缺的复合型人才；在招聘过程中，还可以间接宣传企业的工作理念，树立良好的企业形象。

企业选择招聘渠道的主要步骤包括：

（1）首先需要根据招聘计划分析企业的招聘需求。

（2）根据工作说明书分析具体岗位任职者的工作要求和任职资格。

（3）根据招聘成本收益分析，结合上述招聘渠道与方法的专长，确定最适合企业招聘需求、最经济的招聘渠道和招聘方法。

4.3 员工甄选与录用

4.3.1 员工的甄选

员工甄选是由人力资源部和招聘需求的直属部门通过一定的工具和方法，根据企业的招聘需求，对潜在录用者的任职资格予以考察，并预测其未来的工作绩效。甄选过程如图 4-1 所示，这里重点阐述前两部分。

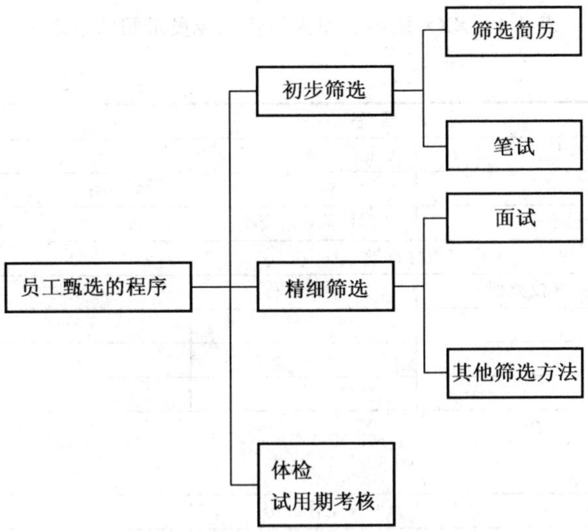

图 4-1　企业甄选的一般程序

1. 简历筛选

简历筛选是企业人力资源部门通过应聘者的个人简历或应聘申请表来考察应聘者教育背景、工作潜质等任职资格的一种审查方式，也是缩小面试规模、减少招聘成本的有效形式。

（1）应聘者的简历或履历说明一般没有统一的写作要求，内容侧重点也因人而异。一般而言，简历常包括姓名、性别、民族、年龄、学历等个人信息；教育背景和培训经历；技能证书名称与等级；工作单位、起止时间、工作内容、工作职务等工作经历状况；奖惩情况；个人评价。

在筛选简历时，首先，应该分析简历的基本结构和语言逻辑，这在一定程度上反应了应聘者的思维组织能力和语言表达能力。其次，通过审查简历具体内容，考核其是否符合招聘需求岗位的任职资格，将不符合条件的直接筛选掉。再次，对于审核通过的简历，着重标记出感兴趣的或者是可疑的部分，在面试环节加以询问。

（2）应聘申请表（示例见表 4-1），不同于简历之处在于申请表与招聘的岗位直接相关，其内容是企业满足招聘需求最关心的问题，更有助于企业对应聘者资料进行统一整理和对比分析。它在企业初步筛选中发挥着重要的作用。

在筛选申请表时，首先，根据应聘者的书写内容判断应聘者的求职态度。其次，要重点审查资料的可信度、与招聘需求岗位任职资格的吻合度。再次，同样要注明申请表中可疑之处，便于面试时设计作答问题。

2. 笔试

笔试作为一种最古老的考核形式，在员工甄选中的主要作用是用于考察应聘者的基础知识和素质能力，并根据成绩的先后顺序确定进入下一甄选环节的人选。笔试的考核范围一般包括：社会文化知识、语言理解能力、专业知识等。除此之外，也有部分企业通过笔试测试应聘者的心理素质和性格特点。

表 4-1　XXX 旅游公司人力资源专员求职申请表

应聘职位及编号:

个人信息				照片（近期一寸免冠照）
姓名：	毕业学校：	专业：	学历：	
性别：	健康状况：	政治面貌：	婚姻状况：	
英语水平：	计算机水平：	是否具备导游资格：		
教育背景				
学习经历	学校类别	学校名称	起止时间	职务
奖惩情况				
工作经历				
起止时间	单位名称	职务	离职原因	
专业技能				
与求职岗位相匹配的证书及技能：				
其他				
个人专长及爱好：				
期望月薪：				
是否可以保证上述信息的真实性：				
	申请人签名		填表日期	

笔试的信度和效度较高；成绩客观、公正；花费的时间少、成本低廉，所以在招聘初始筛选中使用率很高。但是，不可否认的是，笔试不能对应聘者的实际操作能力、道德修养、应变能力和工作态度进行全面的考核。所以，在使用笔试甄选时，一定要保证命题对考核应聘者文化知识和工作能力的有效性。此外还应设立统一的考评标准，保证笔试的公平性。

3. 面试

几乎全部的企业在招聘中都会采取面试这种甄选方式。面试，顾名思义，即企业招聘代表与应聘者面对面交流，考察其实际工作能力、应变能力和举止修养的测试。招聘代表通常根据应聘者的面试表现，判断应聘者的语言表达能力、逻辑思维能力、个人修养、心理素质，并对应聘者未来的工作表现进行合理的预测。面试是一个双向选择的过程，面试者在面试中要利用舒适的面试环境，努力创造一个轻松、和谐的面试氛围，全面了解应聘者的专业知识和工作技能。

（1）面试的种类。面试按不同的标准划分，有不同的类别。

根据面试的结构化程度，可以分为结构化面试和非结构化面试。结构化面试是指按照预先策划好的面试流程和试题进行。非结构化的面试，则是对不同的应聘者随机提出不同的问题、模拟不同的突发状况进行测试。

按照面试的结果，可以分为初步面试和诊断面试。初步面试是为了增进应招双方了解，简单询问应聘者信息的面试，随意性强。诊断面试是对应聘者的实际工作能力进行判断，非常正规，直接决定着应聘者是否通过甄选。

按照面试的人员结构，可以分为集体面试和陪审团面试。集体面试是一个面试官同时考察多个应聘者，观察结果全凭其主观判断。陪审团面试则是由多个面试官对一个应聘者进行的面试，面试结果相对全面。

现在，在面试的基础上，还延伸出答辩式、讨论式、案例分析等多样化的面试辅助形式，力求在真实的情景下，真实反映应聘者的工作能力，切实满足企业的招聘需求。

（2）面试的提问。面试的问题，主要来自招聘需求岗位的任职资格要求和应聘者的个人申报材料。此外，还应包括展现应聘者具备某一特殊能力的问题、了解应聘者过去工作经历的问题，以全面的判断应聘者的工作能力和工作潜力。

面试问题的种类

①你曾经做过导游吗？（封闭式提问）

②你未来的职业发展规划是什么？（开放式提问）

③你认为影响旅客选择旅行社的主要原因是什么？（清单式提问）

④假如你在带团起飞时，遇到飞机晚点，你会怎么做？（假设式提问）

⑤试举例说明你在过去工作中处理过的完整的地接导游工作。（举例式提问）

除了面试问题的设计，面试提问的方式同样也有技巧。面试中，面试者在问的同时，还应仔细倾听应聘者的回答，观察应聘者的举止、表情，客观评价应聘者的整体表现。提问的语气要随和、亲切，切勿给应聘者造成不必要的心理压力。问题的顺序也应先易后难，问题的表达应言简意赅。从应聘者熟悉的问题开始，采取不同的提问方式，避免引导、提示类的问题，循序渐进引导应聘者进入角色，充分发挥。

旅游企业面试题举例

①你为何应聘这个岗位？（判断应聘者的求职动机）

②谈谈你最近一项工作的工作性质和薪酬待遇。（判断员工的工作动机和工作稳定性）

③你最近所做的工作的职务与工作内容是什么？（判断应聘者对工作的关注度和概括能力）

④你认为这项工作对你最大的挑战是什么？（判断应聘者的工作熟悉度和工作能力）

⑤如果在工作中遇到……问题，你会怎么处理？（判断应聘者分析、解决突发问题的能力）

⑥接受过哪些特殊的专业技能训练？（判断应聘者知识技能素养）

⑦进入本企业后的职业发展规划是什么？（判断应聘者的职业发展规划）

⑧你认为胜任该项工作应该具备哪些基本素质？（判断应聘者对应聘岗位的了解程度）

⑨你认为我们公司的……旅游产品如何？如果是你会如何推广它？（判断应聘者的工作能力）

⑩工作中受到游客的辱骂，你会怎么处理呢？（判断应聘者处理突发事件的能力）

（3）面试的程序。面试的操作性很强，面临的突发状况也很多。为了保证面试的质量和可操作性，有必要按照一定的程序开展面试工作。

①准备阶段。准备阶段的主要工作包括：

首先，明确面试的目的，选择适合招聘目的的面试类型，确定招聘的时间、地点、场所等，制定和准备面试评价表、面试提纲等面试材料。

其次，组织和确定面试组成员熟悉面试程序、面试提纲和应聘者的个人信息。

再次，通知通过初步筛选的应聘者按时参加面试。

②实施阶段。面试开始时，面试官应当从应聘者熟悉的、可以预料到的、比较轻松的问题发问，如教育背景、工作经历等，创造轻松的面试氛围，以消除应聘者的紧张情绪和心理压力，促进应聘者客观地展现其工作能力和态度。

面试转入正式阶段后，面试者要做到问、听、观相结合。根据准备好的面试提纲、面试程序和面试申请表中的疑点和兴趣点，灵活运用各种面试提问的方法，全面了解应聘者的求职动机和工作潜力。根据应聘者的面试表现，观察其行为和反应，及时记录并评价应聘者的表现。

面试结束前，面试官要确定了解完必要的应聘者信息，并给予应聘者提问的机会，帮助应聘者消除顾虑，全面了解岗位需求。如果对应聘者的录用结果存在意见分歧，可以通过再次面试的方法。同时，要整理好应聘者的评价考核表。

③评价阶段

面试结束后，根据应聘者的评价考核表和面试记录，对面试者的综合表现进行横向比较，结合招聘需求和面试的目的尽快做出录用决策。

4. 其他筛选方式

（1）心理测试。心理测试是指在面试者控制的情境下，向应聘者提供一定量的标准化刺激，如文字资料或图形、模型等非文字资料，通过应聘者的反应，将其某些心理特征量化，以此作为对应聘者心理水平和心理差异依据的测试方法。按照测试的功能，心理测试主要包括：

1）智力测试。智力测验主要用来测试应聘者的一般智力水平，现代著名的智力测试工具有比内—西蒙智力量表、斯坦福—比内量表等。

斯坦福—比内量表

比西量表发表以后，戈达德（H.Goddard，1908）第一个将其介绍到美国。此后，又有一些人对它进行了修订，其中美国斯坦福大学的推孟（L.Terman）教授的工作最负盛名。

①斯比量表的发展

A．1916 年量表

推孟 1916 年发表的斯坦福—比内量表（简称斯—比量表）中，对于比西量表中的项目或者保留，或者修改，或者删除，并在此基础上又增设了 39 个新项目。该量表首次引入比率智商的概念，开始以 IQ 作为个体智力水平的指标。而且，为了使测验标准化，该量表对每个项目施测规定了详细的指导语和记分标准。

B．1937 年量表

推孟 1937 年对斯—比量表作了第一次修订，修订后的斯—比量表由 L 型和 M 型两个等值量表构成。该量表适用年龄由 1916 午的 3～13 岁扩展到 1.5～18 岁，并在修订时选取了更大的代表性样本以获得其信度、效度资料，不过其样本仍局限于白人，且偏重于社会经济地位较高家庭的儿童，因而仍未能全面反映美国当时人口状况。

C．1960 年量表

这个量表汇集了 1937 年量表的 L 型和 M 型中最佳项目而成 LM 型单一量表，适用于 2 岁到成人。该量表的重大改变在于舍弃了比率智商，引入了离差智商概念，以平均数为 100，标准差为 16 的离差智商作智力评估指标。

D．1972 年量表

此量表保持 1960 年量表的测验内容不变，重新修订常模，所选常模团体包括美国各地区、各社会阶层、各种经济状况、各民族的 2100 名儿童，取样代表性有了很大提高。

②斯比量表的信度与效度

A．信度。一般说来，斯比量表对年龄大的被试比年龄小的被试信度高，对于智商低的被试比智商高的被试信度高。计算其 L 型和 MB 量表的复本信度，在 2.5～5.5 岁为 0.83～0.91，在 6～13 岁为 0.91～0.97，在 14～18 岁为 0.95～0.98（下限信度值来自于 IQ 为 140～149 的被试，上限信度值来自于 IQ 为 60～69 的被试）。再测信度与复本信度的研究结果大体一致。

因此，总的看来，斯比量表是一个高信度的测验，各种年龄和 IQ 水平的信度系数大都在 0.90 以上，意味着在被试实得分数变异中 90%以上来自于真分数变异，而由随机误差引起的分数变异不足 10%。

B．效度。斯比量表的效度具有多方面证据：

内容效度：斯比量表中所包含的项目涉及多方面的内容，如言语、类比推理、理解、记忆、空间关系、数字等，而这些内容又被公认在智力范畴之内。

效标关联效度：由斯比量表而得的智商分数与学业成绩、教师评定、受教育年限等外在效标分数间存在普遍正相关，效标关联效度系数大多介于 0.4～0.75 之间。由于斯比量表以文字材料为主，因此它对言语方面的预测有效性较之其他方面更高一些。

结构效度：斯比量表的理论构想主要基于以下两方面：①智力随年龄而发展，其成长曲线特征为先快后慢；②智力结构中存在一般因素 G，它渗透于每一智力行为之中，是智力的核心。斯比量表对于其理论构想的测量有效性已得到一定程度的证明：一方面，斯比量表的信度研究显示出其再测稳定性程度随年龄而提高的趋势，从而表明智力随年龄而先快后慢发展的特点；另一方面，在 1960 年量表中，虽然每一项目涉及不同智力行为，但项目分析结果显示各项目与测验总分的平均相关系数为 0.66，这表明各项目所测的特质同质性很高，因而正是支持其理论假设中贯穿于所有智力行为之中的智力 G 因素的存在。

2）人格测试。心理学研究发现，一些领导者的失败，往往不是由于工作能力和工作经验的欠缺，而是人格特质所致。人格测试是对应聘者人格特质的测试，主要用于应聘者性格、气质、品德、能力、动机、价值观和工作态度等人格心理特征。

3）兴趣测试。兴趣测试是测试应聘者职业取向的测试。由于管理心理学的研究表明，兴趣对个人的工作积极性、工作绩效有很强的推动作用，这也是招聘中应用此项测试方法的目的所在。

4）能力测试。能力测试是测试应聘者是否具备某种工作潜质的测试，主要用来测试应聘者适合什么样的岗位。这样测试主要有三种，一种是普通能力测试，如分析能力、推理能力、想象能力等；一种是特殊职业能力测试，还有一种是心理运动技能测试，如选择反应时间、身体协调性与平衡性等。

（2）情景模拟。情景模拟是企业根据招聘需求和企业的工作条件，自行设计的一些情景模拟题目，力图将工作场景再现，以测试员工的真实工作能力、心理素质和工作潜力。情景模拟测试的方法主要有：公文筐法、无领导小组讨论法、角色扮演法、案例分析法等，其中最常用的是以下两种：

1）公文筐法，又称公文处理法，主要是针对管理层职位应聘者的测评方法。文件大致包括下级报告、工作计划，同级部门的协作备忘，上级的指示、工作计划，顾客和合作单位的传真、订单等，文件的编写要真实，文件数量以 15～20 份为宜。这种方法的具体步骤如下：

首先，由人力资源部门将事先拟印好的文件汇编发放到应聘者手中，文件所涉及的内容和处理能力要与其应聘的管理岗位相一致。

最后，向应聘者介绍文件的背景资料和注意事项，让应聘者在规定的时间和场景下，根据自己的经验全权处理所有的文件。

再次，将应聘者处理后的文件结果与评定依据相比对，对应聘者的判断能力、分析能力、计划安排能力、决策能力、承担风险等能力分别给予评分。

2）无领导小组讨论法。无领导小组讨论法是将几个应聘者组织起来同时进行测试的方法。这种方法，首先将组织起来的应聘者划分成 4～6 人的讨论小组，其次要为每个讨论小组设置讨论议题或是一个简短的案例，期间不指定成员的主次地位，让其自由发挥不得随意干预或打断讨论进程。再次是讨论结束后，由面试者综合考虑应聘者主动性、创新能力、语言表达能力、协调组织能力等方面的表现给予评价。

无论采取何种甄选方法都需要注意测试的信度和效度。信度有助于保持甄选结果的可靠程度，效度则表明甄选结果与工作绩效的关系。只有同时具备较高的信度和效度，才能保证甄选结果的有效性，实现招聘和录用的目的。

4.3.2 员工的录用

员工的录用是员工甄选活动的结果，员工录用必须坚持三项基本原则。一是公平择优原则。录用的过程要体现平等，录用的结果要体现公平。二是招聘需求优先选择。录用决策必须在录用原则、招聘需求和应聘者的应聘表现的基础上进行综合评价，择优录取。三是重视工作动机与工作能力。录用的结果直接决定未来岗位的绩效水平，而工作动机和工作能力对工作绩效表现影响重大。

录用的决策模式有多重淘汰式、复合预测式、补偿式和综合式。其中最常用的是多重淘汰式。多重淘汰式，顾名思义，是依次实施多种测试项目，每次淘汰排名靠后的应聘者，然后将测试的分数与应聘者面试成绩相加，依据名次先后确定录用者。

4.4　员工招聘评价

员工招聘评价是对整个招聘活动的总结，有助于积累招聘经验，改善企业招聘方法。员工招聘的评价主要从三个方面进行。

4.4.1　成本收益

在招聘结束后，人力资源部门应将招聘的成本与招聘计划中的招聘预算进行比对，对其真实性进行审核，对成本效用及时作出评价和总结。其中，招聘成本包括招聘费用、选拔费用、安置费用，以及招聘主体的差旅费等。招聘效用是指招聘结果与招聘计划的吻合程度，通常通过总成本效用、招聘成本效用和人员录用成本效用来评估。而招聘的成本收益是借助经济运算评价招聘工作有效性的方法。招聘收益成本比越高，招聘工作的有效性就越高。

招聘收益成本比＝新录用员工为企业创造的总价值/招聘总成本

4.4.2　信度与效度

在员工甄选方法中已经提及，信度和效度对员工招聘的重要性。通过对招聘工作信度与效度的评价，将大大提高以后招聘工作的有效性。其中，信度是指测试结果的一致性。如果应聘者多次接受同一个考核目的的测试结果都一致或相似，则说明招聘方法的信度较高。重视信度评价，在一定程度上也体现了招录工作的公平性和平等性。效度是指测试结果有效性，即所选择的测试方法能否有效反应应聘者的工作能力。如果选择的测试维度与测试目的不一致，则说明测试方法是无效的，或是效度极低的。这在一定程度上体现的是招聘需求优先的录用原则。

4.4.3　质量和数量

录用人员的质量和数量可以反映出招聘计划是否得到有效的执行，是对整个招聘工作较为宏观的把握。招聘数量的评价是指录用人数与招聘需求人数是否统一；招聘质量的评价是指对新录员工的工作表现的评价。招聘工作的质量和数量的评价，主要体现在招聘工作的录用比、招聘完成比，以及录用的新员工以后的工作绩效表现等方面。

管理训练

【训练目标】

1. 通过实训掌握员工招聘的过程和招聘计划书的编写。
2. 掌握员工招聘面谈问题的设计和提问技巧。

【实训时间】

本章课堂教学内容结束后的双休日和课余时间，为期一周。或者指导教师另外指定时间。

【背景材料】

根据课前的互联网阅读，按照宋城股份的招聘岗位，组织一次招聘会。

【实训过程设计】

（1）指导教师布置学生进行实训准备。

（2）将全班同学平均分成小组，按每组4～6人进行讨论，各选出一名招聘组组长和应聘人员，实训组根据背景资料进行讨论和设计方案。

（3）根据“背景资料”，招聘小组分析讨论宋城股份招聘需要的准备和注意事项，认真研究招聘的具体步骤，根据所学内容写一份招聘计划书并设计面试问题。应聘人员准备应聘简历，熟悉面试技巧，掌握基本的面试结构和问题类型。

（4）各实训组由面试组成员代表阐述招聘计划书，与应聘者一起模拟面试过程，要求内容充实，结构完整。参照“课业范例1”撰写作为最终成果的《实训报告》。

（5）指导教师对小组讨论过程和发言内容进行评价总结，并讲解本案例的分析结论。先评定小组成绩（在小组成绩中每一个人参与讨论占小组成绩的40%，代表发言内容占小组成绩的60%），各小组提交填写“项目组长姓名、成员名单”的《实训报告》。优秀的实训报告在班级展出，并收入本课程教学资源库。

本章小结

1. 员工招聘是为了满足企业发展过程中的人才需求，招聘工作的开展必须以岗位需求和企业的发展要求为宗旨，坚持以全面考核、择优录取为原则，确保企业吸引到合适的人才。

2. 旅游企业的员工招聘一般按照确定招聘需求、选择招聘渠道、制订招聘计划、实施招聘计划、评估招聘效果五个基本程序进行。

3. 确定招聘需求主要工作是准确把握企业对各类职工的需求。

4. 招聘预算多少的影响因素包括：参与招聘人员的工资和餐宿费；报纸、网页的招聘信息宣传费；应聘申请表及笔试试卷的印刷费；租赁、使用招聘场所及办公用品等方面的费用；其他管理费用。

5. 内部招聘与外部招聘各有优缺点。

6. 根据面试的结构化程度，可以分为结构化面试和非结构化面试。按照面试的结果，可以分为初步面试和诊断面试。按照面试的人员结构，可以分为集体面试和陪审团面试。

7. 员工招聘的评价主要从收益成本比、信度和效度、数量和质量三个方面进行。

综合练习

一、单项选择题

1. 企业在出现招聘需求时，应首先考虑采用（　　）。

A. 内部招聘　　B. 外部补充　　C. 借调　　D. 返聘

2. （　　）是在面试者控制的情境下，向应聘者提供一定量的标准化刺激，通过应聘者的反应，将其某些心理特征量化，以此作为对应聘者心理水平和心理差异依据的测试方法。

A. 情景模拟　　B. 笔试　　C. 无领导讨论　　D. 心理测试

3. 具有宣传力度大、传播快捷，有助于提高企业知名度但收费标准较高的招聘方式是（　　）。

A. 布告法　　B. 推荐法　　C. 广告法　　D. 网络招聘

4. 内部招聘是从企业内部选拔合适的人才来补充空缺或新增的岗位，以下属于内部招聘的是（　　）。

A. 广告招聘　　B. 猎头公司　　C. 人才交流市场　　D. 岗位轮换

5. 招聘专业人才时，应选择最佳的广告媒体是（　　）。

A. 全国性的报纸　　B. 地方性的报纸　　C. 杂志　　D. 广播电视

二、名词解释

1. 布告法
2. 猎头公司
3. 公文筐法

三、简答题

1. 简述招聘的基本程序。
2. 内部招聘与外部招聘的主要特点有哪些？
3. 怎样评价员工招聘？

第5章 旅游企业员工培训

学习目标

- 掌握旅游企业员工培训的基本原则与意义
- 了解旅游企业员工培训的分类和培训内容
- 熟悉旅游企业员工培训的主要方法
- 了解旅游企业员工培训的一般管理程序

互联网阅读

在学习本章之前，请链接下列网站，将对你学习本章内容有所帮助。

1. 中华管理学习网 http://www.zh09.com
2. 企业网景 http://www.cn21.com.cn/index.html
3. 导游考试培训网 http://edu.21cn.com/daoyou/

员工培训是旅游企业人力资源管理的一项基本职能活动，是提高组织运转绩效、使组织获取和增强竞争优势、维持组织有效运转的重要手段 。无论是旅游企业的新员工还是老员工，都应通过加强培训工作，使他们的素质和能力符合工作的需要，适应不断变化的环境，为企业绩效的提高作出更大的贡献。

5.1 旅游企业培训概述

旅游企业员工培训是为了促使在职职工更好地完成工作任务、提高企业的整体绩效，帮助职工学习并更新必要的专业知识、工作技能、工作态度所进行的一种计划性和持续性的活动。

5.1.1　旅游企业员工培训的原则

无论是何种形式的培训，都应坚持以下基本原则：

A. 培训开发须与企业发展规划和发展战略的根本方向相一致。企业的发展规划和发展战略是企业最根本的发展主线，指引着企业的日常生产过程。培训的内容只有与企业发展战略保持一致，才能培养出最适合企业发展的专业人才。

B. 培训的开展必须有明确的阶段目标。明确的目标可以提升培训课程的针对性，也为培训的管理和评价提供了客观的衡量标准。

C. 培训的内容必须有良好的实效性与时效性。培训内容应与工作要求、工作环境紧密结合，注重培训知识向实践能力的演化，促进培训内容直接转化为企业绩效的提升。

5.1.2　旅游企业员工培训的分类

1. 根据培训的时间，可以分为短期培训和长期培训。短期培训主要是岗前培训、在岗培训，是为了帮助职工掌握目前工作所需的工作技能，了解日常工作规范，学习企业文化，例如行政助理学习办公自动化软件。长期培训则体现为一种长期的、计划性的培训，是企业为了促进人力资源潜力的开发和把握市场发展动态，实现企业最大经济增长和发展空间而定期举行的培训活动，实为人力资本的投资，例如企业定期组织的实地调研。

2. 根据培训的形式，可以分为在岗培训和脱产培训。在岗培训是指培训的开展不耽误员工的正常工作活动，如工作指导法、工作轮换法等。而与之相对的脱产培训，则是脱离工作岗位的培训，如案例分析法、角色扮演法、情景模拟法、网络培训法等。有的脱产培训强调的是对专项对象进行的专业知识和技能的培训，有的则强调的是对不同职位等级进行的培训。无论哪种脱产形式的培训，都要注重培训的教务管理工作，保证脱产培训的正常进度。

3. 根据培训的对象，可以分为新员工培训和在职职工培训。新员工培训主要讲授企业文化、工作制度、工作技能和其他工作注意事项，相对比较简单、易懂。在职职工的培训，则是为了适应市场环境的变化和企业的发展要求，提升企业的人力资本，改善员工的工作积极性，对在职职工进行的专项知识学习和培训开发。

5.1.3　旅游企业员工培训的意义

1. 激发企业人力资本的潜力。企业对员工实施的培训和人力资源开发能够提高职工的工作适应能力，改善员工的工作态度，加强其对企业的责任感和对企业文化的归属感，扩大其知识储备，拓展其工作领域，增加其工作信心和工作积极性，从而有效激发职工的工作潜能。

2. 促进其他人力资源管理职能的发挥和改进。旅游企业员工的培训是适时补充、调整人力资源规划设计的需要，是实现工作分析岗位任职资格的切实保证，是提高招聘录用员工工作能力的有效方式，对提升企业工作绩效意义重大。

3. 提升企业绩效和竞争力。人力资本是企业发展最重要的资本，而提升人力资本价值的有效途径就是实施培训。通过员工培训，可以提高职工的工作能力、领导的决策能力，加强各级工作关系的协调，促进整个企业工作质量和工作效率的提升，实现企业的科学管理和战略发展。

4. 构建优秀学习型组织文化。学习型组织标志性特点在于其成员不断地学习，组织不断地进步，以维持企业的竞争力。员工培训还有利于企业建立长效的学习机制，形成良好的学习氛围，创造积极进取的企业文化。

5. 提升企业的整体绩效和市场竞争力。持续有效的培训可以为企业注入新鲜血液应对激烈的经济竞争，有助于提高职工的工作效率，降低企业生产成本，形成持久的市场竞争优势，实现企业市场竞争力的增效和利润的增值。

5.2 旅游企业员工培训的内容

旅游企业员工培训的内容与企业职工的工作有关，不同岗位的培训应该设计不同的培训内容。总体来说，旅游企业员工培训的内容包含三个方面如图 5-1 所示。

图 5-1 旅游企业员工培训的基本内容

5.2.1 相关基础理论和行业规范要求

旅游产业的相关理论源于实践，高于实践，并能指导实践。对旅游企业员工的培训一般都会涉及旅游相关理论基础、理论前沿发展、岗位职业规范、国家相关政策、法规及发展规划。相关基础理论是对旅游行业发展史优秀实践的总结和升华，相关行业规范则是企业业务拓展空间外的强制约束力。讲授这些相关内容，可以让员工在较短时间内，集中了解本行业的基础理论，掌握本行业的发展动态，熟悉本行业的法律、政策和行业规范，为员工日后的工作发挥指导作用。

5.2.2　企业组织文化和员工工作态度

“三年企业靠运气，十年企业靠经营，百年企业靠文化”。市场上诸多经久不衰的百年老店无一不是延续并创新了其优秀的组织文化，才经受住了市场的竞争和岁月的洗刷。企业组织文化是企业应对发展的态度，是企业经营哲学和价值观念的体现，还是企业制定规章制度的导向灯。在培训中宣讲企业的成长史、发展目标、规章制度等企业理念文化，能够促进职工对于企业文化的认同感和忠诚度，振奋员工的工作热情，发挥企业文化的导向作用，为缔造优秀的组织文化和良好的工作氛围培养更多的后续力量。

感悟优秀企业文化的魅力

一、红塔集团核心价值理念

作为中国烟草行业的优秀代表，红塔集团胸怀世界级的抱负，不仅要成为中式卷烟的优秀代表，更要跻身世界领先品牌，成为受尊重的企业公民的伟大愿景。在实现伟大愿景的过程中，红塔集团永远追求成为令人尊敬的名牌企业，以成熟的、负责任的企业形象赢得社会认可，成为一个有爱心、有社会责任感的企业。这就是优秀企业的文化魅力，它更是很多企业赢得市场，实现辉煌的制胜法宝。

红塔集团的核心理念是由价值观和企业精神两个部分组成，价值观是企业做人做事的基本准则，企业精神是价值观在员工精神状态上的外化，它们共同组成了红塔集团以“山高人为峰”为主体，“人本至上”、“务实为先”、“创新求远”为支点的三维一体的价值体系。

人本至上、务实为先、创新求远是红塔集团的价值观，也是红塔集团核心理念的三个最重要的维度。人本使红塔人更具活力，务实使红塔人更加精进，创新使红塔人永葆激情。山高人为峰是红塔集团的企业精神，它寄托了红塔集团的价值追求和精神境界。山高人为峰是红塔人艰苦奋斗、努力拼搏的历史见证，是红塔人以人为本、求真务实的精神气度，更是红塔人超越自我、永攀高峰的行动宣言。

二、优秀企业的文化特征

那么，一个优秀企业或成功企业，它们在企业文化上又具备着哪些共同的特征呢？

（1）有伟大的愿景。愿景，是企业永远为之奋斗并希望达到的图景，它是一种意愿的表达。愿景描绘了令人向往的未来，激发员工为实现企业目标而努力。正如一艘夜航于茫茫大海的船只，愿景就是那座远方的灯塔，始终指引和昭示着前进的方向。如美国强生公司的愿景和忠实信条真挚教诲着每一位强生员工。首先，关注我们的客户：关注世界上所有的医生、护士以及父母们；其次，关注自己的员工，并尊重他们的尊严和价值；另外，也关注我们的社会，时刻提醒自己为社会作出贡献，维护我们所共有的财产；最后，关注股东们的利益，给股东们合理的回报。

（2）以顾客为导向。企业文化应当为企业发展服务，为企业的品牌建设服务，因此必须以顾客为导向。以顾客为导向就是建立顾客导向理念和文化，以顾客需求为出发点的预算、计划、控制、管理、经营体系等，以此保障顾客利益，实现企业的发展。华润集团在近年的快速发展中一直坚持以顾客为导向的管理体系。如建立起一个以品牌和客户为核心的网，让组织里的每一个人都流着一种血液，一种敏锐的、顾客导向的血液，一定要把顾客两个字，让每一个华润人都记在心里，印在脑子里。

（3）以员工为核心。企业文化的核心是人，是企业内部的员工。只有真正了解并尊重员工的真实需求，了解员工对企业的真实想法和期望，企业文化才能真正发挥作用。如“世界上最赚钱公司”的壳牌集团，“以人为本”的人才策略是壳牌集团企业文化的一个重要组成部分。对员工的高度责任，尊重员工的人权，为员工提供一个良好、安全的工作条件和一份良好、有竞争力的待遇；善用人才，发挥所长，提供均等的就业与发展机会；并鼓励员工参与其工作的计划和安排，及在各自公司内贯彻经营宗旨。壳牌集团的运营成功有赖于全体员工的齐心合力和全力贡献。

（4）学习型组织。一个优秀企业或成功企业，都是善于学习，不断创新，与时俱进，对外部环境的变化快速做出反应，并为建立“学习型组织”而不懈努力。美国《财富》杂志曾指出：“未来最成功的公司，将是那些基于学习型组织的企业。”一个企业只有当它是学习型组织的时候，才能保证有源源不断的创新的出现，才能具备快速应变市场的能力，才能充分发挥员工人力资本和知识资本的作用，也才能实现企业满意、顾客满意、员工满意、投资者和社会满意的最终目标。

（5）责任型企业。伟大企业讲究伦理，关注国家和民生问题。他们都认为企业发展源于社会，企业发展的成果应当由社会来共享。企业应当回报社会，关爱社会。身处烟草这样一个备受争议的行业，红塔集团认为企业比谁都应当回报社会，关爱社会。据不完全统计，仅从1985年到2007年这12年里（不含2008年），红塔集团累计为各项公益事业捐赠就超过了9.5亿元。红塔集团对中国贫困教育的支持和投入力度，就体现了红塔集团作为一个有爱心、有社会责任感的大型国有企业所应当承担的责任。

总之，企业文化是企业的灵魂，更是推动企业发展的不竭动力。而具备优秀的企业文化，不仅能散发出无穷魅力，更是很多企业赢得市场，实现辉煌的制胜法宝。

资料来源：烟草在线，http://www.tobaccochina.com/management/epmanage/culture/20097/2009713133137_367911.shtml

职工的工作态度对于激发工作积极性、完成工作任务、形成良好的工作关系等方面都具有导向作用。在培训过程中，利用角色扮演和野外拓展训练，结合理论说教、先进模范示范、工作道德评价等方法，宣传正确的工作态度和企业实行的相关激励政策。积极引导职工树立正确的工作态度，以加强职工践行爱岗敬业、诚实守信、乐于奉献等职业道德的责任感和自觉性。

5.2.3 专业工作技能和实践操作方法

“纸上得来终觉浅，绝知此事要躬行”。要保证培训的实效原则，就要结合工作岗位要求，培训员工的实际操作能力。只有让员工真正掌握员工的专业工作技能和实践操作方法，才能促使员工将培训所学迁移到真正的实践中去。因此，现代企业培训逐渐重视培训过程的员工参与性和实践能力的培养。

5.3　旅游企业员工培训的方法

结合不同的培训目的和培训内容，应该采取不同的培训方法才能保证培训的效果。旅游企业员工培训的方法包括四类。

5.3.1　知识、原理类讲授培训方法

知识、原理类的培训内容适宜采用理论讲授的培训方法。这类培训是由培训师根据讲授的内容有效地组织材料，系统地向员工传授相关理论体系、理论发展和理论前沿，这也是最基本的企业培训方法。讲授法可以在极短的时间内讲授较多的理论知识，适合于利用较低的培训费用大批量的理论水平同质化较高的员工培训，并能对培训过程进行有效的控制。但是，这种方法的成效与培训师能力水平有着极为密切的关系；讲授过程中，员工参与不强，对参与员工的理论学习能力有较高的要求；讲授的内容较多且概括性强。在采用时要特别注重员工的参与程度和理解力。

为了更好的综合讲授法的特点，提高培训的针对性和时效性，这类方法在企业培训中主要包括专题讲座和专题研讨两种。

1. 专题讲座

专题讲座，顾名思义，是针对某一预定的专题，结合具体案例和热点问题、理论前沿等问题，进行理论与工作实践相结合的分析与论述。与一般的理论讲授相比，专题讲座更侧重于实践工作中旅游业相关理论的应用，专题内容可以根据工作中遇到的具体困难或发展选择进行设置、延伸。而且，这种培训方法具有很强的针对性，可以加深员工对于某一问题的深切了解和思考。

2. 专题研讨

专题研讨，是就研讨的主题展开讨论，一般来说，先有培训师讲授相关理论和背景资料，阐述问题现状，而后引导员工就相关未决的问题或存在疑惑的热点问题进行讨论。专题研讨在实际运用中又具体分为两类。一是以培训师引导为主的研讨，培训师负责问题的提出、解题思路的引导及解题方法和答案的总结；二是以具体专题为主的讨论，这种方法对专题的选题要求很高，一定要具有代表性和启发性。员工在研讨中起主导作用，参与性更强，培训师只是负责规范研讨的过程。

专题研讨最大的特点是在各抒己见中集思广益，在热烈讨论中加深对理论难点和实际问题的理解。研讨法较专题讲座来说，参与性更强，有助于培养员工开拓思维、加深对理论的理解，提高学习的积极性；取长补短、塑造多角度的思维方法；互动式学习，熟练运用所学理论解决实际问题的能力。但是，这种方法不适合系统地掌握基础知识，对讲师和学员数量都有较高的要求。

5.3.2 态度、行为类养成培训方法

态度行为类的培训，主要以员工工作态度、工作行为的调整为培训目标。我国劳动者心理健康包括智力正常、需要结构合理、情绪健全、人际关系和谐和自我意识准确这五个方面的内容。态度行为类的培训正是力求在培训中塑造员工健康的心理和积极的工作态度。这类培训对改善员工态度、提高工作关系协调度、增强员工自我认识方面意义重大。但是，它受外部环境、员工自身主动性要求很高，其培训成效也难以评判，是一种难度要求较高的培训。这类培训方法主要分为两种。

1. 团队建设培训

团队是指由具有不同技能，愿意为了团队整体目标而相互承担责任，共同努力的群体，在企业中强调团队建设有助于员工共享工作经验，调整各自的知识、态度和行为，促进员工自身的成长；有助于增强员工对于工作的满意度，对于企业文化的认同感；有助于强化员工的团队精神和团队意识，减少摩擦，创建和谐的工作关系；有助于提高企业的整体应变能力和工作效率，提升企业的业绩。

一个优秀的团队必须具有主动和进取精神，成员之间相互忠诚、尊重，愿意倾听团队内外的意见，为提升企业绩效，促进企业发展提供强有力的支持。运用团队训练法也要以优秀团队的标准作为训练的目标，并且需要根据具体的培训目标和培训条件，制定行之有效的培训方案、行为规则和管理条例。

2. 拓展训练

拓展训练是以野外探险、体验为主要形式的训练，通常利用独特的自然环境和精心设置的培训项目，磨练培训者的意志，锻炼其体能，促使其自我认识，培养团队协作精神等。它以外化形体能训练为主，包括野外探险训练和场地体验训练两种。其中，野外探险活动是指在野外模拟探险活动而进行的心理训练，如负重行军、攀岩、急流划艇、高空断桥、空中单杠等。场地体验则是通常在固定的培训基地，由专业培训师指导进行，风险性较小，使用的器材也较为简单，如合力过河、架桥过河、信任后倒、扎筏泅渡等。

拓展训练一般设有个人项目和团体项目，可以使员工在完成具有一定难度的挑战项目后充分体会到内心的胜利感和对集体的荣誉感；在训练过程中磨练艰苦奋斗的意志，独立克服困难，解决问题的能力；改善员工之间的人际关系，形成更为融洽的工作团体。

拓展训练的起源

拓展培训起源于第二次世界大战，当时德军潜艇埋伏在大西洋海底，攻击盟军补给运输船队，致使盟军船只下沉、船员纷纷落水，由于海水冰冷，且远离陆地，所以造成大量的水手牺牲。后来人们发现许多海难都会有极少数人能够活下来。令人惊奇的是活下来的并不是那些年轻力壮的水手，而是船上相对年长的水手，一些心理学家和军事专家通过研究得出结论：当灾难来临的时候，决定你生存最关键的因素不是你的体能，而是你的心理素质及意志。年长的水手有着丰富的生活阅历及处事经验，沉着冷静分析当时所处的环境，怀着坚定的生

存信念，最终摆脱了死亡厄运。而年轻的水手们，当灾难来临的时候，精神的沮丧和不知所措会导致人的生理防线全面崩溃，造成体力的急剧下降，最终的结果是死亡。

于是军方建立了一些水上训练学校，除了训练海军的体能外主要通过一些情景模拟的科目对海军的生存能力、作战意志及团队合作能力进行训练。当时这所学校对战争的兵员保障起到非常积极的作用，在战争中挽救了无数士兵的生命。

二战结束后，这所学校的功能也随之退化，后来一些组织行为专家从这所学校的培训模式里得到启发。德国人库尔特·汉恩（KURT HAHN ）和英国人劳伦斯·沃特（LAWRENCE HOLT）首先将这种训练运用到战争以外的培训中，并提出 OutwardBound 概念，他们认为：随着社会的进步，当人们进入工业化社会，很多社会人和管理者经常遭遇着与落海水手同样的境遇，人们在面对节奏飞快的工作效率和人际复杂的社会氛围，往往会造成很多社会人的思想保守、情绪焦躁、精神压抑，更为严重的是很多人承受不了压力会做出极端的行为。种种这些现象给企业和个人带来很大的损失。于是就慢慢形成以培训管理者和企业人为对象、以培训管理者的心理适应能力和管理技能作为培训目标的学校。他们创立的 OutwardBound 概念就是体验式培训的前身，后来逐步被应用到企业人才培训中。

资料来源：企业网景 http://www.cn21.com.cn/tzpx/qy.htm

3. 敏感性训练

敏感性训练要求受训者通过集体相互沟通和帮助，公正讨论自己的态度和行为，了解自己在他人眼中的形象，以提高自我认识、体谅别人、分析别人行为和动机能力的培训方法，力求在培训中解决员工的心理困境，促进企业的变革和发展。敏感性训练的开展，无固定的讨论议题和交流模式，常采用小组讨论和个人交流的方式进行，较适用于组织发展训练、晋升前人际关系训练、新员工的集体组织训练和外派员工异国文化训练等方面的培训。它对增强对差异的容忍力，听取不同意见，加强对别人需求的关心、建立良好的工作关系都有着积极的作用。

5.3.3　技能、能力类参与培训方法

1. 工作指导法

工作指导法又称实践法，是由有经验的员工对受训者进行的一种在职培训的方法。最具知名度的是学徒培训，由经验丰富的老员工指导新员工的工作，帮助员工尽快掌握工作流程，熟悉工作环境，传承优良的工作作风。这种做法可以大批量的培训基层员工，使新员工在工作中遇到的困难得到及时的反馈，培训成本较低，适用范围较广，同时还有助于舒缓新员工应对新环境和新工作的紧张感。但是，这种方法有可能造成老员工正常工作的间断，降低工作效率；老员工本身的技术水平直接影响到培训的效果，而老员工的一些不良工作作风也会影响到新员工以后的工作态度；老员工在工作中形成的固定工作模式，不利于新员工的技术创新。

2. 工作轮换法

工作轮换法，又称岗位轮换法，是指企业安排受训员工在预定的时间内轮换工作岗位，

并完成工作任务的在职培训方法。在市场激烈竞争的背景下，特别需要企业具备更大的灵活性和各职位之间的协调性。岗位轮换通常为横向轮换，通过工作轮换，让员工在获得某种具体的工作经验和工作技能的同时，开发自己的工作能力和工作适应性。还可以打破各职位之间的隔阂，增强工作中各岗位关系的依赖性。此外，还有助于培养多面手人才。但实行工作轮换法，也存在一定的困难。因为，工作轮换法追求的是通才，不太适用于高层次的管理人才，也不适用于复杂的专业技术工作。另外，工作轮换会造成相关岗位原有既得经济利益的削弱，可能对轮换人员的工作造成一定的阻力。

3. 案例研究法

案例研究法是通过案例研究提高员工分析能力的培训方法，要求案例具有真实性、启发性、创造性，符合培训目的。根据研究方法可分为案例分析法和案例处理法两种。案例分析法是指向员工提供一些真实性强，且包含培训目的的案例，并组织员工进行独立研究相互讨论，培养员工独立分析问题、解决问题的能力，这对案例的选题和加工要求较高。案例处理法是由员工自行收集、整理、分析案例，通过员工间的集体讨论和分析，总结工作经验，共享案例学习成果，这种案例研究法需要耗费较长的时间准备，不过员工的参与性强于前者。

4. 情景模拟法

情景模拟，是指根据员工可能担任的职务和工作，将其置于实现准备好的模拟工作环境中处理各种可能在工作中出现的各种问题，从而提高员工的心理素质和潜在工作能力。角色扮演是情景模拟训练方法应用比较广泛的一种方法，它通过在模拟真实工作场景的环境中，赋予其与工作岗位相匹配的权力和责任，要求受训者按照事先编制好的测试项目处理各种工作事务，通过对其行为进行评定和反馈，从而测试受训者心理素质和工作潜力，并逐步提高其实际工作能力的方法，比较适用于管理行为培训、职位培训和工作绩效培训等。情景模拟法为员工参与培训提供了很好的实践机会，有利于员工间的相互学习，有助于增强培训效果。但是，这种方法对场景、测试项目、员工参与性的要求较高。

5.3.4 其他培训方法

1. 自学

除了企业组织的培训活动外，企业员工还可以结合个人兴趣、工作经历和现有的学习条件进行自学。自学既适用于本职工作的学习，也适用于员工自我知识提升要求的满足。古今中外很多名人都是充分利用自学成就了自己的人生价值，如兵仙韩信、政治家诸葛亮、数学家华罗庚、翻译家苏阿芒、俄国作家高尔基、美国总统林肯等。自学对于学习环境、学习条件的要求很低，可以节省培训成本，而且也不会影响工作的正常进程。在自学过程中，员工可以结合自己的兴趣爱好和学习需求，因人而异地灵活安排学习内容。而且，通过自学，员工还可以锻炼、培养自己的自学能力。不过，正是限于有限的学习条件和学习能力，自学的内容有限，过程缺乏专业人士的指导，员工的自学能力和主动性对自学效果有着重要的影响。较之其他培训方法，不免单调一些。

2. 网络培训

随着互联网技术的发展和应用，网络培训方兴未艾。这种方法既可以由企业利用内部网络组织员工学习新产品、新技术、新政策等方面的内容，也可以利用外部的培训机构进行系统的专业知识和工作经验的讲授。这种培训方法对员工的计算机水平要求较高，而且培训的内容具有太强的不宜操作性，学习过程中员工和培训师也无法实现互动。不过，网络培训形式多样，其最大的特点，在于突破了传统培训方法的单一模式，对培训时间无固定要求，也节省了培训的费用，增加了培训过程的灵活性和趣味性，这种培训方法正以其无法比拟的优势受到越来越多旅游企业的青睐。

5.4 旅游企业员工培训管理

随着旅游行业竞争的加剧，很多企业都非常重视员工的培训，并愿意为之付出努力。但是，培训是一项操作性很强的工作，要想达到预期的培训效果，就要保证培训设计与开展有条不紊地进行。

旅游企业员工培训的基本管理程序包括以下几方面，如图5-2所示：

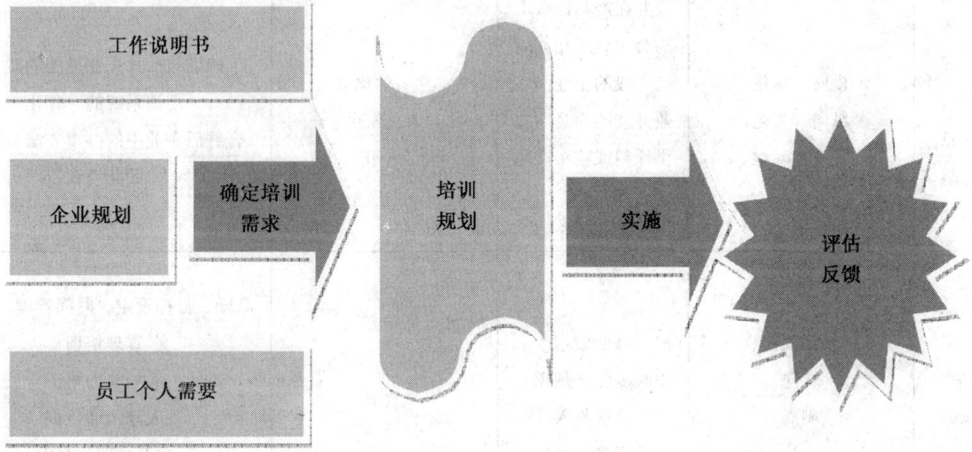

图5-2 培训基本管理程序

1. 确定培训需求

确定培训需求是整个培训程序的开始，是确定培训规划，实施培训的前提，决定着培训的方向，为监控培训过程提供评价标准，以保证培训的质量和企业生产活动的顺利开展。同时，培训需求分析是对企业、工作目标和职工三者培训需求的综合分析，是对未来工作技术、要求的预测。确定合理的培训需求有利于节约培训成本，增强员工对培训工作的认同和支持。

（1）培训需求的分类

按照培训需求的层次，确定旅游企业员工培训的需求需要综合三方面的培训需求。首先，就企业来说，要考察企业发展目标和发展规划、企业所属行业的发展情况、企业业绩表现、企业培训资金的富余情况。其次，就工作来说，要考察工作的完成情况与工作目标的差距、必备工作设备的熟练操作程度等。最后，就员工个人来讲，要考察其个人的工作绩效、工作态度、培训需求工作说明书的职位要求等。

表 5-1　不同发展战略下企业培训开发的重点和方向

战　略		经营重点	达成途径	关键点	培训重点
集中战略		增加市场份额 降低运作成本 建立和维护市场地位	改善产品质量 提高生产效率 技术流程创新 产品客户化	技能先进性 现有员工队伍的开发	团队建设培训 跨职能培训 专业化培训计划 人际关系培训
成长战略	内部成长战略	新市场开发 新产品开发 创新 合资	现有产品营销 增加分销渠道 全球市场扩展 现有产品修正 创造新产品 合资扩张	创造新的工作和任务 创新	支持或促进高质量产品价值沟通 文化培训 帮助建立鼓励创造性思考的文化 工作技术能力 管理者沟通/反馈/谈判方面的培训
成长战略	外部成长战略	横向一体化 纵向一体化 集中多元化	兼并在产品链条上与公司处于相同阶段的企业 兼并能够为公司提供原料或购买产品的企业 兼并其他企业	一体化 人员富余 重组	确定被兼并企业员工的能力 培训系统的一体化 合并后企业中的办事方法与程序 团队培训
收缩战略		精简规模 转向 剥离 清算	降低成本 减少资产规模 获取收入 重新确定目标	效率	激励、目标设定、时间管理、压力管理培训 领导能力培训 人际沟通培训 重新求职的帮助 工作搜寻技巧培训

资料来源：[美]雷蒙德·A诺伊等.人力资源管理[M]，267，北京：中国人民大学出版社，2001.

按照受训的对象，培训需求分为对新员工的培训和在职员工的培训。新员工的培训需求一般注重对企业文化、工作技能、工作关系和企业制度的讲解，这对于从事基层工作的新员工尤为重要。在职员工的培训一般是通过介绍市场行情和新技术，推行团队建设等来提高在职员工的工作绩效，维持职工的工作热情。

按照培训需求的内容，培训需求分为基础工作知识和技能、专业技能和实践能力、工作态度与工作关系的培养等诸多方面。组织在开展培训工作时，通常会结合具体的培训目标，选择具有启发性和辅助性的培训能容易满足培训需求。

（2）培训需求信息的收集方法

① 面谈法

面谈法是直接通过与培训潜在对象面对面地交流，了解其培训需求和培训态度，以及其目前的工作绩效和工作难点等信息的方法。这种方法可以使员工感到充分的尊重，对培训信息了解比较全面，但是培训需求信息的收集需要耗费很长的时间，而且要求信息收集者掌握较高的面谈技巧，还要保证信息的信度。

② 观察法

观察法是指培训信息收集者亲自到潜在培训者工作场景中实地考察，在不打扰员工正常工作的前提下，观察其工作积极性与工作熟练程度，从而判断培训需求的方法。这类信息收集方法比较适合基层工作人员，但比较耗时，而且信息收集者的主观判断对信息培训需求信息的结果也有一定的影响。

③ 问卷调查法

问卷调查法是通过员工填写的培训需求调查问卷的答案来判断、归纳培训需求。问卷调查发放简单，成本低廉，可以大量节省信息收集时间，而且问卷答案便于总结，是培训需求分析中比较常见的一种方法。但是这种方法，不可能全面地反映员工所有的培训需求，而且对问卷编制也要能切合职工的工作。

④ 工作任务分析法

工作任务分析法是根据工作描述、工作说明书、工作任务以及工作规划等，确定员工所需掌握的专业知识、技能和态度，将员工现有的工作水平和工作态度与之比对，以判定员工工作表现与预期工作要求的差距，从而确定培训需求的分析方法，可信度比较高。但是，由于耗时耗费，一般多用于比较重要的培训项目。应用这种方法，首先要罗列潜在培训员工工作任务中的关键事件，然后再由关键事件的困难程度和完成程度决定培训的目标和内容。

无论使用何种培训信息的收集方法，都要保证信息收集过程的真实、可靠；保证收集的培训需求信息可以客观地反应潜在培训对象的工作的现状和存在的问题；确保培训项目的目的性和有效性。

2. 培训需求分析的程序

要保证培训需求信息的真实性和可靠性，首先，在开展培训前要做充足的准备：与潜在培训人员和所属部门搞好关系，密切联系；了解员工的工作业绩、培训历史。其次，制定详细的培训需求调查方案，确定调查的目标、方法。再次，收集培训需求信息，分析、总结培训需求。最后，根据培训需求信息的分析结果，归纳培训需求，撰写培训需求总结报告。

3. 制定培训规划

（1）主要内容。培训规划是对整个培训流程的设计，其主要内容包括：

①培训目的。明确培训的具体目标，指明培训活动的方向和框架，概括培训的目标群体。

②培训内容。一般包括技能、态度的提升、团队建设等方面，最主要的是能够满足培训需求，切合实际工作需要，能够切实改善员工的工作绩效。

③培训方法。根据培训目标和培训方法的特点，确定合适的培训方法。

④培训资源。一般包括人、财、物等培训资源的合理规划和筹备。

⑤培训成本预算。培训成本预算为培训开展提供财力支持，也是后期培训监控和培训评估的依据。

⑥培训评价标准。培训评价标准是依据具体的培训内容和培训方法而定，大致包括对企业绩效的贡献，对员工工作态度的改善程度，对工作技能的提升作用等方面。

（2）培训规划制定的程序。培训规划是在确定培训需求的基础上进行的。首先，依据重要程度，对培训需求总结报告中罗列的培训需求进行先后排列，确定培训项目的先后顺序。其次，设置培训效果评估标准，便于客观考察培训的成效。再次，确定培训的类型和方法，提高培训的操作性。另外，还要细致地规划出培训的主要内容，设计出切实可行的培训教案。最后，将规划方案送达主管人员进行审核，根据相关修改意见予以完善，进而形成培训规划书。

4. 组织培训实施

培训实施是实现培训目标的重要环节，这个阶段需要做的管理工作有：

（1）培训前的准备工作。主要有：

①培训通知。确定培训对象，并通知其培训时间和培训地点。

②后勤准备。根据培训的方法和内容，确定培训场地、培训类别、培训行政服务人员，落实培训资金支持。

③确认培训师和培训教材。培训师资力量的高低决定着培训的质量，应根据培训的要求和培训师的专业素养，确定培训讲师和培训教材。

（2）培训的开展。培训的开展，主要是指培训课程的讲授过程，包括知识与技能的传授、课堂管理、学习成果的回顾与实施等环节。需要注意的是，为了确保培训的顺利完成，需做好培训过程的跟踪与反馈，确保培训资源的充分利用。

5. 评估并反馈培训效果

培训效果的评估与反馈有利于及时地总结培训经验，发现培训实施过程中的问题，从而提高以后培训开展的效果，使培训方法和培训内容更符合企业发展的需求。对培训效果进行评估，应客观的考察培训目标、内容、方法，培训教师和教材，受训员工培训后的绩效，培训时间和培训场地等。具体的培训评估指标应该涵盖受训员工对培训理论的反应水平、技能操作能力、工作态度和工作积极性、培训收益成本比等。

在开展培训过程中，要保证培训达到预期的效果，首先，培训前要做好准备工作，熟悉培训对象的基本资料和业绩状况，确认培训场地和设备、培训教师和教材等，尽量减少培训过程受不确定因素的影响。其次，要坚持培训基本原则，保证培训方法的适用性，根据受训员工的接受程度与反馈情况，灵活调整培训内容，力求最大限度地满足培训需求。再次，培训中员工的参与是培训成败的关键，应设立一些奖惩措施，加强对学习效果的强化与反馈，激励员工的学习动机，促进员工的参与。最后，适时起草和修订培训制度，保障培训的健康发展，规范培训工作的实施过程。

管理训练

【训练目标】

1. 通过实训理解员工培训的意义。

2. 掌握员工培训的方法与技巧。

【实训时间】

本章课堂教学内容结束后的双休日和课余时间，为期一周。或者指导教师另外指定时间。

【背景材料】

教你如何收回培训投资

J 公司是一家中外合资旅游企业，年初曾投资 3 万美元送 6 名中方经理到其欧洲公司总部接受近 6 个月的培训，回到中国后，这 6 名经理负责公司的管理，他们的月薪高达 4000 美元。

可是，“他们在同一天同时请了病假，然后再也没回来，”该公司人力资源部经理说，“一家在华南新建立的中资日化企业以每人月薪 8000 美元挖走了他们。”

这家合资公司花了巨额培训费，却损失了中国目前接受过最佳专业训练的管理队伍。不仅如此，企业订单和销售渠道也跟着流失，由骨干出走而造成的职位空缺，因一时难以补充合适人才而使业务运营陷于瘫痪状态。该公司不禁感叹：企业培训，原来是一笔“花钱买流失”的赔本生意。

培训，即意味着让自己的人力资本升值，同时也会带来各种费用支出，如培训师的费用、培训后员工的薪水会上涨、培训会占用相当长的工作时间……这些对企业来说是一笔数目可观的支出。同时，获得培训后的员工往往容易变得不满足，容易跳槽。几乎这是一种不可调和的矛盾，所以，每一个管理者在培训员工的时候都会采取十分谨慎的态度。

受训员工离职是培训企业中一个令人十分头痛的问题，也是培训发展的一大障碍。有的企业人事经理感叹：“不培训是等死，怎么培训了反而变成找死啦？”有些管理者在考虑收益与风险时会陷入两难的境地：到底“该不该对员工进行培训？该不该对被培训者收回培训费用呢？”

一个成熟的企业会在培训员工与收回投资间取得最大的平衡。通常，这些企业收回投资的方式有以下三种：

1. 培训前收回投资

诸如微软、通用等一些知名企业，在培训中层管理人员或是技术人员前，都会给予书面通知，并从其薪资中扣除相应的培训费用。这是一种降低企业投资风险的有效方式。如在微软公司，企业在制定培训薪酬政策时，会将员工薪水的一部分划归为培训费用。这样，员工的薪水越来越高，或者其在位时间越长，这部分费用的积累就会越大，同时，他获得的培训机会就越多。所以，在微软公司，越是优秀的管理者、技术人员，他们不仅具有优先被培训的权利，而且可以获得比其他人更多的培训机会。

企业还可以将员工年终奖励的一部分划为培训费用，在第二年培训时使用。这样做，可以保证企业中业绩突出的员工优先得到培训。此外，企业可以规定，先由员工个人承担培训费用，企业根据培训效果决定是否为员工报销。这种培训投资方式对员工有很强的约束力。

员工会为了使公司报销培训费而努力为公司展现自己的工作业绩。

2. 培训期间收回投资

一些专职的培训机构通常使用这种培训方式。在企业中，普遍采用的试用期制度完全可以被理解为这种培训方式。对于一些新员工，他们往往不具备相当的业务技能与工作经验，所以，要对他们进行一系列有针对性的培训，以便让其快速地进入工作角色。其中，培训的费用则来自员工试用期的薪酬。如果一位员工的业务技能较低，需要的培训较其他员工更多，那么，在相同的情况下，他在试用期内可以获得的薪酬要低于其他人，那部分差额便可以被划归为培训费用。

3. 培训后收回投资

培训后收回投资是很多企业的常用做法。最常见的形式是，企业与员工签订培训协议，在协议上明确规定：员工接受培训后，在规定的时间内不得离开公司，否则承担相应的违约责任与相应的各种培训费用等。这种方式会给企业带来相应的风险。一般而言，在培训结束后一年或几年后，企业才可以收回自己的培训费用。

诚然，企业学会收回培训投资的方法固然重要，但更重要的是，企业能否为员工提供系统的一流培训。随着竞争压力增加，各级员工在对个人培训方面的投资已成为他们消费的主流。所以，一家优秀的企业如果能为员工提供一流的培训，那么，即使收取必要的费用也会赢得员工的理解。所以，一些管理者往往并不是在为收取培训费用而犹豫不决，而是在为自己能否为员工提供一流的培训而犯难。

资料来源：http://news.chinahotel.com/Management/Case/200811/4247.html

根据课前的互联网阅读，按照宋城股份的招聘岗位，组织一次招聘会。

【实训过程设计】

（1）指导教师布置学生进行实训准备。

（2）将全班同学平均分成小组，按每组4～6人进行讨论，各选出一名组组长，实训组根据背景资料进行讨论和设计方案。

（3）根据“背景资料”，谈谈对企业组织员工培训的认识，你怎么看待“企业培训，原来是一笔‘花钱买流失’的赔本生意”这句话的？

（4）根据“背景资料”，各实训组就案例中存在的问题，提出相应的解决方案。参照“课业范例”撰写作为最终成果的《实训报告》。

（5）指导教师对小组讨论过程和发言内容进行评价总结，并讲解本案例的分析结论。（先评定小组成绩，在小组成绩中每一个人参与讨论占小组成绩的40%，代表发言内容占小组成绩的60%），各小组提交填写“项目组长姓名、成员名单”的《实训报告》。优秀的实训报告在班级展出，并收入本课程教学资源库。

本章小结

1. 旅游企业员工培训的原则是：培训开发必须与企业发展规划和发展战略的根本方向相一致；培训的开展必须有明确的阶段目标；培训的内容必须有良好的实效性与时效性。

2. 通过培训，可以激发企业人力资本的潜力；促进其他人力资源管理职能的发挥和改进；提升企业绩效和竞争力；构建优秀学习型组织文化；提升企业的整体绩效和市场竞争力。

3. 旅游企业员工培训的内容包含三个方面：一是相关基础理论和行业规范要求，二是企业组织文化和员工工作态度，三是专业工作技能和实践操作方法。

3. 敏感性训练要求受训者通过集体相互沟通和帮助，公正讨论自己的态度和行为，了解自己在他人眼中的形象，以提高自我认识、体谅别人、分析别人行为和动机能力的培训方法，力求在培训中解决员工的心理困境，促进企业的变革和发展。

4. 工作任务分析法是根据工作描述、工作说明书、工作任务以及工作规划等，确定员工所需掌握的专业知识、技能和态度，将员工现有的工作水平和工作态度与之比对，以判定员工工作表现与预期工作要求的差距，从而确定培训需求的分析方法，可信度比较高。但是，由于耗时耗费，一般多用于比较重要的培训项目。

5. 培训规划是对整个培训流程的设计，其主要内容包括:培训目的、培训内容、培训方法、培训资源、培训成本预算、培训评价标准。

综合练习

一、单项选择题

1. 以下培训方法属于在职培训法的是（　　）。
   A. 角色扮演法　　B. 经营模拟法　　C. 课堂教学法　　D. 工作指导法
2. （　　）是企业必须持之以恒进行的核心重点。
   A. 知识培训　　B. 心理素质培训　　C. 管理培训　　D. 技能培训
3. 企业应用最普遍的培训方式是（　　）。
   A. 在职培训　　B. 脱产培训　　C. 知识培训　　D. 技能培训
4. 企业培训需求的获取途径包括企业、（　　）和个人。
   A. 市场　　B. 环境　　C. 目标　　D. 工作
5. 下列不属于脱产培训的优点的是（　　）。
   A. 可以使受训者集中力量进行学习
   B. 可以利用企业外部的培训资源
   C. 有利于培养新人，特别是后备管理人员
   D. 有利于节约培训费用

二、名词解释

1. 旅游企业员工培训
2. 敏感性训练
3. 工作任务分析法

三、简答题

1. 试述旅游企业开展员工培训的意义。
2. 简述旅游企业员工培训的基本管理程序。

第 6 章 旅游企业员工绩效考评

学习目标

- 掌握旅游企业员工绩效考评管理的原则和意义
- 掌握旅游企业员工绩效考评的主要内容和程序
- 熟悉旅游企业员工绩效考评的主要方法
- 了解绩效考评面谈技巧和绩效申诉系统

互联网阅读

在学习本章之前，请你链接 http://t.163.com/2747241748#f=topnav，以下故事将对你学习本章有所启发：

唐僧师徒的故事

唐僧团队是一个知名的团队，经常在讲课的时候都被作为典范来讲，但是这个团队的绩效管理似乎做得并不好。我们来看一下他们的绩效管理的故事。

话说，唐僧团队乘坐飞机去旅游，途中，飞机出现故障，需要跳伞，不巧的是，四个人只有三把降落伞，为了做到公平，师傅唐僧对各个徒弟进行了考核，考核过关就可以得到一把降落伞，考核失败，就自由落体，自己跳下去。

于是，师傅问孙悟空："悟空，天上有几个太阳?"悟空不假思索地答道："一个。"师傅说："好，答对了，给你一把伞。"接着又问沙僧："天上有几个月亮?"沙僧答道："一个。"师傅说："好，也对了，给你一把伞。"八戒一看，心理暗喜："啊哈，这么简单，我也行。"于是，摩拳擦掌，等待师傅出题，师傅的题目出来，八戒却跳下去了，大家知道为什么吗?师傅问的问题是："天上有多少星星?"八戒当时就傻掉了，直接就跳下去了。这是第一次旅游。

过了些日子，师徒四人又乘坐飞机旅游，结果途中，飞机又出现了故障，同样只有三把伞，师傅如法炮制，再次出题考大家，先问悟空："中华人民共和国哪一年成立的?"悟空答道："1949 年 10 月 1 日。"师傅说："好，给你一把。" 又问沙僧："中国的人口有多少亿?"

沙僧说："是13亿。"师傅说："好的，答对了。"沙僧也得到了一把伞，轮到八戒，师傅的问题是："13亿人口的名字分别叫什么？"八戒当时晕倒，又一次以自由落体结束旅行。

第三次旅游的时候，飞机再一次出现故障，这时候八戒说："师傅，你别问了，我跳。"然后纵身一跳，师傅双手合十，说："阿弥陀佛，殊不知这次有四把伞。"

分析：这个故事说明绩效考核指标值的设定要在员工的能力范围之内，员工跳一跳可以够得着，如果员工一直跳，却永远也够不着，那么员工的信心就丧失了，考核指标也就失去了本来的意义。此外，考核指标的设计，对所有的员工还应该难易相当，才能体现公平，达到激励的目的。

旅游企业员工的价值不仅受其能力和素质的影响，而且受其工作态度和工作方式的影响。为了调动员工积极性，改进员工工作方式，提高员工工作效率，需要进行员工绩效管理。

6.1　旅游企业员工绩效考评管理概述

绩效考评管理是企业依据一定的考评标准、考评方法和考评程序，在一定的考评期限内，对员工的工作结果和工作行为进行调查、分析、综合评价以改善员工绩效的管理行为。旅游企业员工绩效包括员工的工作行为和工作结果两部分，是员工履行工作职能、完成工作目标期间所表现出来的工作业绩、工作态度等。旅游企业绩效考评体系一般包括绩效考评制度、绩效考评指标和绩效评价组织。

6.1.1　绩效考评管理的原则

1. 目标一致原则

企业的战略规划和人力资源发展规划是企业为之努力的目标，规定着企业未来的发展方向、人才需求等。绩效考评管理则是旅游企业内部的一项具体的人力资源管理活动，只有将绩效考评管理的目标与企业战略规划保持一致，才能体现绩效考评管理的真正价值，才能为实现企业目标输送更加优秀的人力资源。

2. 实事求是原则

绩效考评管理是对员工实际绩效的考评，对事不对人，对工作现状不对人脉关系。绩效考评的评判标准应客观反映工作要求，评判方法的选择和应用应有利于全面、真实地反映员工的工作表现，考评的程序和结果应真实地反映员工的绩效。只有这样才能激发员工的积极性和创造性。

3. 全面考评原则

如前所述，绩效考评管理是对员工的工作结果和工作行为的考评，是对员工工作现状的系统考察。所以，绩效考评的内容应该全面，要多方面、多层次、多角度的对员工的工作状况进行有针对性的立体式考察，避免考评的片面性。根据考评目的和要求，充实考评的内容，综合考评方法的优缺点进行选择。另外，考评的对象也要坚持全面性原则，既要对基层工作人员进行考评，也要对高层管理人员进行考评。

4. 公开公正原则

绩效考评管理是对员工工作状况的判断，其结果直接关系到员工的薪酬、职位的升降，关系到员工的工作满意度和积极性。人力资源是企业最重要的资源，只有坚持公开公正的评判原则，才能增加员工对考评结果的认同。因此，考评管理的过程必须做到考评管理标准、程序和方法公开，评判依据和考评结果公正，保证考评程序的过程中的民主性和透明性。

5. 激励开发原则

绩效考评的终极目标是提高企业人力资源的素质和企业绩效，所以，在绩效考评管理过程中，还应坚持激励开发原则。要将考核的过程和结果，与奖惩措施相联系，与职位调配挂上钩，及时根据企业规划优化绩效考评体系，促进员工的绩效和工作潜能的开发，促进企业绩效管理考评体系的完善，大力开发绩效考评的激励作用。

6.1.2 绩效考评管理的作用

1. 绩效考评管理有助于改善员工的工作能力

绩效考评管理是企业对其员工工作行为的客观考评与反馈，考评结果可以肯定员工的工作成果，指明员工的不足，使其认识到与工作要求的差距，进而改善员工的工作满意度和工作效率，规范员工的工作行为，帮助员工制定适合自己的职业发展规划。

2. 绩效考评管理为人力资源管理提供依据

绩效考评管理是人力资源管理发挥作用的重要环节，绩效考评结果是预测企业内部人力资源供给状况和质量的基础；是对招聘与培训的效果的检验，也是企业确定培训需求、培训目标、培训内容，提高培训针对性的依据；是员工调配和薪酬管理的评判标准。

3. 绩效考评管理有助于提高企业绩效

绩效考评通过有效的考核标准和与考核结果对应的奖惩措施，发挥激励作用，引导员工的工作行为，使员工的工作行为与企业的总体规划和发展目标相一致，在员工提高自身工作效率的同时，实现企业的质量管理，提高企业的绩效。

6.1.3 绩效考评管理需要注意的问题

1. 绩效考评管理是对员工工作结果和工作行为所进行的综合评价和改善的管理行为，其目的在于提高企业的整体绩效，而非单纯的考评员工的工作现状。所以，在绩效考评管理过程中，要防止绩效考评流于形式，与绩效考评目标脱节。

2. 员工的绩效受很多方面的影响，如工作能力、工作态度、激励政策、工作设备和物质环境等，绩效考评管理的评价标准应该涵盖工作结果考评和工作行为考评两方面，建立项目明晰、运行规范的员工绩效管理体系。

3. 绩效考评是对员工一段时间内工作现状的考评，与企业的具体发展情况和员工的个人能力水平有很大的关系，具有时效性和变动性。绩效考评管理应该成为企业一项经常性的人力资源管理活动，要根据具体的考评目标实事求是地反映员工的绩效。

★管理故事

老鼠偷油

三只老鼠一同去偷油喝。他们找到了一个油瓶，但是瓶口很高，够不着。三只老鼠商量一只踩着一只的肩膀，叠罗汉轮流上去喝。当最后一只老鼠刚刚爬上另外两只老鼠的肩膀上时，不知什么原因，油瓶倒了，惊动了人，三只老鼠逃跑了。回到老鼠窝，他们开会讨论为什么失败。

第一只老鼠说，我没有喝到油，而且推倒了油瓶，是因为我觉得第二只老鼠抖了一下。

第二只老鼠说，我是抖了一下，是因为最底下的老鼠也斗了一下。

第三只老鼠说，没错，我好像听到有猫的声音，我才发抖的。

于是三只老鼠哈哈一笑，那看来都不是我们的责任了。

点评：绩效考核的目的是改善绩效，而不是分清责任，当绩效出现问题的时候，大家的着力点应该放在如何改善绩效而不是划清责任。遇到问题先界定责任后讨论改善策略是人们的惯性思维，当我们把精力放在如何有效划清责任上而不是如何改善上，那么，最后的结果都是归错于外，作为企业员工谁都没有责任，最后客户被晾在了一边，当责任划分清楚了，客户的耐心也已经丧失殆尽了。于是，客户满意和客户忠诚也随之消失了，最后企业的财务目标的实现没有了来源，股东价值无从说起。

6.2 旅游企业员工绩效考评的内容与程序

6.2.1 旅游企业员工绩效考评的内容

在实际考评过程中，各旅游企业的规模、所处的环境以及员工的素质都存在差异，旅游企业绩效考评的具体内容取决于其绩效考评的目的和管理能力。此外，考评的内容还与员工的职位层次有关，管理型人才的工作有很强的灵活性和艺术性，其绩效考评多侧重于工作结果；基层工作人员职权有限，其绩效考评多侧重于工作行为和工作过程。

为了保证绩效考评的全面性和客观性，绩效考评内容一般包括员工的工作业绩、工作能力、工作态度、工作潜力等方面。

1. 工作业绩

工作业绩是旅游企业员工绩效考评中最基本的考评内容，它是指员工履行工作职务的工作成果与工作效率，是对员工完成工作的数量、质和速度方面的考评，其具体的考评内容与员工工作的职务、复杂程度、工作目标有关，比其他考评内容更能反映工作人员的工作效率。例如，对于导游的工作业绩考核，最重要的就是年带团数量。

2. 工作能力

工作能力是旅游企业员工在工作中所发挥的与实际工作相关的能力，主要包括四个方面：相关基础知识、常识；工作技能、技巧；工作经验、协调能力、职业素养；体能等。例如，旅游企业中导游是该行业特有的专业型人才，其语言表达能力和服务质量直接影响到企业的整体形象，对旅游产品的销售有着重要的作用，在考核导游工作能力时占有重要的地位。

3. 工作态度

管理心理学认为，工作态度是个人对所处工作环境中各种人物和事物的认识、评价，及其倾向性，会影响一个人的工作行为。作为绩效考评内容的工作态度，如工作积极性、工作热情、工作主动性、出勤率、职业道德水平、对企业的忠诚度等，都对员工绩效水平有重要的影响。例如，导游具有很强的流动性，导游人员的管理难度大，对于导游的工作态度的考核可以根据其接到的投诉、表扬次数，以及私自接团、虚报带团费用的数量来考评。

4. 工作潜力

由于个人的兴趣爱好、教育背景、工作经历等因素的不同，加之机会不均等，职业生涯规划不合理、招聘误差等问题，致使某些具备某种工作潜力的职员，在现任的工作岗位上得不到合适的机会施展才华。根据具体的职务要求和评价标准判断员工的工作潜力，对企业发展和员工的职业生涯规划都具有实际意义，可以有效发挥员工所长，提高员工的工作满意度，增强员工的工作积极性。

表 6-1　XXXX 公司导游绩效考评表

考核时间：　　　年　　月　　日

姓　名		部　门	客 户 部	岗　位	导　游
	序　号	绩效考评项目	指 标 权 重	评 价 得 分	备　注
工作业绩（50%）	1	工作任务完成度	30%		
	2	及时交、接团次数	30%		
	3	导购销售率	20%		
	4	顾客满意率	10%		
	5	顾客投诉率	10%		
工作能力（35%）	1	相关知识储备	10%		
	2	语言讲解能力	20%		
	3	交通服务能力	20%		
	4	合理性建议能力	5%		
	5	工作流程执行度	5%		
	6	应急处理能力	10%		
	7	职业操守	10%		

续表

姓　名		部　　门	客 户 部	岗　　位	导　　游
	序　　号	绩效考评项目	指 标 权 重	评 价 得 分	备　　注
	8	体力状况	20%		
工作态度（15%）	1	出勤率	25%		
	2	工作主动性	25%		
	3	责任心	25%		
	4	工作流程执行率	25%		

注：绩效考评总分=工作业绩×50%+工作能力×35%+工作态度×15%

6.2.2　旅游企业员工绩效考评管理的程序

旅游企业员工绩效考评管理的程序包括确定绩效目标与对象、制订绩效考评计划、实施绩效考评、考评结果反馈、绩效考评的应用与开发五个流程。

1. 确定绩效目标与对象

确定绩效考评目标与对象是绩效考评管理活动的第一环节。绩效考评目标直接影响绩效考评项目和绩效考评主要内容的选择，指引着整个绩效考评过程。绩效考评目标的制定必须是具体的，且可以通过适当的考评方法予以测量。至于考评对象，不同的绩效考评目的决定不同的绩效考评对象。一般来说，企业绩效考评的对象包括被考评员工、该员工的同事及上下级、与该员工有业务来往的外部人员。

这一流程的主要任务是把公司的战略要求、部门任务与员工个人的工作目标相结合，确定出本次绩效考评的具体目的，如岗位调整、薪酬变化、培训开发等；明确考评的具体对象，如管理人员、产品开发人员、财务人员、导游等；熟悉考评对象的上下级关系和考评岗位的工作要求。

2. 制订绩效考评计划

制订绩效考评计划的目的是让绩效考评的开展有章可循，它是绩效考评管理实施的基础。这一流程的主要原则是客观性和可操作性，其主要内容是建立企业的相关绩效考评体系，明确具体的绩效考评指标、内容方法与考核时间，设立绩效考评小组，落实考评相关准备工作。制定绩效考评规划一般包括以下内容：

（1）细化考评指标。根据绩效考评的目的所确定的绩效考评具体内容，即为绩效考评指标。绩效指标是对企业对员工的绩效要求，是企业对相关绩效内容的界定。例如，导游每月带团出勤率达到 90%，每月接到相关投诉不得高于两次，等等。确定绩效标准，是为了减少绩效考评的不确定性，保证绩效考评的公正性。

考评指标应根据考评目的设置。为员工职务调配而做的绩效考评，主要需要测试相关员工的必备技能掌握程度、知识水平和调配岗位的相关工作要求；确定培训需求的绩效考评，除了侧重于员工当前的工作效率、工作态度、工作能力，还应包括对未来工作操作技能要求的预测；确定工资待遇和奖励的绩效考评，则着重考察工作业绩和工作态度。

考评指标还应根据考评对象来设置。对于基层工作者来说，考评指标通常包括销售额、回款率等工作业绩；出勤率、旷工率、售前与售后的服务、顾客的投诉率等工作态度和服务水平；生产销售过程中的计划、沟通、协调、创新等工作能力。对于管理者来说，考评指标通常包括战略规划能力、领导能力、协调能力、创新能力和危机处理能力等。

绩效考评指标是制定绩效考评计划的重头戏，视具体考评目的而设定，又与岗位的具体工作任务和要求相联系。一般包括工作成果的数量和质量、工作效率与工作效益两大方面的关键绩效指标，及其各自的最低目标和要求。在确定绩效考评指标时，应该保证考评指标符合考评目标，对考评岗位的关键行为要求有所侧重；为了保证考评指标的可操作性，绩效指标的内容应当具体，而且是员工通过个人努力可以实现的；为了提高考评的效率，降低考评的成本，考评指标应当具体，但不宜面面俱到；为了防止考评过程的暗箱操作，加强员工对绩效考评的配合，在确定考评指标后应及时对员工公布。

（2）确定考评方法。选择具体的绩效培训方法，需要明确三大基本问题。第一，考评方法的适用性。考评方式种类很多，在众多考评方法中进行选择时，首先要考虑考评方法是否能够切实反映工作的性质、特点，是否与考评目的相对应，是否能够有效地测量员工的工作绩效。第二，考评方法的可操作性。只有可操作的考评方法才能满足企业的实际考评需要，并在企业中推广开来。所以，考评方法的选择还要便于操作，适用性强。第三，考评方法的成本评估。考评方法从研发、宣传、到实施、推广都需要企业支付相应的研发费用和管理费用，以及其他隐性成本。因此，在选择考评方法时，有必要对考评方法的管理成本进行分析和比较，选择出考评效果最好、管理成本最低的绩效考评方法。

★管理故事

关上你的窗帘

据说美国华盛顿广场有名的杰弗逊纪念大厦，因年深日久，墙面出现裂纹。为能保护好这幢大厦，有关专家进行了专门研讨。

最初大家认为损害建筑物表面的元凶是侵蚀的酸雨。专家们进一步研究，却发现对墙体侵蚀最直接的原因，是每天冲洗墙壁所含的清洁剂对建筑物有酸蚀作用。而每天为什么要冲洗墙壁呢?是因为墙壁上每天都有大量的鸟粪。为什么会有那么多鸟粪呢?因为大厦周围聚集了很多燕子。为什么会有那么多燕子呢?因为墙上有很多燕子爱吃的蜘蛛。为什么会有那么多蜘蛛呢?因为大厦四周有蜘蛛喜欢吃的飞虫。为什么有这么多飞虫?因为飞虫在这里繁殖特别快。而飞虫在这里繁殖特别快的原因，是这里的尘埃最适宜飞虫繁殖。为什么这里最适宜飞虫繁殖?因为开着的窗阳光充足，大量飞虫聚集在此，超常繁殖……

由此发现解决的办法很简单，只要关上整幢大厦的窗帘。此前专家们设计的一套套复杂而又详尽的维护方案也就成了一纸空文。

点评：彼得圣吉在《第五项修炼》里提到，问题的解决方案既有“根本解”，也有“症状解”，“症状解”能迅速消除问题的症状，但只有暂时的作用，而且往往有加深问题的副作用，使问题更难得到根本解决。“根本解” 是根本的解决方式，只有通过系统思考，看到问题的整体，才能发现“根本解”。

我们处理绩效问题，若能透过重重迷雾，系统思考，追本溯源，总揽整体，抓住事物的根源，往往能够收到四两拨千斤的功效。就如杰弗逊大厦出现的裂纹，只要关上窗帘就能解决几百万美元的维修费用，这是那些专家始料不及的。在遇到重重问题迷雾的时候，你真的能关上你的窗帘吗?

（3）成立考评管理小组。考评管理小组是保证绩效考评管理有效运行的组织保障和执行主体，其成员通常包括五类成员：

一是考评对象的直属领导，他们对考评对象的工作能力和工作业绩比较熟悉，对员工考评成绩所占的影响比重最大。

二是考评对象的同事，对考评对象的工作态度、工作潜力和人际关系等状况比较了解。不过，其考评结果可能与彼此的人际关系、工作竞争有关。

三是考评对象的直属下级，对考评对象的工作计划能力、工作业绩和工作作风有较为深入的了解，但由于上下级关系心存顾虑，这类考评人员的考评常常缺乏客观性。

四是员工个人，一般来说，个人对自己的工作兴趣、职业规划和工作态度比较了解，也常常故意夸大个人的优点。

五是考评对象的服务对象，这类人员切实感受过考评对象的服务，加之不受工作利益关系的影响，评价通常较为客观，但同样因为对于考评对象的能力和行为没有深入的了解，在应用时也存在局限性。

成立考评管理小组时，要根据具体的考评目的、指标和考评对象来挑选其成员。例如，要考评员工的工作能力和工作业绩，其直接领导最有发言权；要了解员工的培训需求，员工个人或同事的考评则更贴近员工工作需要；要了解员工的潜在晋职空间或工作潜力，则需要综合直属领导、同事、员工个人、下属和客户的考评意见进行考评。

此外，在甄选考评管理小组成员时，应结合备选人员的工作能力和工作态度等。如熟悉考评岗位工作要求和考评对象的工作状况；坚持考评管理原则，能够熟练运用考评方法进行客观地考评；有责任心，有主见，办事公道，有一定的工作能力和威信，等等。

在实施考评之前，为了保证绩效考评管理小组的工作水准，减少考评误差，还要对小组成员进行必要的培训，使其明确绩效管理的目的、意义，考评制度的内容和要求，以及相关注意事项；明确考评者的任务和责任；掌握考评的基本方法，绩效考评的基本程序和各阶段的实施重点；熟悉考评对象的工作特点和工作的性质。

（4）做好考评准备。为了保障考评的顺利实施，还应该做好绩效考评管理的相关准备工作。首先，要确定并公布考评的时间和期限。考评的时间取决于考评的目的、形式及相关的人力资源管理制度。例如，用于晋升的考评周期一般较长，而用于薪酬调整的考评相对较短。将时间和期限予以公布是为了减少考评对象的紧张感，增强考评的关注度和公正性。其次，加强考评对象的理解与支持。为了保证绩效考评制度和程序的可行性，要利用各种方式，宣传绩效考评的重要性和必要性、考评的指标和方法，力求得到考评对象认同，并积极参与到考评过程中。再次，完善考评必要资料和设备的准备，在坚持绩效考评目的的同时，监督、审查考评指标的正确性和考评方法的适用性，并作出及时的调整。

3. 实施绩效考评

实施绩效考评阶段是落实绩效考评规划的阶段，要求考评者和考评对象，认真履行绩效考评的制度和程序要求。在考评员工绩效的同时，还应该注重引导员工提高绩效的工作态度、培养其正确的工作行为，帮助员工提高绩效。这一环节的主要工作有：

（1）收集资料。收集资料是反应员工工作行为和结果的客观资料，也是总结考评结果的依据。资料可能源于主管部门的日常工作记录、员工的工作绩效表，还可能来源于考评过程所产生的考评记录和测定结果。需要收集的资料，首先要能过有效反应与考评目的相关的考评对象的绩效，而且需要备注资料的来源、时间、地点。其次，资料应包括有利和不利的两方面，不能避重就轻；资料的内容要根据绩效考评的主要内容，分类罗列。

（2）实施绩效考评。实施绩效考评主要是在完成绩效考评规划的基础上，由绩效考评小组组织全体绩效考评对象贯彻执行绩效考评计划，对考评对象的工作绩效进行测定、合算和记录的过程。

实施绩效考评需要切实保障公正和公开原则。实施绩效考评是整个绩效考评管理的重要阶段，关系到绩效管理体系的运行效果，关系到员工绩效和员工的利益，只有正确的考评结果才能起到激励员工的作用，因此，在考评阶段需要对绩效考评的公正性、准确性予以足够的重视。通常来说，人们都会把考评的失误归咎于考评者和考评标准，认为考评标准缺乏客观性，考评者考评不全面，程序实施不完善，又或是资料数据分析不合理等。所以，在实施考评的过程中，务必使考评者了解考评的目的和要求，使考评过程按照预定的具体步骤执行。此外，还应加强对考评者工作的监督，定期复查绩效考评的进展。

实施绩效考评需要考评对象的积极参与。只有考评对象认同绩效考评的目的和考评标准，才会积极配合考评管理，减少他们对绩效考评的心理压力。因此，绩效考评者应借助各种方式，使考评者理解绩效考评管理的意义，特别是对考评对象未来职业发展的重要作用；在考评过程中，要对考评对象的工作进度和工作质量进行必要的指导，并在精神上给予支援，提高员工的工作满意度和积极性，帮助员工完善其职业生涯规划，增强企业的整体素质。

（3） 绩效诊断。绩效考评的目的，除了提高员工的工作能力外，还要促进企业核心竞争力和整体绩效考评管理水平。因此，在实施绩效考评之后，应该对本次绩效考评管理活动进行全面的回顾，对考评对象和考评管理要素进行总结和诊断，并形成考评结果的分析报告。绩效诊断主要包括两方面，一是绩效考评管理系统的诊断，如绩效对企业绩效考评管理过程运行协调状况的诊断；绩效考评指标可操作性和全面性的诊断；绩效考评方法适用性的诊断；考评者考评能力和考评质量的诊断；企业整体工作流程、规章制度、职能分配等方面的科学性和合理性的诊断。二是绩效考评对象的绩效诊断，这主要是根据考评目的和考评内容，对考评对象的工作绩效进行全面的考评，并形成针对不同绩效考评对象工作特点的绩效评定结果。

4. 绩效考评结果反馈

绩效结果反馈，在旅游企业的实际绩效考评活动中经常被忽视，从而造成员工对绩效考评的客观性和准确性产生质疑，对后续人力资源管理部门开展的相关管理活动缺乏参与的动力，而组织也会因此浪费绩效考评提高企业绩效的有利时机，降低绩效考评活动的投资回报率。良好的绩效结果反馈，有助于员工了解过去某段时间内自己工作的进步与不足，明确未来工作的努力方向，树立正确的工作态度和绩效观。为了达到良好的反馈效果，有必要对反馈执行者进行相应的培训，以增加绩效反馈的有效性。

考评结果反馈的目的是运用绩效考评面谈与相关宣传形式，让考评对象知悉自己的绩效考评结果，深化理解自己的工作现状与企业绩效考评指标之间的差距，进而知道绩效考评对象制订绩效改进计划的过程。在进行绩效反馈时，应该及时。在绩效反馈过程中，绩效考评结果的反馈应注重具体的工作行为或考评结果，而非某个员工；绩效反馈时，要指明绩效考评所反映的具体问题及其原因，帮助员工改进绩效。反馈结束后，还应根据反馈方式和内容的有效性、反馈效果的满意度对反馈效果等方面进行总结，以提高以后的反馈效果。

5. 绩效考评的应用与开发

绩效考评的应用与开发，是绩效考评管理的最后一个阶段，同时又是下一次绩效考评管理的起点。绩效应用是将绩效考评的结果应用到其他人力资源管理的职能中去，绩效开发是对企业绩效考评管理系统的开发。绩效考评的应用与开发，有助于实现绩效考评管理的目的，提高企业的核心竞争力和整体绩效水平。

绩效考评的应用是检验绩效考评管理系统有效性的试金石，主要包括两方面，一是依据考评结果对考评对象实施职位或薪酬方面的奖惩，以强化员工优秀的绩效行为，激励员工再创佳绩。首先，为了保证奖惩的激励作用，一般要对同类考评对象制定不同的奖惩标准和措施。其次，员工的绩效受企业外部环境、内部环境和员工个人因素的共同影响，应根据员工绩效与组织之间的差距，通过横向比较和绩效考评指标查明原因，制订适合员工工作特点的绩效改进计划和策略。二是依据绩效考评结果调整其他人力资源管理计划，完善绩效考评管理系统。首先，人力资源管理部门要根据考评结果和绩效诊断书，制订下一期的员工培训与开发计划、人员补充计划，以适应企业发展的需要。再次，要根据员工的反馈意见和绩效考评效果，修改、完善企业的绩效管理指标和管理制度。

绩效考评的开发是对企业绩效考评管理系统的开发和企业整体绩效的开发，应从以下几个方面共同开展：一是考评对象绩效能力的开发，注重运用激励方法调动员工的工作积极性，根据绩效考评结果决定员工的薪酬福利和职位变动。二是考评者绩效考评管理能力的开发，应在每次考评结束后组织考评者讨论绩效考评过程中遇到的问题和对策，定期组织考评者和中高层管理者专题培训提高其绩效管理水平。三是对绩效考评管理系统的开发，在企业发展过程中，要不断的验证绩效考评管理系统的科学性，及时修改、调整考评指标和考评程序，以保证绩效考评管理系统最适合企业的实际工作需要。四是企业整体绩效的开发，这主要是通过优化企业绩效考评制度，合理开发人力资源管理职能，提高员工的积极性、计划性，及时解决工作中出现的各类问题等。

6.3　旅游企业员工绩效考评的方法

6.3.1　绩效考评的主要方法

绩效考评的方法主要包括两类，一是以行为导向为依据的绩效考评方法，以考察考评对象的行为为主，包括排列法、成对比较法、硬性分布法、关键事件法、行为锚定等级评定法、加权选择量表法等；二是以工作结果为依据的绩效考评方法，以考察考评对象的工作业绩为主，包括目标管理法、绩效标准法、成绩记录法等。下面，具体介绍几种主要的绩效考评方法。

1. 目标管理法

目标管理法是将旅游企业的工作目标从上往下层层分解，让每一个岗位都有具体的工作目标，和与之对应的绩效目标，让下属的工作目标充分融进企业战略目标和相应的部门目标之中。通过检测员工的实际绩效，找出工作存在的不足并不断地加以改正，不断的循环往复，从而保证员工的努力方向与组织目标相一致，在激励员工工作积极性的同时，保障企业工作目标的顺利实现。这种方法适用于考评工作主动性和独立性较强的员工，如旅游产品销售人员、项目管理人员等，一般不适于流水作业的员工。

目标管理法的执行通常包括三个步骤，首先，根据企业战略目标设定岗位的工作目标。将企业的整体目标转化为部门的经营目标，由部门主管和员工一起确定员工努力的方向和绩效考评的依据和指标。其次，部门主管充分授权发挥员工的主动性，在执行过程中还要经常检查工作的完成情况，并给予鼓励和帮助。部门主管根据工作的完成情况及时回顾、分析和修正目标。最后，在考评期结束后，对照既定的工作目标，考察员工的实际绩效，作出评价并给出针对性的改进措施。

目标管理法具有目标明确、执行方便、民主性强的特点，在执行过程中，部门主管和员工有充分的互动，有利于培养员工的工作热情。为了保证目标管理法的有效性，目标必须是可测量的，可实现的。为了保障目标与企业发展规划的员工的工作能力相符，要由员工与主管共同协商制定具体的工作目标和达到目标的工作步骤和完成时间。为了保证目标管理项目的成功完成，目标管理应该与部门的年度和月度预算计划、财务性计划相符。

2. 排序考评法

排序考评法亦称排列法、排队法，是绩效考评中比较易行的考评方法，主要是由上级主管根据考评目的和考评内容，将考评对象按绩效总体表现的优劣顺序排列名次的方法。排序考评包括简单排序和选择排序两种。简单排序是最简单的，它是按照工作业绩、工作能力、出勤率等绩效考评内容，将同类考评对象按照绩效的好坏依次排序。选择排序也称交错排序，是简单排序的推广形式，是在同类考评对象中挑选最好的和最差的，然后再在剩下的员工中挑选最好的和最差的，依次类推，将全部考评对象按优劣顺序进行排列，这种方法有效地避免了考评者容易发现最好的而忽略中间群体的现象。

选用排序考评法的重点是要选用符合绩效考评目的的考评指标。总体来说，排序考评法是针对单一绩效考评指标或综合绩效考评的考评方法，简单易行，考评成本较低。但是，这种方法必须在同类考评对象中进行，不能用于不同类型员工间的比较，而且如果考评人数过多，使用起来很烦琐；这种方法是将考评对象进行简单的排序，考评对象绩效相近的难以排列；排序考评依靠的是考评者的主观判断，而非绩效测量考评所得，考评结果可能受主观个人喜好和人际关系的影响。

表 6-2　绩效排序考评表

考评者：　　　　考评日期：　　年　　月　　日

考 评 部 门	员工数量：8 人
排序	×××
1	×××
2	×××
3	×××
4	×××
5	×××
6	×××
7	×××
8	×××

3. 成对比较法

成对比较法，又称配对比较法、一一对比法，其基本程序是：将每个考评对象就某一考评指标，如工作质量、工作数量、工作效率等，与所有考评对象进行逐一比较，按好坏顺序排列。如果考评的内容较多，比较考评对象每一项考评内容的先后顺序，汇总每个考评对象的排列序号，求出平均排序结果。应用这种方法，很容易比较每个考评对象的工作特长和不足之处。但是，这种方法不适合考评范围太大、数量过多的考评对象使用。试想一下，如果考评对象为 n，则每一次考评的对比数就是 n（n-1）/2 次。所以，成对比较法在实际应用过程中费时费力，应用的范围较小。

表 6-3　成对比较法：工作质量考评表

对比人 / 姓名	A	B	C	D	E	汇　总	排　序
A	0	+	+	+	+	+4	1
B	−	0	+	+	−	0	3
C	−	−	0	−	−	−4	5
D	−	−	+	0	−	−2	4
E	−	+	+	+	0	+3	2

如表 6-3 所示，以横向的员工工作质量为对比依据，将纵向员工的工作质量与横向员工相比，如图，B 优于 C，则在对应的表格中画上“+”，而 B 弱于 A，则在对应的表格中画上“_”。

4. 硬性分布法

硬性分布法，又称强迫分配法、强制分配法，假设员工的工作绩效符合正态分布的规律，按照一定的百分比，将员工的绩效按好、中、坏硬性划分为特定的比例，两边的最少，中间的最多。一般来说，将员工的绩效硬性分为五类，既可以是 10%、20%、40%、20%、10%，也可以是 10%、25%、30%、25%、10%，还可以是 5%、20%、50%、20%、5%，等等。

表 6-4　硬性分布法示例

等　级	优　秀	良　好	中　等	较　差	最　差
比例	10%	25%	30%	25%	10%
人数	10 人	25 人	30 人	25 人	10 人
员工姓名	XXX XXX …	XXX XXX …	XXX XXX …	XXX XXX …	XXX XXX …

硬性分布法等级清晰，各等级之间区别显著，操作起来也十分简单，只要按照各等级的比例，简单计算即可得出绩效考评结果。这种方法还能有效克服平均主义，适合于人数较多的绩效考评，而且常常与员工的奖惩有着密切联系，有效激励员工在工作中争优创先。但是，需要注意的是，这种方法是以员工绩效呈正态分布为使用基础，如果员工的绩效呈现偏态，按照这种方法对员工绩效强制区分则容易引起员工的不满。另外，这种方法将员工的绩效仅粗略划分为几类，难以具体体现员工绩效间的差别，对诊断公正问题的用处不大，考评的结果也不能完全做到公平和公正。

5. 评级量表法

评级量表法是根据具体的绩效考评内容设计若干绩效指标组成绩效等级量表，考评者根据员工的实际绩效选择考评对象所属考评等级。这种量表能够把所要求考评的绩效内容以数量化的形式呈现出来，不仅省时，而且好掌握，人力资源部门可以根据员工得分较低的绩效内容进行有针对性的指导和培训，培养企业所需要的人才，有效性很高。但是，这种方法在考评中容易犯趋中误差。

表 6-5　导游绩效评级量表示例

考评内容	考评项目	说　明	评定等级
工作业绩	工作任务	是否按时完成公司月季任务	A B C D E 10 8 6 4 2
	工作质量	是否及时接待来访游客，提供高质量的旅游产品与服务	A B C D E 10 8 6 4 2
	顾客满意度	是否有较高的顾客满意度	A B C D E 10 8 6 4 2
工作能力	知识储备	是否具备旅游相关基础知识、业务知识和相关常识	A B C D E 10 8 6 4 2
	执行能力	是否具备较强的任务执行力	A B C D E 10 8 6 4 2
	表达能力	是否具备良好的沟通能力和交涉能力	A B C D E 10 8 6 4 2
	协调能力	是否能够协调好工作关系和客户关系	A B C D E 10 8 6 4 2

	服务能力	是否能够及时处理旅客的食宿要求，维护好旅客的财产和人身安全，提供优质的导游服务	ABCDE
			108642
工作态度	责任心	是否认真执行导游职责，切实完成导游工作	ABCDE
			108642
	积极性	是否积极配合工作要求和客户需求	ABCDE
			108642
	纪律性	是否按照公司章程办事，保证正常的出勤率	ABCDE
			108642
评定标准： 非常优秀 优秀 满足工作要求 略有不足 与工作要求基本不符		分数计算 A.70 分以上 B.60 分以上 C.45～60 分 D.45 分以下	总分：
考评评语： 考评责任人： 年　月　日			

6. 关键绩效指标法

关键绩效指标法是以关键绩效指标为标尺，通过观察和记录考评对象绩效行为来确定员工绩效考评内容和标准的考评方法。关键绩效指标既包括有效的绩效行为，也包括无效的绩效行为，涵盖所有与工作绩效直接相关的事件和行为。制定关键绩效指标是一项重要的基础性工作，制定关键绩效指标时首先要在所有绩效指标中根据整体性、关联性和可操作性的原则，筛选出关键绩效指标。其次要根据指标对工作绩效的影响程度设置权重。

关键绩效指标考评方法，对事不对人，针对符合企业发展利益的重点、关键绩效行为进行考评，使考评集中于对企业整体业绩影响最大的因素，考评的时间跨度较大，可以贯穿于绩效考评的始终，有助于把握员工绩效行为与企业绩效目标之间的差距，便于人力资源管理部门根据绩效考评结果制定具体的激励措施和下一步的培训方案，有利于推动企业发展战略的实现。 但是这种方法的设计和实施费事费力，也很难用于员工之间绩效的相互比较。

7. 行为锚定等级评定法

行为锚定等级评定法，也称行为定位等级法、行为决定性等级量表法，是绩效评级量表法和关键绩效指标法的结合，主要是用一些关键事件说明员工的绩效各等级的行为特点，对员工工作绩效行为加以定位的绩效考评方法。行为锚定等级评定法的独特之处在于通过一个等级评定表，将工作绩效的一系列行为叙述进行等级化量化，使工作的有效行为、一般行为和无效行为一目了然，有利于考评者做出考评。但是，这种方法要求不同的工作要有不同的行为锚定等级评定表，在设计锚定等级表时还要注意描述的准确性和等级的区别性，操作难度较大。行为锚定等级评定法通常要求按下列五个步骤进行：

（1）获取关键事件。通过工作分析和相关管理资料，向对工作内容和要求较为熟悉的员工和主管了解岗位工作的关键事件，提高员工对关键事件和绩效等级考评的认可程度。

（2）建立绩效考评等级。根据关键事件的内容和关键事件对绩效的影响，将关键事件归纳分为不同的绩效考评等级，一般分为5～7级，根据关键事件确定每个绩效考评等级定义。

（3）重新分配关键事件。在确定关键事件与绩效考评等级的对应关系后，安排另外一组熟悉岗位工作要求的管理人员重新将关键事件分配、归纳到他们认为合适的绩效考评等级中。如果两次分配结果达到规定比例的相似度，即可以确定关键事件指标在绩效考评等级中的最终位置。

（4）审核锚定等级划分的正确性。检验考评等级的关键事件指标的正确性，将每个绩效等级的关键事件指标由好到差依次排列，并规定考评等级中有效行为或无效行为的分值。

（5）确立绩效行为锚定等级考评表。以旅游企业销售的客户服务行为绩效考评为例，如表6-6所示：

表6-6　员工行为绩效行为锚定等级评定表

等　级	描　述
6	与客户建立长期伙伴关系，老顾客重购率高
5	关注顾客需求，提供建设性、专业性参考意见
4	工作独立性和计划性强，敢于承担工作责任
3	与客户保持高效的沟通，客户满意度高
2	积极、热情回应客户需求
1	消极怠工，拖延回应客户所需

8. 360度考评法

360度考评法，也称全视角考评法，现在已经被诸多优秀企业使用，其最大的特点是由考评对象本人、上级、下属、客户和企业外部的考评专家共同担任考评者，以匿名考评的方式根据考评内容和目的从不同角度进行考评。这种方法综合性强，可以有效地减少传统考评渠道单一所造成的误差，能够保证绩效考评的全面性和考评结果的公正性。此外，考评的结果可以作为员工改善绩效的重要参考依据，有利于企业推行全面的质量管理。但是，由于众多的考评者和与之对应的考评问卷，这种方法的实施需要投入大量的人力和财力。

★案例6.1

安东石油借力“360评估反馈”打造人才战略

安东石油技术（集团）有限公司成立于1998年，总部设于北京，国际公司总部位于迪拜，是一家在香港联交所主板上市的专业油田技术服务公司，是一个具有核心竞争力、充满活力、持续快速发展的高新技术企业。虽然2009年全球均遭遇了金融危机，但安东石油仍然保持了良好的业绩增长，并通过快速扩张收购建立了比较丰富的人才库体系。

金融危机使安东石油的CEO罗林清楚地意识到：企业持续发展的前提是持续增加企业的创新能力，而创新能力的提升关键在于人才。因此，安东石油将“人才战略”视为公司的一项长期的发展战略。安东石油分管人力资源工作的执行副总裁李冰南开始考虑建立一套领导力发展体系，将重心放在发展、保留和培养公司的核心人才上。经过反复论证借助于“360 评估反馈系统”建立一套安东石油的“领导力发展体系”成为李冰南的最终选择。李冰南清楚地意识到：必须基于整个组织建立一套人才管理业务流程，才能够使 360 度评估反馈体系发挥其价值。同时，李冰南希望服务商能够提供一套 IT 系统来保障这个体系的运行，而这套 IT 系统应该是一个灵活的互联网架构，能够服务于安东石油的实际情况。

最终北森测评成为安东石油 360 评估反馈体系的服务商，同时还将为安东石油提供 360 度评估反馈的 IT 软件服务与咨询服务。建立 360 评估反馈系统之前，北森测评将为安东石油构建领导力素质模型，这也是 360 度评估反馈的一个基础体系。了解到北森测评的工作进程，安东石油提出了关于建立素质模型的重点：首先“领导力模型能够用一种简单的语言进行描述，从而便于管理者理解并应用于实际的工作中”；同时北森所构建的领导力模型还要与安东石油的商业战略以及安东石油的核心价值观之间建立支撑关系，使领导力模型能够促进安东石油战略的实现。

通过访谈并参考了国际标杆公司，北森专家组总结出了安东石油领导力模型的十三项资质，并将素质模型转化成为 360 度评估反馈体系的相关条目，以便于通过 Beisen360 评估软件进行 360 度评估的实施工作。在 360 度评估实施之前，北森测评对相关的参与者进行了培训，明确了 360 度评估反馈的意义以及评估的技巧与方法，同时培训还将引导参与评估者能够以一种“开放”“平等”的心态完成评估。由于 IT 软件的灵活性，安东石油仅用了两天的时间，便完成了 360 度评估反馈的数据收集。

由于 Beisen360 的灵活性，可以通过后台非常方便地统计分析各种反馈的数据，并由系统自动出具相关的分析报告。同时，根据安东石油的实际情况，北森测评手动撰写了安东石油领导力的整体分析报告以及团队分析报告，并针对部分的关键人员结合访谈的内容，撰写了更为详细的分析报告与提升计划。作为 360 度评估反馈的一个重要目标：促进安东石油的高管提升自己的领导力水平，并从内心接受来开始改变！北森在安东石油实施了“一对一辅导”，首先结合 360 评估反馈的数据与参评者进行了一对一的访谈，经过分析整理后，撰写了个人分析与提升报告；在与被评者进行了“一对一辅导”的过程中，通过这种自我认知与他人评估结果之间的差异，来促进管理者的自我觉察，使领导力的提升成为一种自发的工作。

资料来源：北森网 http://www.beisen.com/case/185.html

9. 平衡记分卡法

平衡记分卡法最初用于对部门的考核上，近年来国内外的某些企业将其用于对员工的考核。平衡记分卡是建立在酒店战略目标确定的基础上的，把酒店的远景或者发展战略层层分解，转化为一系列的衡量指标，具体到每个员工，然后根据这些指标建立健全员工绩效评价考核体系，最后形成完善的员工绩效管理系统。

其核心思想是通过财务、客户、内部经营过程、学习与成长四个指标之间相互驱动的因果关系，展现组织的战略轨迹，实现绩效考核、绩效改进以及战略实施、战略修正的目标。

平衡记分卡指标的设计是绩效管理的关键，绩效考核指标和目标确定后，系统科学的绩效考核内容设定体系便形成了。剩下的问题就是计算这些指标分值，然后按照一定的权数将这些指标综合得到一个具体的指标，用于衡量具体员工的绩效。

尽管绩效考核方法多种多样，但酒店应尽量采用内容具体、定义严密的考核方法，如目标管理法或平衡记分卡法。这些考核方法可以减少考核者的理解偏差，而且有助于员工表现出哪些行为，避免哪些行为。但也可能会限制人们的视野，使员工不愿意承担考核表中未列出的工作。因此，酒店要根据自身的情况，综合各种因素来选择合适的方法。此外，还可以用多种方法进行考核，进行相互补充。

6.3.2 应用绩效考评方法需要注意的问题

1. 每种绩效考评方法都有独特的考评范围和优点，为了提高绩效考评的有效性，一般要结合多种考评方法进行测评，而如何选择考评方法，取决于考评的目的、内容和考评对象。

2. 考评指标的设定，要根据企业的绩效考评目的，依据工作分析的结果和员工的工作记录，制定出符合企业考评目的，能够全面反映员工实际绩效水平的可测量的，内容具体的考评指标。

3. 为了提高考评结果的真实性，减少考评者的误差，在实施考评之前，还应就绩效考评的作用、方法和注意事项对考评者进行专门的系统培训，提高其绩效考评的实际操作能力。在实施考评过程中，需要特别注意绩效考评的监督和考评结果的审核，保证绩效考评管理活动如期完成。

6.4 旅游企业员工绩效考评面谈与员工申诉流程

6.4.1 旅游企业员工绩效考评面谈

旅游企业员工绩效考评面谈的主要目的是增加员工对绩效考评管理活动的理解和支持，提高员工未来工作的绩效水平。面谈的种类很多，面谈者应该在掌握面谈技巧的基础上，根据考评对象的特点进行选择。

1. 面谈的种类

（1）依据面谈的内容划分，主要分为用于设计绩效考评规划的面谈、用于实施绩效考评过程中指导考评对象工作程序与方法的面谈、用于向考评对象反馈和沟通考评结果的面谈。

（2）依据面谈的特点来划分，主要包括四类：一是单向劝导式面谈，主要用于剖析员工行为，说服员工克服困难提高工作绩效，比较适合参与和对考评结果无异议的考评对象，但是不易于面谈双方的沟通。二是双向沟通式面谈，这类面谈可以有效克服单向面谈的缺点，增强绩效考评的民主性，减少考评对象的抵触和质疑。三是提出对策式面谈，主要是针对考评对象在考评过程中存在的困难和问题，帮助员工提出改善绩效的具体措施，这种面谈需要考评者具有较高的管理水平。四是综合式考评，是将以上三种方法进行综合，有效克服了上述三种面试的不足，增加了面谈的灵活性和适应性。

2. 面谈的程序

在实施绩效面谈之前，首先要熟悉绩效考评对象的工作特点和绩效情况。其次，收集并熟悉绩效考评对象的绩效资料和存在的问题，明确面谈主题，整理面谈问题，起草面谈提纲和绩效面谈反馈表格。再次，确定面谈场所、面谈时间，准备面谈相关资料，通知面谈对象。在面谈过程中：首先，要向面谈对象介绍其绩效考评依据和绩效考评结果的构成，说明评分的理由；其次，结合绩效面谈反馈表，在肯定面谈对象成绩的同时，帮助其了解其工作表现的不足之处，及时讲解改进要领，并记录面谈对象的反馈信息。最后，总结面谈内容，完成绩效反馈表。

如何把握绩效面谈的效果可以说是一门艺术和学问，要提高面谈的有效性，必须从面谈者和面谈内容两方面入手。就面谈内容而言，要切合面谈主题，集中于重要的、关键性事件；面谈的信息要具有针对性和真实性，应以面谈对象的绩效行为为导向，以绩效实施为依据。就面谈者而言，在选择面谈内容时应考虑到面谈对象的心理承受能力，实施面谈过程中应以表扬为主，同时要进行必要的批评指正；抓住面谈时机，结合面谈对象的反应引导其树立正确的工作态度和改善绩效的信心；面谈者应本着实事求是，以理服人的态度加强与面谈对象的交流，面谈的语气要具有亲和力，而不是生硬的命令或指示。

表 6-7　绩效反馈面谈表

<table>
<tr><td colspan="2">面谈对象</td><td colspan="2"></td><td>职位编号</td><td></td></tr>
<tr><td colspan="2">面谈者</td><td colspan="2"></td><td>面谈时间</td><td></td></tr>
<tr><td colspan="6">面谈地点：</td></tr>
<tr><td colspan="6">绩效考核结果：</td></tr>
<tr><td>工作业绩</td><td></td><td>工作能力</td><td></td><td>工作态度</td><td></td></tr>
<tr><td colspan="6">上期绩效不良的方面：</td></tr>
<tr><td colspan="6">导致上期绩效不良的原因：</td></tr>
<tr><td colspan="6">下期绩效改进的计划：</td></tr>
<tr><td colspan="2">面谈对象签字</td><td colspan="2"></td><td>面谈者签字</td><td></td></tr>
<tr><td colspan="6">绩效改进计划执行的情况：</td></tr>
<tr><td colspan="2">记录者签字</td><td colspan="2"></td><td>时间</td><td></td></tr>
</table>

资料来源：董克用，叶向峰.人力资源管理概论[M].北京：中国人民大学出版社，2003：243.

6.4.2 旅游企业绩效申诉流程

一般来说，在考评面谈中，如果考评对象对考评结果有异议，考评者要就相关内容和要求与员工沟通，尽量争取员工的理解，并将其质疑的考评内容记录到考评回馈表或面谈记录中，作为改善考评管理系统的参考。如果考评对象仍不满意，则可以通过申诉系统，需求更高层次管理者的帮助。

旅游企业绩效申诉系统是专门接收、处理那些对绩效考评结果存在异议的绩效考评对象发表意见的处理渠道，其主要目的在于保障绩效考评管理活动的公开和公正，确保绩效考评管理活动的质量。它的主要作用在于处理员工的绩效结果异议，为其发表看法、提出意见搭建平台，减少员工与企业间不必要的麻烦与纠纷；对考评者的绩效考评工作起到警示和约束的作用，保证绩效考评活动的有效性。

旅游企业绩效申诉系统由企业的人力资源管理部门确立申诉制度和申诉处理原则，以绩效考评争议调解小组为基础，全面负责员工对于绩效考评结果的申诉与调解工作。通常要求对考评结果存在异议的考评对象在考评结果公布后的规定时期内提交员工绩效申请表，否则视为无效。绩效申诉的具体流程是：

首先，由对绩效考评结果存在异议的员工提出申诉，填写申诉表，绩效考评争议小组受理，记录员工的申诉信息。

其次，绩效考评争议小组通过不同渠道了解员工申诉信息的真实性，并将调查信息备注到员工申诉表中。

再次，根据调查结果和公司相关制度寻求解决办法，并在员工申诉表中备注解决意见和方案。

最后，秉持客观公正的态度组织考评者与考评对象面谈，分别对考评者和考评对象解释原因，达成谅解，并在员工申诉表上备注意见，将员工申诉表存入员工档案。

表 6-8 员工绩效申诉表

申诉人		职位		部门		直接领导	
申诉事件：							
申诉理由：							
申诉事件调查： 人事部负责人：　　　　年　月　日							
申诉处理意见：							

上级部门负责人： 年　月　日
申诉处理意见： 人事部负责人： 年　月　日
申诉处理结果： 人事部负责人： 年　月　日
备注：

注：1.申诉人必须在绩效考评结果公布后 5 日内，以邮件的形式提交本表至人力资源部绩效考评争议小组，否则视为无效；

2. 绩效考评争议小组电子邮箱：××××××××××××××。

管理训练

【实训目的】

了解导游绩效考评的内容和方法。

【实训时间】

本章课堂教学内容结束后的双休日和课余时间，为期一周。或者指导教师另外指定时间。

【背景材料】

就近选择一家旅游公司，了解导游绩效考评的主要内容和指标。

【实训过程设计】

（1）将全班同学平均分成小组，按每组 4～6 人进行讨论。实训组根据背景资料整理所掌握的资料，制定导游绩效考评表和绩效考评规划书。内容要符合岗位特征，具有操作性。

（2）各实训组对本次实训进行总结和点评，参照“课业范例”撰写作为最终成果的《实训报告》。

（3）指导教师对小组讨论过程和发言内容进行评价总结，并讲解本案例的分析结论。（先评定小组成绩，在小组成绩中每一个人参与讨论占小组成绩的 40%，代表发言内容占小组成绩的 60%），各小组提交填写“项目组长姓名、成员名单”的《实训报告》。优秀的实训报告在班级展出，并收入本课程教学资源库。

本章小结

1. 旅游企业员工绩效包括员工的工作行为和工作结果两部分，是员工履行工作职能、完成工作目标期间所表现出来的工作业绩、工作态度等。旅游企业绩效考评体系一般包括绩效考评制度、绩效考评指标和绩效评价组织。绩效考评管理是企业依据一定的考评标准、考评方法和考评程序，在一定的考评期限内，对员工的工作结果和工作行为进行调查、分析、综合评价以改善员工绩效的管理行为。

2. 绩效考评管理的原则包括：目标一致原则；实事求是原则；全面考评原则；公开公正原则；激励开发原则。

3. 绩效考评的方法主要包括两类，一是以行为导向为依据的绩效考评方法，以考察考评对象的行为为主，包括排列法、成对比较法、硬性分布法、关键事件法、行为锚定等级评定法、加权选择量表法等；二是以工作结果为依据的绩效考评方法，以考察考评对象的工作业绩为主，包括目标管理法、绩效标准法、成绩记录法等。

4. 依据面谈的内容划分，主要分为用于设计绩效考评规划的面谈、用于实施绩效考评过程中指导考评对象工作程序与方法的面谈、用于向考评对象反馈和沟通考评结果的面谈；依据面谈的特点来划分，主要包括单向劝导式面谈，双向沟通式面谈，提出对策式面谈和综合式考评。

5. 旅游企业绩效申诉系统是专门接收、处理那些对绩效考评结果存在异议的绩效考评对象发表意见的处理渠道，其主要目的在于保障绩效考评管理活动的公开和公正，确保绩效考评管理活动的质量。它的主要作用在于处理员工的绩效结果异议，为其发表看法、提出意见搭建平台，减少员工与企业间不必要的麻烦与纠纷；对考评者的绩效考评工作起到警示和约束的作用，保证绩效考评活动的有效性。

综合练习

一、单项选择题

1. 旅游企业员工绩效包括员工的工作行为和（　　）两部分。

A. 工作表现　　B. 工作结果　　C. 工作效果　　D. 工作成绩

2. 对于性质不稳定的绩效指标，评估周期要（　　）。

A. 固定　　B. 无所谓　　C. 相对短一些　　D. 相对长一些

3. （　　）是指观察和记录员工在工作任务中的行为导致成功或失败的结果。

A. 行为锚定评价法　　B. 关键绩效指标法

C. 行为观察法　　D. 行为评定量表法

4. 在绩效考评管理过程中，影响绩效评价质量和效果的最直接评价主体是（　　）。

A. 高层领导　　B. 一般员工

C. 直接上级主管　　D. 人力资源管理部门人员

5. 下列绩效考评指标中，不属于能力考评项目的是（　　）。

A. 学历　　B. 经历

C. 技能　　D. 工作数量和工作质量

二、名词解释

1. 绩效考评管理
2. 绩效考评的应用与开发
3. 行为锚定等级评定法

三、简答题

1. 简述绩效考评管理的原则。
2. 绩效考评管理的意义何在？实施绩效管理需要注意哪些问题？
3. 绩效申诉的程序是什么？

第7章 旅游企业薪酬与福利管理

学习目标

- 掌握薪酬的含义
- 了解薪酬管理中可选择的政策取向
- 了解影响旅游企业员工薪酬水平的因素
- 掌握旅游企业基本工资薪酬制度的设计
- 掌握旅游企业绩效薪酬制度的设计
- 掌握福利的含义
- 掌握薪酬设计的步骤
- 掌握旅游企业员工奖励方案的设计

互联网阅读

学习本章之前，请链接 http://www.17u.com/news/shownews_1031462_0_c.html，阅读以下内容。

薪酬与福利，企业发展的源动力

2011 年 1 月 4 日下午，中国死海召开 2010 年年度总结大会，公司总经理向琼女士在会上宣布：从 2011 年 1 月起，中国死海所有员工的工资全额上调 20%，这是中国死海再次提高员工福利待遇。

中国死海景区在 2010 年 10 月暂停开放、全面升级改造，利用此契机，公司不仅花大量的人力、财力对员工进行综合素质的培训、外派员工到国内外知名旅游景点学习考察，还在企业资金如此重负荷情况下来提高员工的福利待遇，持续地体现着公司对员工人性化的关怀。据了解，公司的这次调资举措中，大多数管理人员和员工的收入已超过了成、渝两地旅游同行企业。

在死海即将结束的工程改造建设中，新的机遇和挑战也在不断延伸，景区的发展也逐步迈向国际化进程。

此次调资增强了员工对企业的凝聚力、创建5A景区、5星酒店的信心和决心，促使其根据岗位的新标准、新要求，不断提升自身综合素质，推进景区的软硬件同步提升。同时此次调资也为景区引进优秀的人才奠定了良好的基础，保证企业稳步向前发展。

此案例说明，薪酬分配是人力资源管理当中至关重要的一环，稍有不甚将直接导致管理难题的出现。薪酬作为吸引人才，留住人才、激励人才的手段，它必须兼顾内外公平，具有竞争力、经济型、激励性等原则，因此薪酬管理大有学问。

7.1　旅游企业薪酬管理概述

对于大多数旅游企业员工来讲，每当提及“薪酬”一词时，首先会想到的是自己的工资收入，其次就是奖金；事实上旅游企业为员工的劳动所付出的回报远不止这些。薪酬直接影响到员工工作的积极性，而且还和企业的人力资源成本控制有着密切的关系。因此，薪酬管理是旅游企业人力资源开发与管理必须要研究的内容。

7.1.1　薪酬与薪酬管理的含义

1. 薪酬的含义

薪酬是旅游企业对为自己企业目标的实现而付出劳动的员工的一种回报或酬谢。它包括经济薪酬和非经济薪酬两个方面。经济薪酬包括直接付给员工的工资、奖金、津贴等直接经济薪酬和不以现金形式直接付给员工的各种福利、保险等间接经济薪酬。非经济薪酬包括个人对工作本身或者对工作在心理或物质环境上的满足感。本章所指的薪酬主要指经济薪酬。

薪酬是劳动者从事劳动或工作的物质利益前提，它与劳动者的切身利益密切相关，是影响和决定劳动者的劳动态度和工作行为的重要因素之一。同时，薪酬也与旅游企业的经济效益密切相关，是旅游企业十分关心的大问题。这是因为薪酬作为一种费用，在整个旅游企业成本费用中所占比重很大，其增加直接导致旅游企业利润的下降。因此，建立行之有效的薪酬制度，科学合理地确定旅游企业员工的工作报酬，以保证旅游企业获取良好的经济效益，保障员工的物质利益，激发员工的工作积极性，吸引和稳定高质量的员工，为促进企业目标的实现而创造必要的条件是旅游企业人力资源管理部门的重要任务。

2. 旅游企业员工薪酬的构成

根据定义，薪酬主要由以下几个部分构成。

（1）基础工资。这是员工薪酬中相对稳定的部分，是薪酬的主体，是确定退休金的主要依据。基础工资通常由职务、岗位及工作年限决定。

（2）津贴。这是工资的政策性补充部分，如对有专业技术职称的人员给予职称津贴、给予劳动条件恶劣的地区及工种的津贴、国家规定的价格补贴等。

小案例

绿色大饭店的奖金问题

绿色大饭店位于风景宜人的海滨城市，是家五星级的大饭店。自开张以来，以其优质的服务和优越的地理位置吸引了大量的国内外观光客，饭店经营得十分红火，特别是旅游旺季，饭店更是一房难求，饭店的员工忙得不亦乐乎。

到了年底，饭店管理层就针对如何过新年展开了讨论。有人建议开展联欢活动，有人建议旅游，有人建议给员工多发一些奖金。最后，饭店一位副总经理说，这一年饭店的效益之所以能够完成得这么好，主要是饭店员工努力工作的结果，而员工们的努力工作，又是与其家人大力支持紧密联系在一起的，所以该副总经理建议除了发放一定数量的奖金外，另外给每位员工发放800元的餐券，员工可以带家人或朋友来饭店消费。

（3）奖金。这是根据员工特殊业绩或根据企业经济效益状况给予的额外薪酬，如节约奖、合理化建议奖、年终综合奖等。

（4）福利。这是员工都能享受，与其贡献关系不太大的利益，如企业的文化体育设施、托儿所、食堂、医疗保健、优惠住房等。

（5）保险。这是指企业为员工在受到意外损失或失去劳动能力，以及失业而提供的补助，包括养老保险、失业保险、工伤保险、医疗保险等。

3. 薪酬管理的含义

薪酬管理是指企业在经营战略和发展规划的指导下，综合考虑内外部各种因素的影响，开展岗位评价与薪酬调查，制定薪酬等级、薪酬计划、薪酬结构、薪酬制度并进行薪酬调整和薪酬控制的整个过程。

7.1.2 薪酬的意义

1. 薪酬是满足员工生理需求和安全需求的基本条件

从需求层次理论来看，薪酬是满足每位旅游企业员工生理需求和安全需求的基本条件。在市场经济中，劳动力的价值是由生产和再生产劳动力这一商品所必需的生活资料的价值决定的，它包括三个部分：一是为维持员工自身生存所必需的生活资料的价值；二是养活员工家属所必需的生活资料的价值；三是员工必需的教育和培训费用。

2. 薪酬水平是员工工作与责任的象征

员工在旅游企业工作获得薪酬，当所得收入比较高时，员工通常会认为自己负责比较复杂的工作，承担比较大的责任；当所得收入比较低时，则通常会认为自己负责比较简单的工作。如果员工的收入与所付出的劳动或工作的繁简程度不成正比的话，势必给员工造成一种心理压力。

3. 薪酬水平是员工职位与资历的象征

员工享有比较高的薪酬水平不仅表示其在旅游企业中的职位比较高，还可能表示其职业资历比较深，而对于薪酬水平比较低的员工，则通常意味着其职位比较低，或职业资历比较浅。基于这种普遍认识，许多旅游企业采取年资加薪（工龄工资）的做法，即员工每在旅游企业服务一年就相应地有一次加薪机会，任职期限越久，薪酬水平就越高。

4. 薪酬是影响员工积极性的主要根源

每位员工都会自觉或不自觉地将劳动支出与得到的薪酬加以比较，这种比较包括同旅游企业外部的比较和同旅游企业内部的比较两种。人们对物质的满足，不仅包括客观上的满足，而且更注重主观上的满足，即同别人比较而得到的心理上的满足。因此，旅游企业在制定薪酬政策时，必须要注意尽可能地优于同行业的其他企业，至少保证不低于它们，否则就很难留住人才，更谈不上吸引人才。

5. 薪酬水平的高低会影响员工的流动

在全球范围内，旅游业都属于员工高流动的行业，特别是对于那些基层员工来讲，低薪酬是造成其流动的主要原因之一。一些旅游企业由于受到董事会的约束或自身收益水平的制约，无法及时调整员工薪酬水平，使得大批有技术专长的员工外流。由此可以看到，薪酬直接关系到人才的流动。

6. 薪酬总额会影响旅游企业的经营和发展

旅游业是劳动密集型行业，人力资源成本占总成本的比重很大，目前许多旅游企业正面临着员工要求增加工资、缩短工时的压力，因此无论是薪酬总额的绝对值，还是占营业收入的百分比都有不断增长的趋势。人力资源成本占企业营业收入的比例过大，会使旅游企业负担过重或直接将负担转嫁到消费者身上，最终影响旅游企业的市场竞争能力；人力资源成本占企业营业收入的比例过低又会影响员工的积极性。因此，如何确定这一比例是旅游企业经营者必须慎重考虑的问题。

7.1.3　影响薪酬水平的因素

在市场经济条件下，旅游企业员工的薪酬水平应该是动态的，因此根据旅游企业经营所面临的各种复杂因素，及时调整员工的薪酬是十分必要的。

1. 外部因素

（1）劳动力市场的供求状况。当某一地区其他行业或本行业其他旅游企业的薪酬水平上升时，往往会导致该地区旅游业整体薪酬水平发生改变。此时，旅游企业为了能够招募到一定数量和质量的员工，只有在原有薪酬水平的基础上进一步提高。因此，劳动力市场的供求状况对旅游企业薪酬水平的影响，可以归结为：如果社会上可供本企业使用的劳动力大于企业需求，则薪酬水平可以降低；反之，则应该提高。

（2）政府对全社会薪酬水平的调控。在市场经济条件下，政府对企业薪酬水平的干预，主要表现为培育、发展和完善劳动力市场，用宏观经济政策调节劳动力供求关系，通过引导劳动力市场，间接地影响企业薪酬水平；政府还可以利用调控个人所得税缴纳基点和缴纳比例等手段，间接影响员工的薪酬水平。

此外，政府还可以用法律、法规的形式来规范企业的分配行为，从而直接影响企业的薪酬水平。例如，以法规形式公布最低工资标准，规定企业必须为员工缴纳一定数额的社会保险费。按照我国《最低工资规定》，省、自治区、直辖市范围内的不同行政区域可以有不同的最低工资标准；最低工资标准一般采取月最低工资标准和小时最低工资标准的形式，其中月最低工资标准适用于全日制员工，小时最低工资标准适用于非全日制员工；最低工资标准的组成包括国家统计局规定应列入工资总额的工资、奖金、津贴等项收入，不包括加班工资、特殊工作条件津贴以及国家法律、法规和政策规定的保险、福利待遇。

（3）物价对薪酬水平的影响。物价水平对员工薪酬水平具有重大影响。当员工的货币薪酬水平不变，或其上调幅度小于物价上涨幅度时，物价上涨将导致员工实际薪酬水平的下降。为了保证员工实际生活水平不受或少受物价影响，旅游企业应该采取必要措施给予补偿。例如，给予一定的物价补贴、提高工资标准、增发工资标准、增发奖金、实行薪酬与当地物价指数挂钩、低价向员工供应生活必需品等。

（4）旅游行业薪酬水平的变化对旅游企业薪酬水平的影响。旅游行业薪酬水平的变化主要取决于旅游市场需求和本行业劳动生产率两大因素。当旅游市场需求比较旺盛时，旅游企业的薪酬水平应该有所提高；当旅游行业劳动生产率上升时，薪酬水平也可以在企业收益上升的幅度内按一定比例提高。如果旅游市场价格稳定，旅游企业处在比较宽松的竞争环境中，某一旅游企业薪酬的调整，则应该以当地旅游业薪酬总体水平为参照系，就本企业的劳动生产率与行业劳动生产率进行比较，决定薪酬调整幅度。

2. 内部因素

（1）旅游企业的经营战略。薪酬管理应当服从并服务于旅游企业的经营战略。旅游企业选择不同的经营战略，其薪酬管理也会随之发生变化，见下表 7-1。

表 7-1　不同行经营战略下旅游企业的薪酬管理

经营战略	经营重点	薪酬管理
成本领先战略	追求成本的有效性 简单快捷的服务	重视与竞争对手的人工成本比较 提高薪酬体系弹性 强调制度和服务流程的执行力
顾客中心战略	关注顾客满意度和忠诚度 为顾客提供无微不至的服务 加快营销速度	以顾客满意为奖励的基础 重视顾客做出的服务技能评价
服务创新战略	不断创新服务 缩短产品生命周期 引导顾客消费	以服务创新为奖励的重要依据 以市场为基准的工资 员工的工作职责宽泛化

（2）旅游企业的发展阶段。旅游企业在不同的发展阶段，其经营的重点和面临的内外部环境是不同的，因此在不同的发展阶段，旅游企业的薪酬结构也会有变化，见下表 7-2。

表 7-2　不同发展阶段下的薪酬结构

企业发展阶段		开创期	成长期	成熟期	稳定期	衰退期	二次创业
薪酬构成	基本薪酬	低	有竞争力	有竞争力	高	高	有竞争力
	奖励薪酬	高	高	有竞争力	低	无	高
	间接薪酬	低	低	有竞争力	高	高	低

资料来源：何娟.人力资源管理[M].天津：天津大学出版社，2000.

（3）旅游企业的财务状况。旅游企业的财务状况会对薪酬管理产生重要的影响，它是薪酬管理各项决策得以实现的物质基础。旅游企业的财务状况良好，可以保证薪酬水平具有一定的竞争力，以及薪酬及时支付。

3. 员工个人因素

（1）员工的工作表现决定其薪酬水平。就员工个体而言，其薪酬水平要受到他所提供的劳动量和服务质量的影响，此外，员工的能力不同，所表现出的工作质量也不尽相同，这种现实工作表现的差别，是导致员工薪酬水平高低差异的基本原因。

（2）员工的服务技能和受训练水平对其薪酬的影响。拥有高质量的服务技能和接受过高水平的职业训练，员工的工作表现一般情况下会比较出色，这样的员工其薪酬水平必然要高，另外，给予这部分员工比较高的薪酬也是为了补偿其在学习专业技术和知识时所耗费的金钱、时间、体能、智力甚至心理上的压力等直接成本，以及因学习而减少收入所造成的机会成本。

（3）员工的资历对其薪酬的影响。在旅游企业从业时间比较长的员工，其薪酬水平通常应该高一些，目的主要是为了补偿员工过去的劳动投入，减少员工的流动。这种将资历与薪酬挂钩的做法能够起到稳定员工队伍、降低员工流失率的作用。

此外，员工的工作经验、所从事工作的危险性等因素也会影响到员工的薪酬水平。

★管理故事

一碗“牛肉面”引发的难题

有一次，我跟朋友在路边一个小店里吃面，由于客人不多，我们就顺便和老板聊了一会儿。谈及如今的生意，老板感慨颇多，他曾经辉煌过，那是兰州拉面最红的时候，他在闹市口开了家拉面馆，日进斗金啊！后来却不做了。朋友纳闷地问他为什么。

“现在的人心眼贼呢！”老板说，“我当时雇佣了个会做拉面的师傅，但在工资上总也谈不拢。”

“开始的时候为了调动他的积极性我们是按销售量分成的，一碗面给他 5 毛钱的提成，经过一段时间，他发现客人越多他的收入也就越多，这样一来他就在每碗里放超量的牛肉来吸引回头客”，“一碗面才四块，本来就靠薄利多销，他每碗多放几片牛肉我哪还有钱赚啊！”

“后来看这样不行，钱全被他赚去了！我就换了种分配方式，给他每月发固定工资，工资给高点也无所谓，这样他不至于多加牛肉了吧？因为客多客少和他的收入没关系。”

“你猜怎么着？”老板激动了，“他在每碗里都少放许多牛肉，把客人都赶走了！”“这是为什么？”我们问。“牛肉的分量少，顾客就不满意，回头客就少，生意肯定就清淡，他才不管你赚不赚钱呢，他拿固定工资，巴不得你天天没客人才清闲呢！”

结果一个很好的项目因为工资分配的问题而黯然退出市场，尽管被管理者只有一个。

资料来源：中国电力人力资源网

7.2 旅游企业薪酬设计原则和流程

7.2.1 旅游企业薪酬设计原则

1. 公平原则

公平不是绝对、单一的平等，即结果公平；而是具有丰富意义、与绩效挂钩的公平，即过程（机会）公平。首先，公平是企业之间的薪酬公平，又称为外部公平；其次，公平是企业内员工之间的薪酬公平，又称为内部公平；再次，公平是同种工作岗位上的薪酬公平，即个人公平。由于不同员工的绩效、技能和资历等存在差异，在此原则下，同种工作岗位上的不同员工，所获得的公平的报酬在数量上是有差异的。

2. 竞争原则

竞争原则是指企业的薪酬标准在人才市场甚至全社会中要有吸引力，以战胜竞争对手，招聘到宝贵的人才，并长久地留住他们。在此原则下，尤其是对于本企业较关键人才的薪酬标准，至少也要等于甚至略高于市场行情。

3. 激励原则

激励原则是指对于企业内部各类、各级职务之间的薪酬标准要适当拉开距离，防止“大锅饭”似的绝对平均化。充分利用薪酬的激励效果，提高员工的工作热情。

4. 经济原则

高标准的薪酬水平自然会提高企业薪酬的竞争性与激励性，但企业的成本也不可避免地要上升。因此在设计薪酬制度时，既要考虑薪酬的对外竞争性和对内激励性，又要考虑企业财力的大小，找到其间最佳的平衡点。

7.2.2 旅游企业薪酬设计流程

旅游企业制定健全合理的薪酬方案，需要一套完整而正规的程序来保证。薪酬设计一般需要经过以下 7 个基本的步骤。

1. 制定薪酬原则和战略

设计薪酬之初，首先应该明确组织的总体发展战略和职能发展战略。在各项战略的指导下，确定薪酬战略，并集中体现组织的总体发展要求。

2. 进行工作分析

在组织结构设计的基础上进行工作分析，编写工作岗位职务说明书，形成清晰的组织结构图和工作说明书体系，这是进行薪酬设计的前提条件。

3. 进行工作评价

用工作分析的结果进行工作岗位评价，衡量组织内部各项工作与职位的价值，建立各项工作价值间的相对关系，以便使薪酬制度满足内部公平性的要求。因此，工作评价是薪酬设计中最重要和基础的环节。

4. 市场薪酬调查

为了保证组织薪酬制度的外部公平性，还要进行市场薪酬调查，了解本地区、本行业的薪酬状况，尤其是竞争对手的薪酬情况，从而设计相应的具有竞争性的薪酬体系。

5. 薪酬结构设计

薪酬结构设计是将组织中各项工作职位的相对价值与对应的实付薪酬之间确定一种线性或非线性的联系的过程。它可以使每个工作职位的薪酬水平都对应于它的相对价值。组织往往根据自身战略发展的要求，参照市场同行业的数据以及劳动力市场的供求情况，来确定薪酬结构。

6. 确定薪酬等级和标准

确定薪酬等级是将工作评价以后得到的相对价值相接近的一组职务或工作编入同一等级，每一工作等级所对应的薪酬水平都有一个幅度，即每个等级有一个起薪点和顶薪点，这样整个组织就可以组合成若干个薪酬等级。

7. 薪酬方案的实施、评估和控制

薪酬方案一旦确定，就要严格地加以执行和落实。在实施过程中还要不断听取各级员工的反映，评估系统的公平性和竞争性特征，及时修正方案中的偏差，使薪酬方案更加合理完善。

7.2.3　旅游企业薪酬体系的内容

员工薪酬体系包括三大内容。

1. 基本工资分配制度

基本工资分配制度是企业员工工资分配的主要手段，包括工资的支付形式、工资总量的决定机制以及考核兑现的方式方法等。

2. 补充工资分配制度

补充工资分配制度是基本工资分配制度的补充，解决的是基本工资分配制度无法解决的

技术、管理和资本要素参与的工资分配制度，主要包括对企业经营者股权激励、按技术要素分配办法、员工认股权办法和劳动分红等。

3. 福利制度

员工个人的福利项目一般可以分成 3 类。

第一类是强制性福利。企业必须按政府规定的标准执行，如养老保险、失业保险、医疗保险、工伤保险和住房公积金等。

第二类是企业自行设计的福利项目。常见的如人身意外保险、补充医疗保险、家庭财产保险、旅游、服装、午餐补助或免费工作餐、健康检查、俱乐部会费、提供住房或购房支持计划、提供公车或报销一定的交通费、特殊津贴以及带薪假期等。

第三类是职务引发的消费以及弱势群体的待遇。

7.3 旅游企业员工基本薪酬体系设计

薪酬制度指员工薪酬的各构成项目及各自所占的比例。一个合理的组合薪酬制度应该是既有固定薪酬部分，如职位工资、技能或能力工资、工龄工资等，又有浮动薪酬部分，如绩效工资、业绩工资、奖金等。

从总体来看，企业可以从职位、技能、能力 3 种要素之中选择其一作为确定企业基本工资制度的设计依据。其中，以职位为基础确定基本薪酬的薪酬系统称为职位薪酬制度，以技能和能力为基础确定基本薪酬的薪酬系统，分别称为技能薪酬制度和能力薪酬制度。

7.3.1 职位薪酬制度

1. 职位薪酬制度的特点、优点和缺点

（1）职位薪酬制度的特点及其适用性

所谓职位薪酬制度，就是首先对职位本身的价值做出客观的评价，然后再根据这种评价的结果来赋予承担这一职位工作的人与该职位的价值相当的薪酬这样一种基本薪酬决定制度。职位薪酬制度是一种传统的确定员工基本薪酬的制度。

它最大的特点是：员工担任什么样的职位就得到什么样的薪酬，与新兴的技能薪酬制度和能力薪酬制度相比，职位薪酬制度在确定基本薪酬的时候基本上只考虑职位本身的因素，很少考虑人的因素。

（2）职位薪酬制度的优点

实现了真正意义上的同工同酬，因此可以说是一种真正的按劳分配体制；有利于按职位系列进行薪酬管理，操作比较简单，管理成本较低；晋升和基本薪酬增加之间的连带性加大了员工提高自身技能和能力的动力。

（3）职位薪酬制度的缺点

由于薪酬与职位直接挂钩，因此当员工晋升无望时，也就没有机会获得较大幅度的加薪，

其工作积极性必然会受挫，甚至会出现消极怠工或者离职的现象。

由于职位相对稳定，同时与职位联系在一起的员工薪酬也就相对稳定，这显然不利于企业对于多变的外部经营环境做出迅速的反应，也不利于及时地激励员工。

2. 实施职位薪酬制度的前提条件

（1）职位的内容是否已经明确化、规范化和标准化。职位薪酬制度要求纳入本系统中来的职位本身必须是明确、具体的。因此，企业必须保证各项工作有明确的专业知识要求，有明确的责任，同时这些职位所面临的工作难点也是具体的、可以描述的。

（2）职位的内容是否基本稳定，在短期内不会有大的变动。只有当职位的内容保持基本稳定的时候，企业才能使工作的序列关系有明显的界限，不至于因为职位内容的频繁变动而使职位薪酬制度的相对稳定性和连续性受到破坏。

（3）是否具有按个人能力安排职位或工作岗位的机制。由于职位薪酬制度是根据职位本身的价值来向员工支付薪酬的，因此，如果员工本人的能力与所担任职位的能力要求不匹配，其结果必然会导致不公平的现象发生。故而企业必须能够保证按照员工个人的能力来安排适当的职位，既不能存在能力不足者担任高等级职位的现象，也不能出现能力较高者担任低等级职位的情况。当个人的能力发生变动的时候，他们的职位也能够随之发生变动。

（4）企业中是否存在相对较多的职级。在实施职位薪酬制度的企业中，无论是比较简单的工作还是比较复杂的工作，职位的级数应该相当多，从而确保企业能够为员工提供一个随着个人能力的提升从低级职位向高级职位晋升的机会。否则，职位等级很少，大批员工在上升到一定的职位之后就无法继续晋升，其结果必然是阻塞员工的薪酬提升通道，加剧员工的晋升竞争，损伤员工的工作积极性和进一步提高技能和能力的动机。

（5）企业的薪酬水平是否足够高。这是因为，即使是处于最低职位级别的员工也必须能够依靠其薪酬来满足基本的生活需要。如果企业的总体薪酬水平不高，职位等级又很多，处于职位序列最底层的员工所得到的薪酬就会非常少。

3. 职位薪酬制度的设计流程

职位薪酬制度的设计步骤是：①搜集关于特定工作的性质的信息，即进行工作分析；②按照工作的实际执行情况对其进行确认、界定以及描述，即编写职位说明书；③对职位进行价值评价，即进行职位评价或工作评价；④根据工作的内容和相对价值对它们进行排序，即建立职位结构。

7.3.2　职位评价以及职位薪酬制度的设计方法

工作分析内容已经在前面章节中有介绍，本章主要介绍职位评价方法以及职位薪酬制度的设计。

1. 排序法

（1）排序法的内涵。排序法是一种最简单的职位评价方法，它根据总体上界定的职位的相对价值或者职位对于组织成功所做出的贡献来将职位从高到低排列。在运用这一方法时，要求评价者对需要评价的职位内容相当熟悉，否则就不可能做出准确的判断，这种评价工作通常由人力资源管理人员或一个评价委员会来完成。

（2）排序法的操作步骤。

步骤一：获取职位信息，即通过职位分析来充分了解职位的具体职责和职位承担者所应当具备的能力、技术水平、经验等任职资格条件。

步骤二：选择薪酬要素并对职位进行分类。通常是根据“职位的总体状况”来对职位的价值进行排序，但是无论如何，排序的依据仍然是一些薪酬要素，排序依据的既可以是单一要素（如工作的复杂程度），也可以是多种要素（如工作的复杂程度、工作的压力、工作的环境等），但是，无论选择多少薪酬因素，最好要向职位评价人员仔细地解释这些薪酬因素的具体含义，以确保评价工作的一致性。

步骤三：对职位进行排序。对职位进行排序的最简单做法是给每个职位建立一张索引卡片，每张卡片都要对职位进行简短的说明，然后把这些卡片按其代表的职位价值从低到高进行排序。

步骤四：综合排序结果。在对职位排序时，为了避免个人的主观偏见和误差，通常会采取评价委员会的形式来对职位进行排序，因此，在每个人的排序结果出来之后，还要对每个人的评价结果取一个平均值，从而完成对职位的最终评价。

（3）排序法的优缺点。排序法最大的优点在于快速、简单、费用较低，而且容易和员工进行沟通。但是，排序法也存在很多问题，首先，在排序方面各方可能很难达成共识，尤其是在一些价值差异不是很明显的职位之间；其次，由于是从整体上对职位的价值进行评价，因此不同来源和不同工作背景的人不可避免地会在评价过程中夹杂个人的主观意志甚至偏见；再次，即使不同职位之间的价值高低可以判断出来，具体的价值差距大小却无法得到明确的解释；最后，当职位的数量太多时，排序法的使用难度会很高。

2. 分类法

（1）分类法的操作步骤。分类法是一种将各种职位放入事先确定好的不同职位等级之中的一种职位评价方法。分类法最初是由美国联邦政府开始使用的，其主要特征是能够快速地对大量的职位进行评价。目前，分类法在公共部门以及企业中仍然有着广泛的运用，尤其是在存在技术类工作的组织中。

分类法职位评价的操作方法类似于先造好一个书架（总体职位分类），然后对书架上的每一行中所要放入的图书用一个标签（职位等级描述）来加以清晰的界定，最后再把各种书籍（职位）按照相应的定义放入不同的横排中。

步骤一：确定合适的职位等级数量。这一决策实际上是确定了职位价值的层级结构。在通常情况下，企业中的职位类型越多，职位之间的差异越大，则需要的职位等级就会越多；反之，就会比较少。此外，企业对于企业职位等级设计的战略思路也会影响企业内部职位等级的数量。

步骤二：编写每一职位等级的定义。这里的职位等级定义通常是对职位内涵的一种较为宽泛的描述，它所要达到的目的是，指明可以被分配到本等级中来的职位所承担责任的性质、所承担职责的复杂程度以及从事本等级中的这些职位上的工作所需要的技能或者职位承担者所应当具备的特征。职位等级定义的编写可以较为复杂也可以较为简短。

步骤三：根据职位等级定义对职位进行等级分类。即将每一个职位的完整的职位说明书或者工作描述与上述的相关职位等级定义加以对照，然后将这些职位分配到一个与该职位的总体情况最为贴切的职位等级中去。以此类推，直至所有的职位都被分配到相应的等级中去。

（2）分类法的优缺点。

分类法的优点是简单、容易解释、执行起来速度较快、对评价者的培训要求少。一旦职位的等级定义明确，管理起来就较为容易。尤其是组织中存在大量比较类似的职位时，可以很容易地将各种职位容纳到一个系统之下。

分类法的缺点是，在职位多样化的复杂组织中，很难建立起通用的职位等级定义。首先，职位等级描述留下的自由发挥的空间太大，很容易出现范围过宽或者范围过窄的情形，结果导致一些新的职位或调整后的职位只能硬性塞入同一职位评价系统之中去。其次，分类法也不能排除这样一种可能，即有人试图通过修改或歪曲职位描述来操纵职位评价结果的目的。此外，分类法对职位要求的说明可能会比较复杂，对组织变革的反应也不太敏感。最后，与排序法一样，分类法也很难说明不同等级的职位之间的价值差距到底有多大，因而在用于确定薪酬时不是太好用。

3. 计点法

（1）计点法及其操作步骤

计点法也称要素计点法，是一种比较复杂的量化职位评价技术。自 20 世纪 40 年代开始被运用，直到今天一直是组织中最常用的一种职位评价方法。它要求首先确定组织为评价职位的价值所需要运用的若干薪酬要素，然后对每个薪酬要素进行等级划分和界定，并赋予不同的点值，一旦确定了每一种职位中的每一个薪酬要素实际处于的等级，评价人员就只需把该职位在每一个薪酬要素上的点值进行加总就可以得出该职位的总点值，最后再根据每一种职位的总点值大小对所有职位进行排序，即可完成职位评价过程。要素计点法通常包括三大要素：一是薪酬要素；二是反映每一种薪酬要素的相对重要程度的权重；三是数量化的薪酬要素衡量尺度。具体来说，计点法包括以下几个操作步骤。

步骤一：选取合适的薪酬要素。所谓薪酬要素，是指一个组织认为在多种不同的职位中都包括的一些对其有价值的特征，这些特征有助于组织战略的实现以及组织目标的达成，因而，薪酬要素实际上是在多种不同的职位中都存在的组织愿意为之支付薪酬的一些具有可衡量性质的质量、特征、要求或结构性因素。计点法实际上是对排序法和分类法的一种重大改进，因为它将这两种方法评价工作的标准显性化了，而这种标准就是薪酬要素。

在实际操作中，最为常见的薪酬要素主要是责任、技能、努力以及工作条件四大薪酬要素及其相关子要素。

步骤二：对每一种薪酬要素的各种程度或水平加以界定。选择了薪酬要素之后，就应该对每一种薪酬要素的各种不同等级水平进行界定。每一种薪酬要素的等级数量取决于组织内部所有被评价职位在该薪酬要素上的差异程度。差异程度越高，则薪酬要素的等级数量就需要越多；反之，则会相对较少。

步骤三：确定不同薪酬要素在职位评价体系中所占的权重或者相对价值。薪酬要素在总体薪酬要素体系中所占的权重是以百分比的形式表示的，它代表了不同的薪酬要素对于总体职位评价结果的贡献程度或者是所扮演角色的重要程度。

步骤四：确定每一种薪酬要素在内部不同等级或水平上的点值。在各种薪酬要素所占的权重确定下来以后，组织还需要为即将使用的职位评价体系确定一个总点数或总分，如 1000 点、800 点还是 500 点比较合适。在通常情况下，如果被评价的职位数量比较多，而且价值差异比较大，那么需要使用的总点数就应该高一些；反之，总点数可以相对低一点，原则是应当能够准确、清晰地反映出不同职位之间的价值差异。

在不同薪酬要素的总点值确定下来之后，组织还必须确定每一种薪酬要素在内部不同等级上的点值。

步骤五：运用这些薪酬要素来评价每一职位。前面的步骤仅是对职位评价的前期准备，即为职位评价提供一套依据、标准或者说是尺度。真正的职位评价实际上在这一步才开始。在进行实际的职位评价时，评价者需要考虑被评价职位在每一个既定的薪酬要素上实际处于哪一个等级，然后根据这种等级所代表的点数确定被评价职位在该薪酬要素上的点数，当被评价职位在所有薪酬要素上的点数都得到之后，将此职位在所有薪酬要素上的得分进行加总即可得到该职位的最终评价点数。

步骤六：将所有被评价职位根据点数高低排序，建立职位等级结构。待所有职位的评价点数都算出来之后，只要按照点数高低加以排列，然后用等差的方式来将职位进行等级划分，制作成职位等级表，至此，职位评价的工作宣告完成。

（2）计点法的优缺点

计点法的优点：首先，与非量化的职位评价方法相比，计点法的评价更精确，评价结果更容易被员工接受，而且还允许对职位之间的差异进行微调；其次，可以运用可比性的点数来对不相似的职位进行比较；再次，这种职位评价方法广泛应用于蓝领和白领职位；最后，由于明确指出了职位比较的基础——薪酬要素，因而能够反映组织独特的需要和文化，强调组织认为有价值的那些要素。

要素计点法的缺点是：方案的设计和应用耗费时间，它要求组织必须首先进行详细的职位分析，有时还可能会用到结构化的职位调查问卷。此外，在薪酬要素的界定、等级定义以及点数权重确定等方面都存在一定的主观性，并且在多人参与时可能会出现意见不一致的现象，这些都会加大运用计点法评价体系的复杂性和难度。

7.3.3 技能薪酬制度

1. 技能薪酬制度的概念

所谓技能薪酬制度或技能薪酬计划，是指组织根据一个人所掌握的与工作有关的技能、能力以及知识的深度和广度支付基本薪酬的一种薪酬制度。这种薪酬制度通常适用于所从事的工作比较具体而且能够被界定出来的操作人员、技术人员以及办公室工作人员。员工所获得的薪酬是与知识、一种或多种技能以及能力而不是职位联系在一起的。

2. 技能薪酬制度的优点和缺点

（1）技能薪酬制度的优点。从企业的角度来说，技能薪酬制度的优点主要表现在以下几个方面。

技能薪酬制度向员工传递的是关注自身发展和不断提高技能的信息，它激励员工不断开发新的知识和技能，提高员工在完成同一水平层次以及垂直层次的工作任务方面具有更大的灵活性和多功能性，从而有利于员工和组织适应市场上快速的技术变革。

技能薪酬制度有助于达到较高技能水平的员工实现对组织更为全面的理解。这是因为，员工掌握的技能越多，他们越能够成为一种弹性的资源——不仅能够扮演多种角色，而且能够建立起对整个工作流程的一种更好的全方位理解，而一旦员工能够更好地理解整个工作流程，就能更好地理解自己对于组织所做出贡献的重要性，那么他们就会更好地提供客户服务，更努力地帮助组织去实现其战略目标。

技能薪酬制度在一定程度上有利于鼓励优秀专业人才安心本职工作，而不是去谋求薪酬很高但是却并不擅长的管理职位。

技能薪酬制度在员工配置方面为组织提供了更大的灵活性，这是因为员工的技能区域扩大使得他们能够在自己的同伴生病、流动或者其他原因而缺勤的情况下替代他们的工作，而不是被动等待。同时，由于技能薪酬向员工所获得的新的知识和技能支付薪酬，因此，技能薪酬制度对于新技术的引进非常有利。此外，在实行工作分享和自我指导工作小组的组织中，员工的这种灵活性和理解力更是至关重要。

技能薪酬制度有助于高度参与型管理风格的形成。由于薪酬与员工对组织的价值而不是与所完成的任务联系在一起，因此，员工的关注点是个人以及团队技能的提高，而不是具体的职位，并且技能薪酬制度的设计本身需要员工的高度参与，因此，这种薪酬制度有助于强化高度参与型的组织设计，提高员工的工作满意度和组织承诺度，从而在生产率提高、成本降低、质量改善的同时，降低员工的缺勤率以及离职率。

（2）技能薪酬制度的缺点。由于企业往往要在培训以及工作重组方面进行投资，结果很有可能会出现薪酬在短期内上涨的状况。

技能薪酬制度要求企业在培训方面付出更多的投资，如果企业不能通过管理这种人力资本投资转化为实际的生产力，则企业可能会因此而无法获得必要的利润。

技能薪酬制度的设计和管理都比职位薪酬制度更为复杂，因此它要求企业有一个更为复杂的管理结构，至少需要对每一位员工在技能的不同层级上所取得的进步加以记录。

3. 设计技能薪酬制度时的几个关键决策

（1）技能的范围。准备实行技能薪酬制度的组织必须清楚自己准备为之支付薪酬的那些技能到底是哪些，并且还要将这种信息传达给每一位员工。

（2）技能的广度和深度。组织还必须确定自己所要提供薪酬的那些技能开发的范围。企业到底是鼓励员工成为通才，还是鼓励他们仅仅去不断提高那些具有很高价值的特定技能？此外，在处理技能广度、深度与薪酬之间的关系时，企业需要遵守的一条规则是，员工向上一级或同级技能的扩展是应当得到薪酬的，但是如果仅仅是低一级技能的强化，则不应当给予薪酬。

（3）培训体系与资格认证问题。实行技能薪酬制度的企业必须建立一套培训体系来对员工进行技能培训，同时帮助他们开发组织所要求具备的那些新技能。

（4）学习的自主性。企业还必须决定是应当由员工自己来掌握下一步学习何种技能，还是要由企业、工作流程的流动方向或者客户的需求来决定员工应当学习的技能类型。

（5）管理方面的问题。技能薪酬的管理重点不再是确保工作任务的安排与职位等级保持一致，而是要放在如何最大限度地利用员工已有的技能方面。此外，一旦员工在工作多年之后发现自己已经达到了最高的技能等级，无级可升，那么其继续学习新技能的动机就很有可能会被削弱，这时，企业可能需要考虑利用利润分享等其他刺激手段。

4. 技能薪酬制度的设计流程及其步骤

从本质上讲，技能薪酬制度的设计目的就是把职位薪酬制度所强调的工作任务转化为能够被认证、培训以及对之付酬的各种技能，或者说，技能薪酬制度的设计流程的重点在于开发出一种能够使技能和基本薪酬联系在一起的薪酬计划。

（1）成立技能薪酬计划设计小组。

技能薪酬计划设计小组应当由那些来自将要执行这种薪酬计划的部门的员工组成。小组成员应当能够反映出总体劳动力队伍中的性别比例以及其他一些人口特征。除了这些人之外，设计小组还应当包括来自人力资源管理部门、财务部门、信息管理部门的代表。在存在工会的情况下，设计小组还应当就可能会影响雇佣合同条件的所有问题对作为员工法定代表的工会进行咨询。

（2）进行工作任务分析。

尽管说技能薪酬制度将重心从员工所需完成的工作任务转移到了员工的技能水平上，但是如果没有首先对所要完成的工作进行准确的理解，技能薪酬计划根本就无法操作。事实上，如果没有对员工所要完成的工作任务的准确描述和深入分析，技能的区分以及技能水平的划分都是不可能的，这样，技能薪酬的基础也就不存在了。

（3）评价工作任务，创建新的工作任务清单。

这一步实际上是要求设计小组在工作任务分析的基础上，评价各项工作任务的难度和重要性程度，然后重新编排任务信息，对工作任务进行组合，从而为技能模块的界定和定价打下基础。

（4）技能等级的确定与定价。

在界定技能等级之前有必要明确在此过程中经常用到的几个基本概念：工作任务、知识、能力、技能以及绩效能力。任务（Task）是指一份用来说明一位员工需要做什么、为什么要做、如何做以及在哪里做的书面任务描述。知识（Knowledge）是指人的能力和技能发挥作用的必要的信息基础，包括抽象的知识、经验性的知识以及程序性的知识。知识只有与脑力、体力和能力相结合才能够产生业绩，仅仅占有的知识是不足以保证绩效达成的。能力（Ability）是指一位员工完成工作的实际能力。技能（Skill）是能力概念的一种延展，它包括一种绩效标准在里面。一位技术工人就是指一位能够很容易、很准确、很熟练地完成工作的人。绩效行为能力（Competency）则是技能概念的一个变种，它与技能之间的差异主要存在于应用的职业范围不同方面。总的来说，技能往往是指精神运动能力（如蓝领工作以及事务性工作），而绩效能力则通常在对管理人员、专业人员、技术人员以及其他白领工作进行讨论时才会被提到。

技能等级模块的界定。所谓技能等级模块，是指员工为了按照既定的标准完成工作任务而必须能够执行的一个工作任务单位或者是一种工作职能，可以根据技能模块中所包括的工作任务来对技能模块进行等级评定。

技能模块的定价。在通常情况下，可以按照下列几个方面的维度来确定技能模块之间的相对价值。

（1）失误的后果。由于技能发挥失误所导致的财务、人力资源以及组织后果。

（2）工作的密性。技能对于完成组织认为非常重要的那些工作任务的贡献程度。

（3）基本的人力资源水平。学习一项技能所需要的基本的数学、语言以及推理方面的知识。

（4）工作或操作的水平。工作中所包括的各种技能的深度和广度，包括平行工作任务和垂直工作任务。

（5）监督责任。在该技能等级上涉及的领导能力、小组问题解决能力、培训能力以及协作能力等的范围大小。

（6）技能的分析、培训与认证

设计和推行技能薪酬计划的最后一个阶段是如何使员工置身于该计划中，对员工进行培训和认证。在这一阶段中，在对员工的现有技能进行分析的同时，还要制订出培训计划、技能资格认证计划以及追踪管理工作成果的评价维度。

7.3.4　能力薪酬制度

1. 能力的基本概念

这里所谓的能力严格来说实际上是一种绩效行为能力，即达成某种特定绩效或者是表现出某种有利于绩效达成的行为的能力，而不是一般意义上的能力（Ability）。绩效行为能力又被称为素质、胜任能力等。

为了更好地理解绩效行为能力，可以来看一看海叶集团所提出的关于能力的冰山模型。这一模型认为，一个人的绩效行为能力是由知识、技能、自我认知、人格特征和动机五大要素构成的。其中，知识是指一个人在某一既定领域中所掌握的各种信息。如知道如何运用办公软件处理文件；了解公司的政策以及公司制订年度经营计划的程序等。技能（Skill）则是指通过重复学习获得的能力在某一活动中的熟练程度。如在打字、推销产品或者平衡预算方面的技能。自我认知（Self-concept）是一个人所形成的关于自己的身份、人格以及个人价值的概念，它是一种内在的自我评价与认识（自己到底是领导者、激励者或者仅仅是一颗螺丝钉）。只有当自我认知被作为一种可观察的行为表达出来的时候，它才会成为一个绩效问题。人格特征（Trait）是指在一个人行为中的某些相对稳定的特点以及以某种既定方式行事的总体性格倾向（如是不是一个好的聆听者，或者是否很容易产生紧迫感）。动机（Motives）是指推动、指导个人行为选择的那些关于成就、归属或者权力的思想。如一个人希望达成个人成就并且希望影响他人的绩效。人格特征和动机同样也只有在可观察的时候才会成为一个与绩效从而与薪酬有关的问题。

2. 能力薪酬计划的建立步骤

步骤一：确定哪些能力是能支持公司战略，为组织创造价值，从而应当获得薪酬的。在这一步骤上，实际上要求组织界定自己准备支付薪酬的能力到底是哪些。因为在不同的战略导向和文化价值观氛围以及不同的行业中，作为企业薪酬对象的能力组合很可能会存在差异，有时候，即使不同的企业所使用的能力在概念上是一样的，但是同样的能力在不同的组织中却很可能有不同的行为表现。

最为常用的20种核心能力包括成就导向、质量意识、主动性、人际理解力、客户服务导向、影响力、组织知觉性、网络建立、指导性、团队与合作、开发他人、团队领导力、技术专家、信息搜寻、分析性思考、观念性思考、自我控制、自信、经营导向、灵活性。

步骤二：确定这些能力可以由哪些品质、特性和行为组合表现出来，即具备何种品质、特性以及行为的员工最有可能是绩效优秀者。

步骤三：检验这些能力是否真的使员工的绩效与众不同。只有那些真正有特色的能力和行为才应被包括在内。

步骤四：评价员工能力，将能力与薪酬结合起来。这是能力薪酬制度操作的最后一个步骤，根据界定好的能力类型及其等级定义，对员工在某领域中所具备的绩效行为能力进行评价，然后将评价的结果与他们应当获得的基本薪酬结合在一起。

7.4　旅游企业员工绩效薪酬制度的设计

7.4.1　短期绩效薪酬制度设计

1. 计件工资

（1）计件工资制度的含义与计算公式。

计件工资是指预先规定好计件单价，根据员工生产的合格产品的数量或完成的工作量来计量工资的数额。

计件工资＝计件单价×合格产品数量。

（2）计件工资的优点。

能够从劳动成果上反映劳动的差别，激励性强，公平性强；有利于工作方法的改善，工作时间的有效利用；计算方式简单。

（3）计件工资的缺点。

容易出现追求产量、忽视质量、消耗定额，增加成本的现象；管理水平提高后，要提高定额比较困难；可能导致工人工作过于紧张。

（4）计件工资的适用范围。

必须是一些数量和质量取决于劳动者个人技能、劳动数量程度及个人努力程度的工作。

必须是那些产品质量容易检查的工种；容易制定劳动定额的工种；生产过程持续与稳定，大批量生产的工种。

（5）计件工资的具体形式。

①直接无限计件工资制。不考虑完成产量的多少，均按照同一计件单价发工资。产量越高，工资越多。

特点：工人的工资随同其完成的产量的多少同比例增减；单位产量的直接人工成本是一个常数；产量增加可以节约间接费用，因而产品总成本下降。

②直接有限计件工资制。对超额工资的数额进行限定，规定了个人超额收入的最高限。

原因：实施这种计件工资的形式，一般是由于劳动定额不够准确，为了防止工人的工资远远超出劳动力市场水准而设置的一种办法。也有的是为了保护工人身体健康采用的一种办法。

优点：工人工资的增加比例低于产量增加的比例，单位产量直接人工成本随产量的增加而降低。这样，既可以保证企业的利润，又可以避免定额不准导致的计件工人与计时工人工资差别悬殊。

缺点：在一定的程度上限制了工人生产的积极性，不利于提高劳动生产率，不宜长久使用。一般试行一段时间后应当改为无限计件工资制。

③累进计件工资制。将产量分为定额内和定额外两部分，定额内按照一种计件单价计算工资，超额部分则按照一种或几种递增的计件单价计算工资。一般定额外的计算单价高于定额内。

优点：累进计件对员工的鼓励作用特别明显。对提高劳动生产率的促进作用比其他计件工资形式更加有效果。

缺点：工人工资的增加比例超过产量增加的比例，使单位产量的边际直接人工成本提高，员工工资的增加有可能抵消甚至超出因产量增加而节约的全部间接费用，企业反而得不偿失。

适用：一般仅在某种产品急需突击增加产量时使用。

④超额计件工资制。又称为有工资保证的计件工资制，通常有两种不同的形式：一种是定额以内部分按照本人的标准工资以及完成定额的比例计发工资，超额部分不同等级的工人按照同一个单价计发超额计件工资。另一种形式是定额以内部分按照计时工资标准计发工资，保证本人的标准工资；超额部分，不同等级的工人按照同一单价计发超额计件工资。

超额计件工资制特点主要有以下内容。这种工资形式可以看作是对计时工资形式的一种补充。其中的第一种形式实际上等同于直接无限计件工资制，因为它并没有保底工资，如果原来实行的是计件工资，现在改为这种形式，员工往往难以接受；第二种形式的计时工资标准实际上是保底工资，超额部分可以理解为奖金。

适用：从计时工资向计件工资的过渡。

⑤包工工资制。是一种集体的计件工资方式，即用工单位将成批量的，或成系统的生产当作任务发包给雇员集体，事先协定好工作量、完成期限、包工工资数额等双方的义务与权限，使承包方如期完工之后，获得合同规定的工资总额，然后在包工集体中再分配。也可以在包工前预付部分包工收入或分阶段支付工资。

适用：劳动量大，难以精确分解和必须集体进行的工作，如建筑等。

特点：促使雇员缩短任务完成期，保质保量地完成任务，减少管理成本。

⑥提成工资制。也叫酬金制，雇员个人或者集体按照一定的比例从营业收入或纯利润中提取薪酬的一种工资支付方式。

适用：一些劳动成果难以事先定量化和不易确定计件单价的工作。如一些服务性与辅助性的工作、市场营销工作。

特点：提成的比例根据过去的劳动定额或者实际达到的营业收入和员工实际工资收入来确定。

⑦间接计件工资制。对生产、销售部门中一些辅助性工作人员的工资，采用他所服务的部门的产品产量或赢利作为计算其工资的决定性标准。

目的：促使辅助人员关心一线的生产或销售。

间接计件工资制的计算方法如下。

工资额＝辅助工人的单位时间工资标准×同时间计件工人完成定额的百分比

⑧综合计件工资制。计件单价必须综合考虑产量定额、质量、原材料、消耗以及产品成本等因素，可以根据需要确定各个因素的分配权限。

2. 各种奖金

（1）奖金含义。奖金是一种补充性的薪酬形式，它是对雇员超额劳动或者增收节支的一种薪酬形式，劳动者在创造了超过正常劳动定额以外的劳动成果之后，企业以物质的形式给予补偿，其中，以货币形式给予的补偿就是奖金，主要特点如下。

①较强的针对性和灵活性。奖励工资有较大的弹性，它可以根据工作需要灵活决定其标准、范围和奖励周期等，有针对性地激励某项工作的进行；也可以抑制某些方面的问题，有效地调节企业生产过程对劳动数量和质量的需求。

②弥补基本工资制度的不足。任何工资形式和工资制度都具有功能特点，也都存在功能缺陷。例如，计时工资主要是从个人技术能力和实际劳动时间上确定劳动薪酬，难以准确反映经常变化的超额劳动；计件工资主要是从产品数量上反映劳动成果，难以反映优质产品、原材料节约和安全生产等方面的超额劳动。这些都可以通过奖金的形式进行弥补。

③较强的激励功能。在各种工资制度和工资形式中，奖金的激励功能是最强的，这种激励功能来自于依据个人劳动贡献所形成的收入差别。利用这些差别，使雇员的收入与劳动贡献联系在一起，起到奖励先进、鞭策后进的作用。

④将雇员贡献、收入及企业效益三者有机结合。奖金不具有保证企业雇员基本生活需要的职能，它既随着企业的经济效益而波动，又能体现个人对企业效益的贡献。例如，当企业经营效益好的时候，企业和雇员的总体奖金水平都提高，但个人奖金不一定与总水平同步提高，因为每个人的贡献是有差异的；反之，企业经营效益不变，总体收入水平下降，但贡献大的奖金收入不一定会下降，甚至会脱离总体奖金水平而提高。

（2）奖金标准。奖金标准的作用有两个：其一是规定奖金提取的额度；其二是规定奖金分配的各种比例关系。在奖金标准的确定中有几个比例关系需要注意。

①奖金与基本工资的比例。基本工资与奖励工资是雇员工资的两大组成，二者的比例一定要适当。按照一般的工资结构和工资职能原理，基本工资的比重应超过奖励工资，这种比例关系是由两者的不同性质和作用决定的。

②奖金占超额劳动的比重。奖金是雇员部分超额劳动的薪酬，但不是全部超额劳动的薪

酬，一般而言，奖金在超额劳动薪酬中所占的比重应高于基本工资在其定额劳动中所占的比重。

③各类人员奖金标准比例。主要是一些共同创造的超额劳动成果在集体成员之间的薪酬分割。从某种意义上讲，奖金相对比例比绝对额分配更影响雇员的劳动情绪。

在一般情况下，根据指标完成情况和工作责任两个因素确定内部奖金分配比例，即主要职务（工种）高于辅助职务（工种）；繁重劳动高于轻便劳动；复杂劳动高于简单劳动。例如，第一层次的奖金是主要经营者和管理者；第二层次的奖金是主要生产者；第三层次的奖金是一般生产者和辅助人员。

（3）奖励类别。奖励类别的选择是在特定的奖金制度下，根据奖励目标确定奖励对象。例如，为了刺激雇员全面或超额完成生产计划就要设立超额奖；为了刺激雇员技术革新，提高企业的技术水平，就要设立革新发明奖等。奖励一般分为单项奖和综合奖两大类别。

①单项奖。单项奖是企业常用的奖励形式，它的设置是为了奖励雇员在某一方面对企业的贡献，具有灵活、易于管理、针对性强的特点。缺点是容易引导雇员片面追求单项目标，影响企业生产和工作的全面发展。

②综合奖。综合奖是为了促进生产和工作的全面发展，将反映各种超额劳动贡献的具体奖励指标有机地结合在一起，成为一个综合性的奖励体系，对雇员全面考核计奖。质量、产量、劳动生产率、人工及物料消耗等指标在综合奖励体系中均被作为分指标，按相应的考核条件进行考核之后，衡量出一个综合的奖励水平。综合奖的优点是评价全面、统一支付奖酬；缺点是计奖指标过多，容易导致重点不突出、差距偏小、激励作用小等。因此，在一般的情况下，应以综合奖励为主；在特殊情况下，要发挥单项奖励的作用，并注重两者的协调与配合。

（4）奖励条件。奖励条件是指特定奖项所要求的超额劳动的数量和质量标准，在确定时要注意以下原则。

①要与劳动者的超额劳动紧密结合，实行多超多奖、少超少奖、不超不奖的奖励原则。

②对不同性质的超额劳动，采用不同的评价指标和奖励方式，准确反映各类雇员所创造的超额劳动的价值。

③将奖励的重点放在与企业效益有关的生产环节和工作岗位，以实现提高企业生产经营效益、降低生产成本的最终目的。

④奖励条件做到公平合理、明确具体、便于计量。科学化、数量化和规范化的工作评估体系是奖励工作的基础。

3. 利润分享计划

利润分享计划是指根据对某种组织绩效指标（通常是指利润这样的财务指标）的衡量结果来向员工支付薪酬的一种团体绩效奖励模式。根据这一计划，所有或者某些特定群体的员工按照一个事先设计好的公式来分享所创造利润的某一百分比，员工根据公司整体业绩获得年终奖或者股票，或者是以现金或延期支付的形式得到红利。在传统的利润分享计划中，组织中的所有员工都按照一个事先设计好的公式，立即分享所创造出的利润的某一百分比。其特点是，员工可以按照组织的利润立即拿到现金奖励而不必等到退休时再支取，但是当时却必须按照国家税法的规定缴纳收入所得税。这种利润分享计划的设计和执行往往比其他浮动薪酬计划要容易一些，它不怎么或很少需要员工方面的参与。而现代的利润分享计划则将利润分享与退休计划联系在一起。其做法是，企业将利润分享基数用于为某一养老金计划注入资金，经营好时持续注入，经营状况不佳时则停止注入。利润分享的组织范围也由原来的整个组织降低到承担利润和损失责任的下级经营单位。当然，在实施利润分享之前，通常要求实施单位能够达到某一最低投资收益率（绩效水平），否则利润分享基金中是不会有实实在在的货币的。

7.4.2 长期绩效薪酬制度设计

1. 长期绩效薪酬制度设计的内涵及其特点

长期绩效薪酬制度是指绩效衡量周期在一年以上的对既定绩效目标的达成提供报酬（主要以股票的形式）的薪酬制度。之所以将长期界定为一年以上，是因为组织的许多重要战略目标都不是在一年之内能够完成的，事实上，长期绩效薪酬的支付通常以3～5年为一个周期的。长期绩效薪酬制度强调长期规划和对组织的未来可能产生影响的那些决策，它能够创造一种所有者意识，有助于企业招募、保留和激励高绩效的员工，从而为企业的长期资本积累打下良好的基础。对于那些新兴的风险型高科技企业来说，长期绩效薪酬制度的作用是非常明显的。此外，长期绩效薪酬制度对员工也有好处，它不仅为员工提供了一种增加收入的机会，而且为员工提供了一种方便的投资工具。

大多数长期绩效薪酬制度以经济目标为导向，但越来越多的计划也开始向涵盖其他绩效要素扩展，如客户满意度以及质量改善。这与员工绩效评价的改进有密切关系，组织对员工绩效进行评价的指标已经不仅仅局限于短期的经济收益了。例如，美国运通（AmericanExpress）公司于20世纪90年代中期创建了一种长期绩效薪酬制度，该制度所规定的薪酬不仅包括经济绩效，还包括客户和员工的满意度。这些满意度指标对员工所获得的奖励性薪酬的影响高达25%，显然，它已经成为企业将员工的行为从关注短期经营结果向关注组织文化转移这一战略的一个重要组成部分。

传统的长期绩效薪酬制度多针对于组织的高层管理人员，以促使他们关注长期经营结果。但在组织中（无论是国际性大公司还是小公司）的较低层次上，这种制度通常采取员工持股计划的形式，它同样能够使员工更关注组织的长期绩效和经营结果。就长期绩效薪酬制度的内容而言，尽管大多数是围绕股票计划来设计的，但是其他一些经济奖励也同样可以成功运用。参与长期项目或者风险计划的员工有时会有资格参与一种非常类似短期群体奖励计划的长期绩效薪酬计划，他们以现金的形式或者股权的形式得到奖励。比如，石油勘探公司的地质专家有时可以从成功发掘出来的一口油井中得到一定百分比的产量；软件设计师有时可以从自己所设计的软件的销售中获得一定的版税。这种长期奖励计划非常适用于奖励基金来源有限的情况，或者团队或个人的贡献对于项目的成功与否起着至关重要作用的情况。

2. 长期绩效薪酬制度类型——股票所有权计划

所谓股票所有权计划，实际上是指企业以股票为媒介所实施的一种长期绩效薪酬制度类型。传统的股票所有权计划主要是针对企业中高层管理人员的，目前有向普通员工扩展的趋势。常见的股票所有权计划可以划分为三种：现股计划、期股计划以及期权计划。

所谓现股计划，是指通过公司奖励的方式直接赠予，或者是参照股权的当前市场价值向员工出售股票，总之是使员工立即直接获得实实在在的股权，但这种计划同时会规定员工在一定的时期内必须持有股票，不得出售。期股计划则规定，公司和员工约定在将来某一时期内以一定的价格购买一定数量的公司股权，购股价格一般参照股权的当前价格确定，该计划同时也会对员工在购股后出售股票的期限做出规定。期权计划与期股计划类似，但是存在一定的区别，在这种计划下，公司给予员工在将来某一时期内以一定价格购买一定数量公司股权的权利，但是员工到期时可以行使这种权利，也可以放弃这种权利，购股价格一般参照股权的当前市场价格确定，该计划也同样要对员工购股之后出售股票的期限做出规定。

上述 3 种不同的股权计划的权利义务是不同的，3 种股权计划一般都能使员工获得股权的增值收益权，包括分红收益、股权本身的增值收益。但是在持有风险、股票表决权、资金的即期投入以及享受贴息优惠等方面却有所不同，具体如下。

现股计划和期股计划都是预先购买了股权或确定了股权购买协议的奖励方式，当股价贬值时，员工需要承担相应的损失。因此，员工持有现股或签订了期股购买协议时，实际上是承担了风险。而在期权激励中，当股权贬值时，员工可以放弃期权，从而避免承担股权贬值的风险。在现股计划中，由于股权已经发生了实际的转移，因此持有股权的员工一般都具有与股票相应的表决权。而在期股和期权计划中，在股权尚未发生转移时，员工一般不具有股权对应的表决权。现股计划中，不管是奖励性授予还是购买，员工实际上都是在即期投入了资金（在奖励性授予的情况下，实际上也是以员工应得奖金的一部分购买了股权）。而期股和期权计划则是要求员工在将来的某一时期才投入资金购买。在期股和期权计划中，员工在远期支付购买股权的资金，但购买价格却参照即期价格确定，同时从即期起就享受股权的增值收益权，因此，实际上相当于员工获得了购股资金的贴息优惠。

7.5 旅游企业员工福利的设计和管理

员工福利作为企业传统薪酬体系的有效补充，具有保障员工权益和激励员工的功能。因此，制定一个合理的、具有吸引力的员工福利计划就成了旅游企业人力资源管理的一项重要工作。

旅游企业员工福利是旅游企业为了改善员工生活和解决员工特殊困难而支付的社会消费基金的一种表现形式。与工资、薪金和奖励不同，福利通常与员工工作绩效无关。奖金是付给那些工作超过给定标准的员工的货币报酬，而福利则对所有员工都使用，它是企业为了维护员工身心健康、生活安定、为解除员工后顾之忧，采取的工资以外形式的各种保障措施，同时也是一种对员工感情投入的很好形式。

目前，大部分的企业都为员工提供了各种各样的福利，而且福利开支在整个报酬支出中所占的比重也越来越大。据统计，美国企业为员工所提供的福利占整个报酬支出的 30%～40%。虽然员工福利在企业中已经成为一种普遍的制度安排，但是在实践中，企业对员工福利投资的收益远远没有达到预期的目标。根据美国“食品企业研究论坛”对旅游业的调查报告，员工离开旅游行业的第三大理由是福利不好。报告显示健康保险对这个行业是很重要的，但实际上有 64%的员工是不受这个险种保护的。退休福利也很重要，而 62%的饭店行业从业人员不享受退休福利。可见，虽然大多数企业增加了员工福利的投人，但由于缺乏对员工福利的合理规划和有效管理，员工福利的作用并没有得到充分的发挥。

7.5.1 旅游企业员工福利计划

1. 旅游企业员工福利计划的内容

员工福利计划（Employees Benefits P1ans，EBP），是指企业对实施员工福利所做的规划和安排。在旅游企业的具体实践过程中，一般来说，一个相对完备的员工福利计划的制订应当主要考虑以下七个方面的问题：

（1）福利的水平。在实践中，企业福利水平的确定主要包括两个层次的内容：一是确定企业整体的福利水平；二是确定员工个人的福利水平。

（2）福利的内容。福利的内容直接决定着员工需求的满足程度，是员工满意度的主要影响因素。因此企业必须要合理地确定福利的内容，这样才能保证福利实施的效果。在实践过程中，有些企业起初对这个问题并没有给予足够的重视，因此往往会出现“出力不讨好”的尴尬，虽然耗费了大量的财力物力来实施员工福利，但是员工并没有感到满意。

（3）福利提供的形式。与薪酬不同，福利的发放形式更具灵活性。按照企业给员工提供福利的形式的不同，可以将员工福利计划划分为实物型和货币型两种模式。

实物型模式是指企业主要以直接发放实物的形式或者以直接提供服务的方式为员工提供福利。在传统的计划经济体制下，由于国家实行的是“低工资”的政策，因此国有企业采取的主要就是实物型的福利模式，以各种实物和服务的形式给员工提供福利，以保证工人正常的生活。在实物型模式中，由于企业需要给员工发放实物或提供服务，企业可以采取团体采购的方式来集中购买，因此在价格上就比员工个人购买要具有优势，这样在同样的成本支出条件下，员工就可以享受到更多的福利待遇；或者说在同样的福利待遇条件下，企业就可以支付更少的福利成本，这可以说是实物型福利计划模式最为明显的优点。

货币型模式是指企业向员工提供的福利主要是以货币或者准货币的形式出现。目前在大多数外资企业中，员工福利的实施采取的主要就是这种模式，企业将员工的福利折合成货币，与薪酬一起发放给员工；此外这些企业还向员工提供各种准货币形式的福利，例如给员工办理健康保险、建立补充养老保险制度、实施员工持股计划等。这种模式相比实物型模式也具有明显的优点，首先，由于不需要企业再来直接地发放物品或者提供服务，这样就大大降低了福利管理的复杂程度，减轻了企业的管理负担，节约了管理成本；其次，在这种模式中，福利是以货币形式提供给员工的，这样他们就可以根据自身的实际情况来购买自己需要的物品和服务，从而就能够更好地满足员工不同的需求；再次，以货币的形式来向员工提供福利，除了可以满足员工较低层次的需求之外，还可以满足他们较高层次的需求，比如用股票期权的方式向员工提供福利，就是对他们工作成就的肯定，这样可以满足员工的尊重需求和自我实现需求。

（4）福利实施的主体。按员工福利实施主体的不同，可将员工福利计划划分成自主型和外包型两种模式。

自主型模式是指由企业作为员工福利的实施主体直接来向员工提供各种福利。采取自主型的员工福利计划模式，由于责任主体和实施主体是统一的，企业既负责制订福利计划，同时又负责实施这些计划，这样就保证了福利计划执行的有效性和灵活性。当然，这种模式的实施不可避免地也存在一些问题。对于企业来说，这种模式增加了工作量，加重了管理负担；对于整个社会而言，这种模式的实施也会造成社会资源的一定浪费很多员工福利项目，特别是一些服务性的福利设施（如职工幼儿园）由单个的企业建设往往就会失去其应有的规模效应，无论从企业的角度还是从社会的角度来看，这都是两种资源的浪费。

外包型模式是指企业将员工福利的实施责任全部或者部分地委托给外部的组织或机构，由这些机构或组织作为员工福利的实施主体或者部分的实施主体来进行具体的实施。也就是说员工福利的责任主体和实施主体是分离的，责任主体仍然是企业，但是实施主体却不再是、或者不完全是企业，而是外部的组织或机构或者有它们的参与。现在，随着专门人事咨询管理公司的出现和发展，外包型模式的应用使越来越多的企业都将员工福利的事务或多或少地对外进行委托。

（5）福利实施的对象。福利实施的对象应当是企业全体员工，但是这并不是说每一项具体的福利都要针对全体员工实施，由于不同的福利项目具有不同的特点，其适用的对象也是不同的，因此企业应当根据福利的具体内容来选择实施对象；此外，为了增强福利的激励作用，也需要对员工享受福利的资格条件作出规定。

（6）福利成本的支付。随着员工福利成本的快速上升，企业面临着控制劳动力成本的压力，不得不就福利问题做出战略性的决策：究竟让员工负担多少费用？在进行这个问题的决策时，企业文化、企业战略、员工权利和企业责任等观念是企业应牢记的。如果公司希望能以提供一个全面的一揽子福利计划而感到自豪，那么就不能要求由员工来负担大部分费用。同样，如果公司采用一种成本控制政策，就不要负担一揽子福利计划的月消成本。但是，当公司要求员工为福利计划负担一定的费用时，员工也许会选择不参加福利计划。最近的一个调查发现 600 万美国人拒绝了由雇主提供的保险，因为所要付的费用太高了。

（7）福利的灵活性。企业需要确定是向所有的雇员提供一套标准的福利项月，还是允许员工在所提供的福利项目中自由地选择所需要的项目。由于员工的情况（如年龄、性别、婚姻状况、收人水平等）不同，所以如果增加员工根据自己的需求选择福利项目的权利，就可以提高员工的满意度。这种做法被称做弹性福利制度（Flexible. Benefits Plan）。福利制度目前在旅游企业中的应用较少，但值得借鉴。

2. 影响旅游企业员工福利计划制订的主要因素

（1）国家的法律法规。员工福利是由两个部分构成的，即法定福利和企业福利（也可以叫做自愿福利）。法定福利具有强制性的特点，任何企业都必须遵守，企业对此并没有多大选择权和决策权。所以企业在制订福利计划时，首先需要考虑的就是要在法律规定的范围内进行活动。

（2）竞争对手的福利状况。竞争对手的福利状况对企业福利计划制订的影响是最为直接的，这是员工进行横向公平性比较时非常重要的一个参照系数，它几乎可以影响到福利计划所有内容的决策。当其他竞争对手的福利水平、福利内容、福利形式等发生变化时，为了保证外部的公平性，企业也要相应的对自己的福利计划做出调整，否则往往就会造成在职员工的不满意，当不满比较严重时甚至会造成员工的流失。

（3）企业的经济效益。员工福利是企业的一项重要成本开支，因此企业的经济效益就直接制约着福利水平的确定，它是各项福利计划决策得以实现的物质基础。良好的经济效益，可以保证福利水平的竞争力和福利支付的及时性。

（4）员工的个人因素。影响员工福利的员工个人因素主要有员工的需求、个人的绩效、工作的年限等。

员工的需求主要会影响到福利内容的确定，为了更好地激发员工的工作积极性，企业应该根据员工的需求来提供福利，这样才能提高福利的针对性和有效性。 如：有的员工生活负担较重，希望现金福利多些（实质是希望高薪金、低福利），如果企业将奖励旅游、代金券、实物换成现金，会更受这些员工的欢迎；相反，有些高收入的员工则希望有带薪休假形式的福利，这样可以缓解工作的压力，增加与家人团聚的机会；年纪大的员工多希望有足够的保险金，增加职业安全感，减少自己失业、就医的担心；有些员工未婚，负担少，但由于竞争的压力，他们可能更希望有灵活的工作时间，那么企业可能不必投入一分钱，只要工作时间灵活就能使这些员工满意。因此福利制度的设计应考虑员工的需要，使员工得到更大的满足。

员工的绩效主要影响福利提供对象的确定。虽然相比激励薪酬，福利并不完全以绩效为基础来支付，但是这并不意味着福利就与绩效完全没有关系。采取平均主义的方式来向员工提供福利，只会削弱福利的激励效果，计划经济体制下国有企业工资福利管理的弊端就很好地说明了这个问题，因此为了提高福利实施的效果，福利还是应该在升定程度上与绩效挂起钩来，目前企业在福利管理中越来越多地采取了这种做法。

工作年限主要是指员工的工龄，也就是员工在本企业中的工作时间。工作年限影响的主要是员工个人福利水平，一般来说，工龄越长的员工，企业为其提供的福利水平往往也越高。

7.5.2 员工福利的类型

企业中的福利五花八门、不胜枚举。每个企业除了法律政策规定的福利以外，还可以提供任何有利于企业和员工发展的福利项目。

下面是企业中经常选用的一些福利项目。

1. 公共福利

公共福利是指法律规定的一些福利项目，主要有以下几种。

（1）医疗保险。这是公共福利中最主要的一种，企业必须为每一位正式员工购买相应的医疗保险，确保员工患病时能得到一定的经济补偿。

（2）失业保险。失业是市场经济的必然产物，也是经济发展的必然副产品。为了使员工在失业时有一定的经济支持，企业应该为每一位正式员工购买规定的失业保险。

（3）养老保险。员工年老时，将失去劳动能力，因此企业应该按规定为每一位正式员工购买养老保险。

（4）伤残保险。员工由于种种意外事故受伤致残，为了使员工在受伤致残失去劳动力时得到相应的经济补偿，企业应该按规定为每一位正式员工购买伤残保险。

2. 个人福利

个人福利是指企业根据自身的发展需要和员工的需要选择提供的福利项目，主要有以下几种。

（1）养老金。又称退休金，是指员工为企业工作了一定年限，到了一定年龄后（中国男性为 55～60 岁，女性为 50～55 岁），企业按规章制度及企业效益提供给员工的金钱，可以每月提取，也可以每季度或每年提取。根据各地的生活指数，有最低限度。如果企业已为员工购买了养老保险，养老金可以相应减少。

（2）储蓄。又称互助会，是指由企业组织、员工自愿参加的一种民间经济互助组织，员工每月储蓄若干金钱，当员工经济发生暂时困难时，可以申请借贷以渡过难关。

（3）辞退金。是指企业由于种种原因辞退员工时，支付给员工一定数额的金钱，一般来说，辞退金的多少主要根据员工在本企业工作时间的长短来决定，聘用合同中应该明确规定。

（4）住房津贴。是指企业为了使员工有一个较好的居住环境而提供给员工的一种福利，主要包括：①根据岗位不同每月提供住房公积金；②企业购买或建造住房后免费或低价租给或卖给员工居住；③为员工的住所提供免费或低价装修；④为员工购买住房提供免息或低息贷款，全额或部分报销员工租房费用。

（5）交通费。主要指上下班为员工提供交通方便，主要包括：①企业派专车到员工家接送其上下班；②企业派专车按一定的路线行驶，上下班员工到一些集中点去等候车子；③企业按规定为员工报销上下班的交通费。

（6）工作午餐。是指企业为员工提供免费的或低价的午餐，有的企业虽然不直接提供工作午餐，但可以报销一定数额的用餐发票。

（7）海外津贴。是指一些跨国公司为了鼓励员工到海外去工作而提供的经济补偿。海外津贴的标准一般根据以下条件制定：职务高低、派往国家的类别、派往时间的长短、家属是否可以陪同、工作时期回国度假机会的多少、愿意去该国的人数多少等。

（8）人寿保险。是指企业全额资助或部分资助的一种保险，员工一旦死亡，其家属可以获得相应的经济补偿。

3. 有偿假期

有偿假期是指员工在有薪酬的前提下，不来上班工作时的一类福利项目，主要有以下几种。

（1）脱产培训。脱产培训既是企业对人力资源投资的一种商业行为，又是一种福利，尤其是该培训项目对员工有明显的直接好处时，更显示出福利的特点。

（2）病假。有的企业要求员工出示医生证明，有的企业只要上级管理者同意即可，但一般较长的病假需出示医生证明。

（3）事假。各企业的事假规定不一，主要包括婚假、丧偶假、父母丧假、男性员工的太太产假、搬迁假等。有时员工为了个人私事而调休不作为事假。

（4）公休。是指员工根据企业的规章制度，经有关管理人员同意，在一段时间内不来上班的一种福利。探亲假也可以看作是一种公休。企业一般根据种种条件，规定员工每年有一周至一月的公休。

（5）节假日。我国规定的法定节日假有 10 天：春节 3 天、元旦 1 天、国庆节 3 天、劳动节 3 天，但有些企业还有一些节假日，如青年节、妇女节、圣诞节、中秋节、元宵节、端午节等。

（6）工作间休息。是指员工在工作中间的休息，一般上下午各一次，每次 10～30 分钟不等。

（7）旅游。是指由企业全额资助或部分资助的一种福利，企业可以根据自己的实际情况制定旅游时间与旅游地点。可以每年一次，也可以 3 年一次；可以去欧美，也可以去附近的名胜古迹。

4. 生活福利

生活福利是指企业为员工的生活提供的其他各类福利项目，主要有以下几点。

（1）法律顾问。企业可以聘用长期法律顾问为员工提供法律服务，也可以为员工聘请律师而支付费用。

（2）心理咨询。现代企业中员工的心理问题日益严重，企业可以为员工提供各种形式的心理咨询服务。例如，设立心理咨询站；长期聘用心理顾问；请心理专家做心理健康讲座；等等。

（3）贷款担保。员工由于个人的原因需要银行贷款时，企业出具担保书，使员工能顺利贷到款。企业可以根据不同情况，规定担保贷款的数额。

（4）托儿所。往往在两种情况下企业建立托儿所会深受员工的欢迎：一是有幼儿的员工多，又很难解决托儿问题；二是暑假期间。

（5）托老所。由于城市老龄化的不断发展，员工父母年老体弱，需要人照顾的现象将越来越严重，因此，有些企业根据自身的需要开始设立托老所，以帮助员工更安心地工作。

（6）内部优惠商品。某些生产日用品的企业为了激励员工，会以成本价向员工出售一定数量的产品，也有些企业会购买一些员工需要的商品，以折扣价出售或免费向员工提供。

（7）搬迁津贴。是指企业为员工搬迁住所而提供一定数额的经济支持。但企业会规定多少年以上搬迁才有此津贴，或规定何种岗位有多少津贴等。

（8）子女教育费。现代员工越来越重视子女的教育，为了使员工子女能接受良好的教育，企业提供的子女教育费成为一项吸引优秀人才的重要福利。企业会根据自身的情况制定相关的政策。例如，不同的岗位有不同的待遇，可以全额报销子女教育费用；可以为员工子女进入优秀学校提供赞助费；可以每月提供一定数额的经济支持；可以为员工子女进入优秀学校而设立奖金；可以为员工子女出国深造提供国际旅费或奖学金；等等。

7.5.3 员工福利管理

1. 员工福利管理的含义

员工福利管理是指为了保证员工福利按照预定的轨道发展、实现预期的效果而采用各种管理措施和手段对员工福利的发展过程和路径进行控制或调整的活动。

员工福利管理有广义和狭义之分，广义的员工福利管理是对员工福利从产生到发展的整个过程进行全方位的管理，包括：员工福利发展的各个阶段即从低级阶段到高级阶段，从不成熟阶段到成熟阶段，员工福利管理所涉及的各种资源的配备和制度的建设，以及各种管理方式和手段的运用等。狭义的员工福利管理与狭义上的员工福利规划相对应，是为了完成一个既定的中长期的发展目标而采取的各种措施和手段。鉴于本章旨在对员工福利进行一个全面系统的介绍，故这里员工福利管理都是广义上的员工福利管理。

2. 旅游企业员工福利管理的基本流程

员工福利管理是个较为复杂的过程，它不仅要与企业发展目标相适应，与国家有关法律法规相协调，还涉及企业各部门的参与、员工福利信息的沟通等，其基本流程如下：

（1）员工福利需求分析。员工福利需求分析是了解企业福利计划的必要性及其规模、确定员工有哪些福利愿望并设置福利项目的过程。从内容上来看，员工福利需求分析需要从企业和员工两个层面来进行：①企业范围内的福利需求分析，应从生产率、事故率、疾病、辞职率、缺勤率和员工的日常行为等不同方面，分析企业目标与员工福利之间的联系，确定员工福利的必要性和具体项目。例如，美国电报电话公司和其保险公司一起进行了一项研究，将1600名参加了健身项目的员工的医疗索赔数据与1800名没有参加健身项目的员工的数据进行比较。结果他们发现健身项目的参加者更少地使用医院和请病假，大量地节省了医疗费用。因而，企业有必要为员工提供健身项目之类的福利。②从员工个人角度来考察福利需求，企业应该依据社会时尚和竞争对手的员工福利状况，从提高员工生活质量出发，考察员工的福利需求。员工个人层面福利需求分析的信息来源于绩效考核的记录、员工个人填写的福利问卷、员工平时意见的收集以及工会代表员工的请求等。

（2）确定员工福利宗旨。与人力资源计划的其他组成部分一样，员工的福利计划应该设立特定的宗旨和目标。一个企业设立的福利计划管理目标取决于多个因素，包括：企业的规模、工会联合化程度、赢利的能力及行业伙伴。最重要的是，这些目标必须与企业的战略报酬计划一致。

在实际工作中，大部分福利管理的主要目标是为了改善员工的满意度，满足员工的健康与安全保障要求，吸引和鼓励员工，减少人才流动，以保持有利的竞争地位。

（3）制订员工福利计划。企业制订员工福利计划要综合考虑多方面因素，根据企业的具体情况合理地确定福利的水平、形式、具体内容、实施对象等。为了提高员工对福利计划的满意度，企业在制定福利过程中应做好以下两个方面工作：一是提供员工所重视的福利。企业只有提供员工所重视的福利，才能提高员工的满意程度。因此，企业应深入了解员工对各类福利的重视程度。例如，如果员工高度重视安全、生活保障等基本福利，企业就应尽量提高员工对基本福利的满意程度。如果员工高度重视自己的职业发展前途，企业就应为员工提供职业发展型福利，为员工创造更多的学习和发展机会，以便提高员工的满意度。二是向员工提供参与福利制定和管理工作的机会。在福利制度制定过程中，企业可采用内部调查、专题座谈会、建议信箱或热线电话等方式，广泛听取员工的意见，了解员工对福利制度的看法。

（4）控制员工福利成本。在员工福利持续增长的趋势下，企业对员工福利计划管理的关键问题在于如何降低福利成本。

企业降低福利成本的措施主要如下：共同负担，即由雇员承担部分购买福利的费用；设置起付线和封顶线，即规定福利上下限；区别对待不同职工，根据需要采取差别福利待遇；针对双职工家庭，与职工配偶方的企业协商分摊福利费用；审查员工享受福利的资格和条件；降低购买福利的成本；例如大批量地采购等。

（5）员工福利计划的实施。员工的福利在组织与实施过程中；应做好以下两方面的工作：一是利用各种有效的渠道宣传各项福利，做好福利沟通工作、了解员工的福利需要，如利用内部刊物、员工大会等，向员工介绍他们所享受福利的种类及具体内容，让员工认识到福利的存在。二是组织实施福利计划，这是关键的一步，也是企业人力资源管理的重要组成部分，所以，要落实每项福利计划与预算，定期检查实施、反馈、改进情况。可设置员工福利管理办公室或安排专职福利管理人员，回答员工的问题，为员工提供精确的信息，指导员工更好地使用企业提供的各种福利项目。

（6）员工福利效果评价。员工福利效果评价主要包括对福利项目设计、福利计划实施方式和实施效果的评估，以及对福利享受者的定期跟踪反馈。应重视以下两点：一是建立每个员工的福利档案，对员工进行定期的跟踪反馈，为以后制订福利计划提供现实依据；二是注意福利计划的及时调整和修改。企业是一个经济组织，“每分钱都应花在刀刃上”，如果花了很多钱却没有取得预期的效果，应该对员工福利的管理进行调整。

效果评估的方法可以采用问卷调查法、访谈法、合理建议法、意见反馈法等。例如问卷调查法可以调查这样一些内容：员工福利项目种类是否丰富；水平是否合理；对员工福利的管理人员、管理方式是否满意；对整个员工福利系统有什么建议等。

管理训练

【实训目的】

1.了解旅游企业薪酬的现状。

2.掌握旅游企业薪酬的设计方法。

【实训时间】

本章课堂教学内容结束后的双休日和课余时间，为期一周。或者指导教师另外指定时间。

【背景材料】

根据学校所在的地区，以组为单位选择一家酒店、旅游景区和旅行社。调研它们各有哪些具体福利待遇和管理现状。然后比较这三类旅游企业福利措施各有什么特点，并分析目前存在哪些问题，如何改进？每组提交一份薪酬管理现状调查报告与改进方案。

【实训过程设计】

（1）指导教师布置学生课前预习。

（2）将全班同学平均分成小组，按每组6～8人进行讨论。实训组根据背景资料进行讨论和设计方案。

（3）根据“背景资料”，设计调查问卷。比较这三类旅游企业福利措施各有什么特点，并分析目前存在哪些问题，如何改进？每组提交一份薪酬管理现状调查报告与改进方案。

（4）各实训组对本次实训进行总结和点评，参照“课业范例”撰写作为最终成果的《实训报告》。

（5）指导教师对小组讨论过程和发言内容进行评价总结，并讲解本案例的分析结论。（先评定小组成绩，在小组成绩中每一个人参与讨论占小组成绩的 40%，代表发言内容占小组成绩的 60%)，各小组提交填写“项目组长姓名、成员名单”的《实训报告》。优秀的实训报告在班级展出，并收入本课程教学资源库。

本章小结

薪酬与薪酬管理的基本内涵是认识薪酬管理体系的核心。旅游企业必须明确薪酬管理的原则和策略。薪酬管理体系包括基本工资制度、绩效薪酬制度和福利制度。

基本工资制度主要有职位薪酬制度、技能和能力工资制度三种方式。绩效薪酬制度既包括个体、群体的绩效薪酬制度，还包括长期绩效薪酬制度和短期绩效薪酬制度，每种绩效薪酬制度又包括具体的绩效薪酬方式。福利政策和目标会影响福利类型、方式。福利政策的制定还必须符合国家的政策法规和民族文化习惯。

综合练习

一、单项选择题

1. （　　）主要用于营销人员的工资支付。

A. 计件工资制　　B. 提成工资制

C. 浮动工资制　　D. 绩效工资制

2. 薪酬制度指员工薪酬的各构成项目和（　　）。

A. 企业的支付标准　　B. 各自所占比例

C. 企业的薪酬水平　　D. 福利项目

3. 职位薪酬设计的第一个步骤是（　　）。

A. 进行职位分析　　B. 职位结构设计

C. 进行工作分析　　D. 人员分配

4. 所谓技能薪酬制度，是指组织根据一个人所掌握的与工作有关的技能、能力以及（　　）支付基本薪酬的一种薪酬制度。

A. 资历　　B. 知识的深度与广度

C. 职位　　D. 个性

5. 一般地说，利润分享计划在直接推动绩效改善以及改变员工或团队行为方面的作用（　　）。

A. 大　　B. 持续性强

C. 不大　　D. 尚不明确

6. 在技能薪酬制度中，（　　）。

A．员工向上一级职位晋升应该得到高薪酬

B．同级技能的扩展应当得到薪酬的

C．低一级技能的强化不应当给予薪酬

D．ABC 都正确

二、名词解释

1. 薪酬管理
2. 基本工资制度
3. 薪酬制度
4. 职位薪酬制度
5. 计点法
6. 技能薪酬制度
7. 绩效薪酬制度
8. 利润分享计划
9. 员工福利计划
10. 员工福利管理

三、问答题

1. 如何全面理解薪酬？旅游企业薪酬是如何分类的？
2. 职位薪酬制度的特点和应用条件是什么？
3. 要素计点法的操作步骤有哪些？
4. 计件工资有何特点？
5. 能力薪酬制度的建立步骤有哪些？主要内容是什么？

第 8 章

旅游企业员工职业生涯管理

学习目标

- 掌握职业生涯的含义
- 掌握职业生涯发展的主要阶段及管理
- 掌握旅游企业在员工职业生涯设计中可作为的方面

互联网阅读

学习本章之前，请你链接：http://60th.hrbcu.edu.cn/ShowArticle.asp?ArticleID=5510

2011 年 3 月 24 日下午 16 点 30 分，哈尔滨万达索菲特酒店总经理 Mr.Fredrik Genberg（福金柏先生），协同翻译及人事部副经理，为旅游烹饪学院 08 级旅游管理专业的学生进行职业规划专题讲座。讲座主要内容包括三个方面的内容：第一，怎样在外资公司成功应聘；第二，怎样积累经验并建立自己的职业生涯；第三，哈尔滨万达苏菲特酒店的成就。总经理 Mr.Fredrik Genberg 先生结合自身多年的创业经历及面试体验给同学们做了生动细致的讲解，对同学们最关心最贴近实际的问题，如“去外资公司的面试态度和面试技巧”、“在面试过程中怎样与考官做好互动”、“怎样组织好语言”等做了重点讲解，并反复强调了第一印象和工作态度的重要性。告诉同学们应给自己做个职业规划，找准自己的方向，确定目标。在大学期间也要利用好课余时间多做些兼职，积累经验，最重要的是通过这个过程找到自己想要什么，准确定位。

看来，职业生涯规划对旅游酒店专业的学生来说是很重要的。

教育与职业：攻读 MBA 或不攻读 MBA

小王是某旅游企业的中层管理者，通过努力，考上了一所知名大学的 MBA，可他的事业目前发展得也非常好，他为难了……

MBA 学历对员工的职业发展有何帮助？

获得 MBA 学历要进行巨大的投资，包括时间、货币和精力。问题是这样做值不值得？

MBA 学位会为其职业发展带来哪些好处？雇主是否应该鼓励管理者和员工选择这条发展道路？他们应该从 MBA 毕业生中招聘新员工吗？

MBA 可以使管理者提高自己的才能，而这种才能可以帮助他们获得更优异的业绩。MBA 学历在改善管理才能中有指导意义，另外，MBA 学历已经在某些行业中成为充当管理角色的必备条件。然而要付出的成本是巨大的，包括时间和货币投资，另外还要承受压力和代价（或者是因为离开劳动力市场脱产学习，或者是因为读在职 MBA 一边要努力学习一边要忙于工作）。但是在许多专业领域，MBA 并不一定就有利于担当管理角色。同样对于中层管理者或者管理学位的人来说没有必要再读 MBA。在一些组织中，MBA 管理者常常会跳槽，尽管很多研究表明情况未必是这样。

当考虑是否应该读 MBA 时，员工应该清楚地知道将要付出的成本，以及对未来职业发展的好处。证据表明，读 MBA 会产生积极的效果，但是也存在着一些陷阱。个人和组织必须对读 MBA 所需的大量投资进行正确估量。

如果你是小王，你会如何选择呢？

资料来源：职业生涯管理教程。耶胡迪·巴鲁 著

人们常常向小孩提出的问题是："你长大了之后想做什么？"

而在招聘面试中常常会问的问题是："你的长期职业计划是什么？"

没有一个清楚的发展方向，你就不会实现目标。当然有一个清晰的目标和方向并不意味着人们一定能实现它，这些只是充分条件而非必要条件。

8.1 旅游企业员工职业生涯管理概述

职业生涯管理是旅游企业的一个全新的话题。随着旅游企业人力资源管理的不断发展，旅游人力资源管理的内容也不断丰富，职业生涯管理已经成为旅游企业人力资源管理的重要工具，不断开发和培养旅游人力资源，为旅游业的发展提供高素质的人才。

8.1.1 职业生涯及其管理的含义

1. 职业的含义

职业是指人们为了获取物质报酬而从事的连续性的社会活动，是指人们从事的相对稳定的、有收入的、专门类别的工作，职业是人的社会角色的一个极为重要的方面。

2. 职业生涯的涵义

职业生涯（Career）源自拉丁文的"路径"之意，犹如一条火车的轨道，是个人生命的进程，结合每个人一生扮演的各种角色，结合各种职业和工作、休闲等角色，表露个人独特的自我发展形态。传统上，人们对职业生涯有不同的描述。职业生涯的英文 Career 在牛津词典上的解释是"一生的经历、谋生之道、职业，或称为事业前程、生涯。"职业生涯概念的演变，

可追溯到 20 世纪 50 年代以前的工作选择，此后又转变为职业，直到 20 世纪 60 年代以后，职业生涯一词才被广泛使用。

职业生涯有广义与狭义之分。广义的职业生涯，是职业兴趣的培养、选择职业、就职，直至最后完全退出职业这样一个完整的人生过程，因此，其初始从接受启蒙教育起，其结束到失去劳动能力止。狭义的职业生涯，仅指直接从事职业工作的这段时间，即从就职到退职这段时间。虽然职业生涯有不同的考察角度，但职业生涯有其基本的含义。

（1）职业生涯是个体的行为经历，而非群体或组织的行为经历。

（2）职业生涯是指一个人一生之中的有偿劳动经历，而非其他活动经历。

（3）职业生涯是一个时间维度的概念，意指职业生涯期。实际的职业生涯期在不同个人之间有长有短，各不相同。

（4）职业生涯不仅表示职业工作时间的长短，而且内含着职业发展、变更的经历和过程。

综上所述，职业生涯就是指一个人一生所从事职业的全部历程。这整个历程可以是间断的，也可以是连续的，它包含一个人所有的工作、职业、职位的外在变更和对工作态度、体验的内在变更。

3. 职业生涯管理的意义

旅游企业职业生涯管理不断开发和培训高素质的人才对旅游企业和旅游企业员工都具有重要意义。

（1）有助于提高旅游企业个人人力资本投资收益。在职业生涯设计的基础上，有的放矢地投资，获取所必须的职业能力，提高旅游人力资本投资收益。

（2）有助于降低改变职业通道的成本。从事某项职业后再改变职业通道，成本特别是机会成本很高。职业生涯管理能够有效地避免或减少改变职业通道的成本。

（3）有助于旅游企业的发展。旅游企业通过职业生涯管理，了解并整合各种类型的人力资源，最大限度地做到“人尽其才，职得其才”，有利于旅游企业及员工个人的发展。

8.2 旅游企业员工职业生涯阶段管理

8.2.1　旅游企业员工职业生涯阶段

职业活动内容伴随着年龄的增长而变化，人们在某一年龄阶段往往表现出大致相同的职业任务，因此可以将职业生涯划分为以下阶段。

1. 成长阶段（0～20 岁）

一个人在 0～20 岁年龄段，通过各种方式接受教育，发展职业想象力，对职业进行评估和选择，确定职业取向和做好职业准备。在这一阶段的具体任务是：

（1）发现和发展自己的需求、兴趣、天赋和能力，为下一步的职业选择打好基础。

（2）通过学校教育和社会活动，学习和获得具体职业方面的知识和技能，并从周围环境中寻找现实的职业角色模式，并获取相关职业信息。

（3）接受教育和培训，培养相应的职业活动素质和能力。在这一阶段，人的角色是学生、职业工作的申请者和候选人。

由于内外界条件的不确定性，人在这一阶段的职业取向大多数不是很具体，但是职业观念应该已经形成，这是职业生涯“成长阶段”完成的重要标志。

2. 进入工作阶段（20～30 岁）

这一阶段的主要任务是择业与适应。择业包含两层意思：一是选择一个理想的企业，二是在其中选择一份合适的较为满意的职位。从职业生涯长远考虑，这一阶段选择理想的企业比挑选满意的职位更重要。适应也包含两层意思，一是指适应工作本身的要求，二是指能够尽快融入到组织中去。

员工在“进入工作阶段”还面临两方面的矛盾，一方面是原来在教育环境中养成的简单的、理想的、明确的观念，与具体工作环境中复杂的、多样的现实形成鲜明的对比；另一方面，刚开始工作时对企业抱有不切实际的过高期望，不久发现实际上很难得到预期的指导、帮助和评价，从而产生失望。这些矛盾极有可能使新参加工作的员工丧失信心，工作绩效不理想，进而员工流动增多，增加企业人力资源成本，干扰用人计划。

工作实际展示和员工自我管理指导是解决上述矛盾的有效方法。

工作实际展示是指将工作与企业中积极和消极的方面，选择合适的时机向新员工进行客观的展示和介绍。新员工不切实际的期望不仅源于传统的教育，而且有可能来自严格的招聘过程或是企业的各种规章制度。例如，旅游企业在对大学毕业生进行招聘面试时，大都会对英语和计算机水平提出比较高的要求，但是当大学毕业生作为新员工到基层实习工作时，他们很快会发现英语和计算机方面的专长是无法在基层工作中全面发挥的，失望也就随之而来。工作实际展示的目的就是使新员工在正式进入工作职位之前有机会看到企业与工作的真实状况，使其对可能面临的矛盾、挫折、困难做好心理准备。

自我管理指导旨在教会员工善于观察自我行为，正确评估自我抱负，从而加强自我支配力。自我管理指导的具体措施包括：制定具体的行动目标；积极参与讨论预测工作环境中的障碍，制定解决的办法；比较行动成果与目标的距离，以利于目标承诺的保持和目标的完成。员工学会进行自我管理指导可使其在整个职业生涯中受益匪浅。

3. 确定职业阶段（30～40 岁）

确定职业阶段一般处于员工的 30～40 岁这一年龄阶段上。它是大多数人工作生命周期的核心部分。个人在这一阶段会找到合适的职位，并为之全力以赴地奋斗。

这一阶段的主要任务是：努力在企业的工作和职业中找到自己的位置，独立做出成绩，同时承担更多的责任，获得更多的收入，并建立一种接近理想的生活方式。对于这一阶段的员工，企业需要制定政策，来协调其工作角色和非工作角色。同时，该阶段的员工需要更积极地参与自己的职业生涯规划活动。

对于这一阶段又可以分成两个子阶段：

（1）尝试子阶段。

尝试子阶段是确定职业阶段的最早期，这一阶段的人们将会对自己当前从事的工作做出判断，以确定是否适合自己，如果是否定的话，这一阶段的人就会进行不同的尝试，以便最终找到基本适合自己的职业。

（2）稳定子阶段。

寻找到适合自己的职业后，人们就会比较容易确定自己较为坚定的职业目标，并制定较为明确的职业计划来确定自己晋升的潜力、工作调换的必要性以及实现这些目标需要进一步接受哪些专业教育、培训活动等。

4. 巩固职业阶段（40～50 岁）

巩固职业阶段一般在人们的 40～50 岁的时期。这一阶段的人们关注技能的更新，希望他人仍将自己看成是一个对企业有贡献的人。他们有多年的工作经验，拥有丰富的工作知识，对于企业及其目标、文化的理解会更加透彻。他们往往能够充当新员工的培训导师。在这一职业阶段的后期，人们的大多数精力都放在保持和巩固某一工作职位方面。

这一阶段的主要任务是：对前期职业生涯规划从个人收益、企业认同和社会价值等三个方面进行评估，回顾已实现的职业目标，提出新的职业构想，强化或调整自己的职业理想；进一步明确职业定位，努力工作，创造更多、更优的绩效。此阶段员工面临的问题有两个：职业中期危机和职业停滞。

（1）职业中期危机。职业中期危机的产生主要来自于两方面。一方面是生理和心理压力，处于这一年龄段的员工大多开始感觉体力和精力有所下降，有时会感觉到难以跟上工作变化的节奏。由于旅游行业工作的特殊性，这一方面对普通员工的影响是十分突出的。另一方面是工作压力与职业定位之间的矛盾，人们在巩固职业阶段会自觉或不自觉地对自己半生的职业生涯进行评估，由于承受比较大的工作压力，许多人会对自己的职业定位产生怀疑，或是认为自己前半生的努力并不是自己真正想要的。人们开始面临一个艰难的选择：是否放弃自己经营半生的事业，开始涉足另一职业领域。这个年龄阶段重新开始一段新的职业生涯的事例并不少见。

对于这些因素所引起的职业中期危机，旅游企业可通过一些方式，如鼓励员工发展新技能、安排其指导年青一代的员工、设计自我评估活动等来帮助员工克服。

（2）职业停滞。职业停滞是指个人在工作中职务或职称晋升缓慢，而且继续升迁的希望逐渐减少。职业停滞的原因主要有两个方面，一方面是员工由于个人原因拒绝职业晋升机会，或是自身的业务知识水平和技术技能不足以支持上一级职务所要求的绩效；另一方面是企业忽视员工的晋升需求，或是无法提供足够的晋升机会。在企业中级别越高，晋升机会越少，大多数人迟早会遇到职业停滞问题，帮助员工认识到这一点可以有效地避免其职业挫折感。

事实上，最应引起重视的是知识老化造成的职业停滞。当前，技术进步或竞争激烈使工作的方式、方法发生很大变化，进而也要求员工及时更新知识结构，迅速掌握新技术。如果忽视这一事实，员工职业生涯就必然会出现停滞，甚至倒退。企业可以通过强调持续变化的现实和对持续学习的需要，督促员工不断更新知识，也可以通过频繁的工作轮换和委派重要业务来培养员工高度适应性的技能和工作态度，这些都是帮助员工克服职业停滞的良策。

5. 逐渐退出职业阶段（50～60 岁）

逐渐退出职业阶段，员工需要准备调整其工作活动和非工作活动的时间比例，将不得不面临这样的一种情景：接受权利和责任减少的现实。退休是每个人都必须面对的。这个阶段的主要任务是：保持已有的职业成就，维护自尊，准备引退。一方面要对抗衰老，保持工作中的创造性；另一方面又要做好从工作中解脱出来的准备。

高龄员工在企业中常被看成是没有创造力、故步自封和缺乏适应性的。这些偏见会使员工在职业生涯的晚期保持高效工作变得很难。只要员工能像以往一样对待工作，再辅以成功的晚期职业管理，这些偏见是完全可以被打破的。旅游企业中有许多需要大量经验积累才能充分胜任的工作，如成本核算与控制、税务统筹、饭店厨政管理等，对于这些工作如果旅游企业能够从退休员工中挑选出合适的人选充当顾问，不仅有利于旅游企业的经营管理，而且还会对那些即将退休的员工产生一定的积极示范效应。

员工在职业生涯的不同时期会遇到不同的问题，优秀的人力资源开发系统应该是为此制定政策和计划，以帮助员工处理这些问题。旅游企业还需要提供一个职业生涯规划体系，以了解员工的职业生涯发展需求，帮助员工进行有效的自我策划。

8.2.2 旅游企业员工职业生涯设计与管理

1. 职业生涯设计

职业生涯设计是指对决定一个人职业生涯的各种主客观因素进行分析、总结和测定，确定一个人未来的工作发展道路，并选择与之相适应的职业，编制相应的工作和培训计划，对各环节的时间、顺序和方向做出科学的安排，从而达到个人发展与组织发展有机的结合。

进行科学的职业生涯设计，必须从主观和客观两个方面考虑。主观方面，涉及个人的价值观、人生观、需求、动机、性格、能力、发展取向等。客观方面，涉及个体所处的社会环境和组织环境。

职业生涯设计的内容包括职业目标、职业发展道路、将要进行的准备工作等。从职业发展角度讲，涉及选择职业、调整职业和更大的职业发展计划；从个体发展角度讲，涉及员工自我认知、知识、技术和能力的开发性培训、行为活动与理念、价值观等几个方面的调整和准备。

2. 职业生涯设计的意义

（1）通过职业生涯设计可以明确个人职业发展的目标。现代社会中，职业发展的机会众多，常常使求职者无所适从，缺乏明确的目标，使得不少人在职业发展的道路上走了不少弯路。有了职业生涯发展目标，就会使人在每一天的工作和学习中，都在为这个目标积累资源，创造条件。

（2）职业生涯设计可以帮助员工了解自己的实力、潜力和专业优势。在进行职业生涯规划时，组织不仅要帮助员工正确地认识自我，知己所长、明己所短，而且还要为员工创造机会发现其潜力，并通过一系列的强化措施树立其专业优势。例如，有的旅游企业通过组织演讲比赛、职工文艺活动，发现口才优秀、仪表端庄的员工，就可以考虑对其进行专业化的训练和培养，使之成为旅游企业大型活动和娱乐部门的专业主持人，直至公关活动代言人。

（3）职业生涯设计有利于制订更为科学、合理的培训开发计划。当作为新员工进入企业时，每一个人都会有自己的发展愿望和计划，即对哪些工作有兴趣、希望两年后做什么、五年后做什么、成为什么样的人才、朝哪个专业发展等，但是并不是所有的人都会具备与组织的人力资源动态需求相吻合的知识和能力，只有通过职业生涯设计，企业才有可能帮助员工认识和发现其职业发展道路的每一个阶段所必须接受的训练与开发。

（4）职业生涯设计有利于人尽其才，避免人力资源的浪费。个人制定的职业发展目标和职业生涯规划能否实现，除了个人主观努力以外，还需要组织创造外部条件。因此，组织应该了解每一位员工的气质、性格、能力、兴趣、价值观和理想等，特别要了解员工个人的职业发展规划和设想，从而为他们创造实现职业目标的环境和条件。

3. 职业生涯设计的原则

（1）具体性原则。职业生涯设计必须是针对某个特定个体所进行的具体的职业指导。每个员工所处的具体的职业发展阶段不同，能力、性格、职业发展愿望等特点因人而异，每个员工所处的组织环境也有所差异，因此在进行职业生涯设计时不能照搬其他人的职业发展模式，职业生涯设计必须是具体的、因人而异的。

（2）清晰性原则。为员工设计的职业发展目标以及接近与达到目标的措施必须是清晰且明确的，实现目标的步骤也应直截了当地提出。

（3）现实性原则。在进行职业生涯设计时，必须要考虑到员工自身的特征、社会环境、组织环境以及其他相关因素，选择现实可行的目标和途径。

（4）连续性原则。员工的职业发展历程是一个连贯衔接的统一体。在进行职业生涯设计时不能割断个体的完整的职业发展历程，而应该通过职业生涯设计尽可能帮助员工实现职业的可持续发展。

（5）可度量性原则。职业生涯设计不但应规划出总的职业发展目标，还应制定具体的阶段性步骤，要有明确的时间限制和标准，以便在达到职业生涯目标的过程中随时进行阶段性的度量和检查，随时掌握执行的情况，以便为职业生涯目标的调整提供信息。

4. 职业生涯设计的步骤

（1）自我评价。职业生涯设计的第一步是由企业向员工提供自我评价的帮助。自我评价是指员工通过各种信息来确定自己的职业兴趣、价值观、性格和行为倾向的一个认识自我、了解自我的过程。只有正确地认识了自我，才有可能对自己的未来职业发展做出正确的分析和选择，确定适合自己发展的职业生涯途径。因此，对个人特征进行评价和分析，是职业生涯设计中的一个重要环节。

对个人特征进行分析主要有测试法和自我反思法两种。测试法是综合利用心理学、组织行为学和人才学等学科的理论、方法和技术，对人的能力水平及倾向、个性特点和行为特征等进行系统的、客观的测量和评价。自我反思法主要是通过自己的回顾和别人对自己的反应来认识个人特征。测试法比较系统、客观，但必须依赖特定的工具；自我反思法简便易行，但通常会受到个体认识自我的能力和一些偏见的影响。

（2）职业环境与职业发展机会评估。职业环境与职业发展机会评估是指员工从组织获得信息，了解职业环境和职业发展的机会，主要是分析组织内外界环境因素对个体职业生涯发展的影响。

①社会环境分析

对社会环境的分析主要包括对如下因素的分析：

（I）社会各行业对人才的需求状况。随着社会经济的发展，企业对各种人才的需求也在不断变化。例如，随着信息技术的发展和在旅游企业经营管理中的普及应用，旅游企业管理者的计算机应用能力变得越来越重要。对这方面信息的分析可以使员工认识到自己目前所具备的知识和技能是否为社会所需要，需求程度如何，自己应在哪些方面学习和提高才能适应社会的需要。

（II）社会中各种人才的供给状况。对人才资源供给状况的分析实际上是在分析人才竞争的状况。对这些信息的分析，可以使员工认识到与自己竞争相似职业的人的状况，自己与他人相比较优势在哪里、不足在哪里，如何才能在竞争中取得优势。

（III）国家政策。对国家有关政策的分析，特别是有关产业政策的分析，可以使员工了解到一些新的事业机会，以便在进行职业生涯设计时利用这些机会。

（IV）社会价值观的变化。不同时代有不同的社会价值观，人们在从事职业时也需要得到社会的认同。了解社会价值观，有利于在职业生涯设计时做出与社会价值观相一致的职业选择。

②组织环境分析

许多员工是在一定的组织中进行职业发展设计的，这时所要考虑的因素主要有：

（I）组织的特色，包括组织文化、组织规模、组织结构和组织中的人员状况等。

（II）组织发展战略，主要包括组织未来发展的目标是什么，有什么阶段性的发展目标，目前组织处于何种发展阶段等。

（II）组织中的人力资源状况，包括组织目前的人员年龄结构、专业结构、学历结构是什么样的，组织的人力资源开发政策是怎样的，组织会针对员工发展采取哪些行动等。

通过对组织环境的分析，员工可以确认该组织是否是自己所偏好的职业环境，自己在组织中的发展空间和发展机会如何，从而决定是在该组织中寻求发展，还是脱离该组织而到其他组织中寻求发展，哪些类型的组织将是适合自己未来发展的组织。

（3）目标设定。目标设定是指员工形成长短期职业生涯目标的过程，是职业生涯设计的核心。员工通过对个人特征的分析和内外环境的分析，不仅认识了自己，同时也了解了内外环境中的职业发展机会，从而根据自身的特点和环境条件为自己选择职业目标。

职业生涯目标的选择一方面应该是实际可行的，也就是通过自己的努力可以达到的；另一方面，职业生涯目标应该是具有挑战性和激励性的，也就是说职业生涯目标应该是立足于目前的现状，同时又高于个体目前的现状，是付出努力才能够达到的，从而激励个体不断发展和提高自己。

职业生涯目标通常可以分为短期目标、中期目标和长期目标。短期目标通常为一年以内的目标，中期目标通常为三年到五年的目标，长期目标通常为五年到十年的目标。

（4）职业生涯路径的确定。职业生涯路径是对前后相继的工作经验的客观描述，而不是对个人职业生涯发展的主观感觉，组织可以按职业生涯路径来调整员工的工作，训练和开发其担任各级职务和从事不同职业的广泛能力。职业生涯路径包括了一个个职业阶梯——由初级到高级，主要描述某一职业个人发展的一般路线或理想路线。

（5）职业生涯行动规划。职业生涯行动规划是指员工为了达到长短期的职业生涯目标应采取的措施。在行动规划中主要包括通过什么样的途径来开发和提高自己与目标相关的知识与技能。开发和提高的方式和方法是多种多样的，主要有自我学习、系统培训、观摩和考察、专题研讨会、互助学习或申请组织内的空缺职位等。

（6）评估与反馈。在行动的过程中，需要通过不断的评估与反馈来检核与评价职业生涯行动的效果。在职业发展的过程中，往往需要不断地对职业发展计划进行调整。这种调整可能是对具体的行动计划的调整，也可能是对职业生涯途径的调整，甚至可能是对职业生涯目标的调整。

5. 旅游企业在员工职业生涯设计中的作为

每一位有责任感的员工，都会在不同的时期设计、调整自己的职业生涯；每一个重视人力资源并且追求规范化管理的旅游企业，都应该积极地考虑设计旅游企业中各种职业的衔接与发展序列。旅游企业在员工的职业生涯设计中，应当采取适当的方式加以引导和促进，并给予积极的帮助。

（1）提供全面的职业信息。在进行职业生涯设计之前，员工首先希望得到有关职业情况和职业机会的信息。而及时、准确地提供职业信息，是旅游企业做好职业管理、促进员工职业发展义不容辞的责任。

①提供职位规范和职位说明

职位分析作为人力资源管理最基础性的工作，对工作的职责、与其他工作的关系、所需要的知识和技能等都进行了研究，而这些成果的文字性表述就是职位规范和职位说明，这些信息对于员工的职业生涯设计是必不可少的参照依据。

②提供绩效考评信息

旅游企业将员工绩效考评情况和结果反馈给本人，有助于员工全面正确地认识自己在工作中的优势与缺陷，通过对照职位规范和职位说明，找出个人与职业要求的差距，明确今后的职业发展方向和途径。

③提供调整职业所需要的信息

当员工在组织中工作一段时期后，由于工作绩效不理想或个人条件不允许，可能会对自己所选择的职业产生怀疑、进而希望调换工作职位。员工选择新的职业需要旅游企业提供以下必要的信息：

新的职业工作内容与其他工作是如何衔接、配合的。

调整职业对员工所受教育和工作经历的要求。

未来职业的发展机会。

④及时通报旅游企业管理架构、职位和职业变化的信息

当旅游企业的经营业务、管理架构、职位和职业发生变化时，员工的职业生涯或多或少都会受到影响。为了使员工的职业生涯能够跟上旅游企业的变化与发展，旅游企业应该针对这些变化，阐明需要员工调整职业生涯的措施。

（2）咨询和指导。

①有针对性地帮助分析

有条件的旅游企业可以聘请人力资源管理方面的专家，为员工职业生涯设计提供咨询，帮助员工进行实事求是的客观分析，指导其依据自己的实际情况、职位规范和职位说明以及旅游企业的需要，确定职业目标。

②垂直沟通，消除职业发展障碍

旅游企业应该建立员工职业生涯沟通机制，使上级与下级能够充分交换意见，就员工的职业生涯计划和途径达成共识。

6. 旅游企业员工职业生涯管理

员工的职业生涯管理是旅游企业与员工双方的责任，必须由旅游企业与员工分别做好职业生涯管理的份内工作，努力合作、紧密配合、共同完成对员工个人的职业生涯管理与开发。不同的员工所处的职业生涯阶段和旅游企业发展阶段在不断变化或特点各异，因此旅游企业对其员工的职业生涯管理是一种动态管理，是贯穿于员工职业生涯发展的全过程和旅游企业发展变化的全过程的动态过程。旅游企业对员工职业生涯的有效管理应当随着主、客观条件的变化而调整，一切从实际出发，因地制宜地实施运行。旅游企业员工职业生涯管理的具体内涵可以用图 8-1 表示。

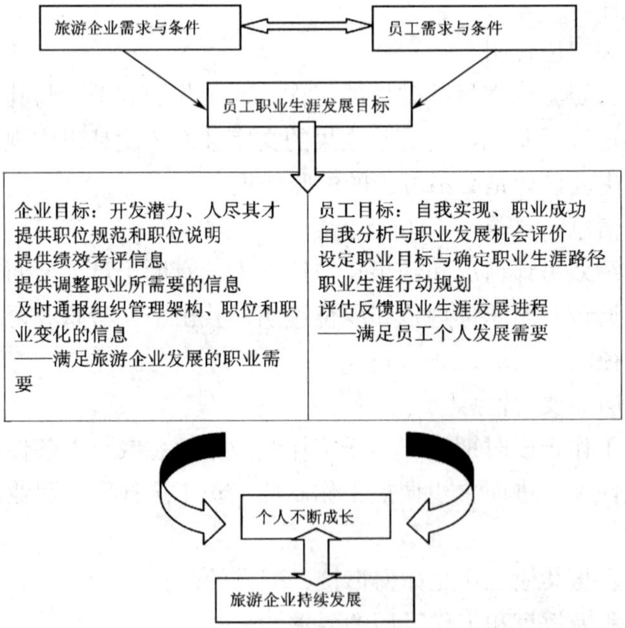

图 8-1　旅游企业员工职业生涯管理内容关系

就旅游企业而言，员工职业生涯管理实际上是研究旅游企业发展过程中产生的职业需求，

与员工理想抱负主导的个人职业发展需求之间的关系及其相互适应规律的科学。一个旅游企业要对其员工进行有效的职业生涯管理，必须系统地分析和研究员工个人因素（个人的生理特质、心理特质、学历、资历、家庭背景等）、环境因素（社会、政治、科技、经济、文化等）和组织因素（服务理念、目标任务、产品特点、市场组合、组织结构、管理机制、企业文化、薪酬福利、员工关系、发展策略等）。

8.3 旅游企业员工职位变动管理

8.3.1 旅游企业员工职位变动

所谓职位变动，是指由于工作的需要或员工个人需求的变化，员工工作性质或职位发生比较大的变化，体现为员工与工作职务的动态结合。员工职位变动既指在旅游企业内部职位横向与纵向之间的变动，又包括企业与企业之间的员工流动，它是职业生涯发展的一种必然形式。

员工的职业发展途径和组织能够为员工提供的发展环境，是影响员工职位变动的主要原因。按照这一线索，旅游行业员工职位变动的类型主要可以划分为以下四种：

1. 发展型职位变动

发展型职位变动涉及的员工往往有较强的职业志向，对自我职业发展有明确的规划。当组织提供的发展机会与自我职业发展相匹配时，员工能够较好地协调两者的关系；但当组织的发展与自我职业发展相冲突时，这类员工往往选择离开。随着人们生活水平的不断提高，追求自我职业发展的员工在旅游行业中所占比重越来越高，尤其是学历层次较高、事业心较强的大学毕业生，他们大多是组织的优秀员工或核心员工，如何满足他们的职业发展需要将是旅游企业人力资源部门必须认真思考的问题。

2. 逐利型职位变动

逐利型职位变动因素或原因很简单，就是为了获取更多的个人经济利益。在我国目前经济还不发达的情况下，绝大多数旅游行业的员工的主要工作目的还是解决基本需求，为了使自己的生活质量得到改善，不少员工在有机会获取更高薪酬的机会下往往选择职业流动跳槽。加之旅游行业员工整体年龄偏小，职业选择尚未定型，又没有家庭拖累，逐利型职业流动的比例明显较高。

3. 调整型职位变动

调整型职位变动的员工离职动机可能有很多种，包括工作和竞争压力过大、厌倦目前的工作、人际关系处理不好等。员工工作和竞争压力过大，一方面是旅游企业经营管理活动的内外部环境造成的，另一方面与员工自身的职业发展观有着密切的联系。当个人制定的职业目标过高而无论如何努力也难以达到，但自己又不能察觉时，员工就会产生职业流动的想法；

工作内容的简单重复可能导致员工的厌倦情绪；人际关系处理不好，难以融入企业文化当中也可能使员工产生职业流动的想法。

4. 生活驱使型职位变动

生活驱使型职位变动的动机是解决现实生活问题，如上班通勤困难、子女教育、侍奉老人、夫妻两地分居等，现阶段旅游行业的员工，特别是女性员工有这种倾向的占有相当大的比重。旅游企业应该对这一群体给予充分重视，解决他们的现实生活问题，尽可能地留住这部分员工，这对于增强组织的凝聚力，提高组织士气，进而增强企业竞争力具有十分重要的意义。

8.3.2　旅游企业组织管理与员工职业生涯的发展

1. 组织是个人职业生涯存在与发展的载体

在劳动力市场上，个人是劳动力的所有者，是劳动力的供给方；企业要通过劳动力的使用实现经营效益，是劳动力的需求方。双方必须结合，劳动力供给与需求才能平衡。供求结合与实现的过程，是员工让渡自己的劳动力给组织，供组织使用和支配，并与生产资料相结合的过程，也就是员工求职过程和职业活动过程。在这个意义上，员工的职业生涯离开组织需要是难以实现的。

在大多数情况下，人们只有进入组织，才能获得从事职业活动的机会和条件，并使个人职业才能得到发挥。不加入组织，就没有职业位置，没有工作场所，个人的才能再强，也难以发挥，更谈不上实现成功的个人职业生涯。所以，没有组织，就很难实现职业的发展。

职业生涯管理作为组织的一种长期、动态的管理过程，它贯穿于员工职业生涯发展的全过程和组织发展的全过程。而具体到每一个组织成员，他/她是处于个人发展及组织发展的不同阶段，由于其发展特征、发展任务以及应注意的问题不同，每一阶段都有各自的特点、目标和发展重点，因此，企业必须抓住不同员工每一个发展阶段的不同关键点，实施不同的职业生涯管理策略。

2. 员工的职业工作是组织存在的根本条件

在诸多生产要素中，员工是唯一能动的要素。没有员工在分工协作体系中各职业岗位上的工作，劳动工具、劳动对象、技术、资金等生产要素都会变成无用之物。员工在推动客体生产要素的过程中，不仅转移旧价值，而且创造新价值。员工的职业工作是企业利润的源泉。显然，如果没有员工，没有员工在组织中各职业岗位上的劳动，便没有组织的存在。

3. 组织的发展依赖于员工个人的职业发展

现代企业管理理论普遍认为，企业的成长和壮大，主要取决于科学知识、高新技术以及高水平、专业化的经营与管理，这些都要求有相应素质和能力的员工来承担新的职业工作和胜任新的职业岗位。因此，员工的职业发展，是组织发展的根本保证。

从上述分析可见，企业组织与员工在职业活动中存在着相互依存、相互作用、共同发展的关系。在职业发展过程中，员工要积极主动地提高自己和开发自己，企业组织也要积极努力地通过沟通、协调、管理为员工的职业生涯发展创造条件和提供机会。

管理训练

【实训目的】

1.了解职业生涯规划的相关理论。

2.运用所学的理论，进行自我职业生涯规划。

【实训时间】

本章课堂教学内容结束后的双休日和课余时间，为期一周。或者指导教师另外指定时间。

【背景材料】

根据本章介绍的职业生涯的五个阶段，同学们已经进入了第二个阶段——“进入工作阶段”，每位同学回顾从“成长阶段”到现在，自己的职业兴趣和志向的变化过程，并围绕“选择理想的企业比挑选满意的职业更重要”这一命题发表自己的观点。

任你的职业生涯中发生过哪些变化？是哪些因素影响了你？请在分组讨论中坦诚说明。

【实训过程设计】

（1）将全班同学平均分成小组，按每组 4～6 人进行讨论。

（2）根据背景资料，交流自己的职业兴趣和志向的变化过程，并说明是哪些因素影响了你。

（3）在同学交流的基础上，以“选择理想的企业比挑选满意的职业更重要”进行小组讨论。

（4）各实训组对本次实训进行总结和点评，参照“课业范例”撰写作为最终成果的《实训报告》。

（5）指导教师对小组讨论过程和发言内容进行评价总结，并讲解本案例的分析结论。（先评定小组成绩，在小组成绩中每一个人参与讨论占小组成绩的 40%，代表发言内容占小组成绩的 60%），各小组提交填写“项目组长姓名、成员名单”的《实训报告》。优秀的实训报告在班级展出，并收入本课程教学资源库。

本章小结

职业生涯是职业兴趣的培养、选择职业、就职，直至最后完全退出职业这样一个完整的人生过程，因此，其初始从接受启蒙教育起，其结束到失去劳动能力止。

职业生涯的具体含义体现在：职业生涯是个体的行为经历，而非群体或组织的行为经历；职业生涯是指一个人一生之中的有偿劳动经历，而非其他活动经历；

职业生涯是一个时间维度的概念，意指职业生涯期；实际的职业生涯期在不同个人之间有长有短，各不相同；职业生涯不仅表示职业工作时间的长短，而且内含着职业发展、变更的经历和过程。

本章通过对职业生涯发展的不同阶段的描述，针对性地论述了企业在对员工职业生涯管理上的可作为。

综合练习

一、单项选择题

1. 以下对职业生涯基本含义表述不正确的是（　　）。
   A. 职业生涯是个体的行为经历，而非群体或组织的行为经历
   B. 职业生涯是指一个人一生之中的有偿劳动经历，而非其他活动经历
   C. 职业生涯是一个时间维度的概念，意指职业生涯期。实际的职业生涯期在不同个人之间有长有短，各不相同
   D. 职业生涯仅表示职业工作时间的长短
2. 职业停滞指的是（　　）。
   A. 指个人在工作中职务或职称晋升缓慢，而且继续升迁的希望逐渐减少
   B. 不上班
   C. 病假
   D. 在职学习
3. 员工往往有较强的职业志向，对自我职业发展有明确的规划引起的职位变动是（　　）。
   A. 发展型　　B. 逐利型　　C. 调整型　　D. 生活驱使型

二、名词解释

1. 职业生涯
2. 职业生涯设计
3. 职位变动

三、问答题

1. 什么是职业生涯？
2. 根据旅游企业的职位分布，旅游企业员工职业生涯发展的途径可以有哪些？
3. 旅游企业在员工职业生涯设计中应该发挥什么作用？

第 9 章 旅游组织跨文化人力资源管理

学习目标

- 了解旅游组织文化的概念与特点
- 熟悉旅游组织跨文化的人力资源管理
- 掌握旅游组织文化建设

互联网阅读

在学习本章之前，请你连接 ttp://baike.baidu.com/view/74923.htm。

迪斯尼：培养生产快乐的员工

沃尔特·迪斯尼："我的公司的业务就是让人们，尤其是让孩子快乐。"

1955 年，当沃尔特向新公园首批演员介绍了公司服务的基本要点，在与客户互动过程中来引导他们，在迪斯尼的第一堂适应课上，公司的演员学到的服务主题是："我们创造幸福。"今天的新演员学到的服务主题是："所有的人，无论他们的年龄怎样或他们来自哪里，我们都应用最好的娱乐来为他们创造幸福。"

（1）迪斯尼服务主题的进化，见表 9-1。

表 9-1 迪斯尼服务主题的进化

年 份	服 务 主 题	意 义
1955 年	我们创造幸福	在主题公园的想法之初，从电影媒体的开始起步的时候，幸福被认定为客户所寻找的"需要"。这里的"我们"是指公司的演员
1971 年	通过提供最好的娱乐创造幸福	引入"最好"的这一说法是承认在动荡时期有市场也有竞争
1990 年	通过为不同年龄、不同地方的人提供最好的娱乐创造幸福	到了 20 世纪 90 年代迪斯尼已经意识到在日趋成为世界市场的环境下，潜在客户的多样性需求越来越重要
2001 年以后	我们创造幸福	迪斯尼不断观察客户的变化和要求，尽管服务主题在不断进化，其多少还是保持原来的内容

（2）确定服务主题的承诺

（3）安全、礼貌、表演和能力

从1955年沃尔特·迪斯尼在美国洛杉矶创建世界上第一个生产快乐的主题公园——迪斯尼乐园，到1971年在美国佛罗里达州奥兰多创建迪斯尼世界、1983年的日本东京迪斯尼乐园和1992年的法国巴黎迪斯尼乐园，迪斯尼名震全球，成为世界旅游业主题公园中的一张王牌。

迪斯尼乐园人力资源管理的成功经验，就在于它懂得把一个平凡无奇的“人”，改变成一个可以产生无限附加价值的“迪斯尼人”。

资料来源：http://baike.baidu.com/view/74923.htm

组织文化在价值观、人的行为方式、管理风格等诸多方面影响着组织人力资源管理。近些年来，世界经济的一体化，给旅游组织带来了巨大的发展空间，也给旅游组织带来了巨大的挑战，欧美国家的旅游组织为了扩张自己的发展空间，面对市场的激烈竞争，纷纷实行跨国化经营和一体化经营。跨文化组织的出现是跨文化的人力资源管理成为人力资源管理的一个重要方面。

9.1 旅游组织文化概述

9.1.1 文化与组织文化的概念

文化是一个涵盖面非常广泛的概念，几乎包容了人类生活的方方面面，同时文化又是一种复杂的社会现象，不同学科的专家对文化有不同的定义。1952年人类学家克伯（A. L. Kroeber）和克拉克（C. Klachoha）在《文化，关于概念和定义的检讨》一书中列出的文化定义有146种之多，可见对文化下一个定义是困难的。这里，根据权威的《辞海》给出的定义，文化是指“人类在社会历史实践中所创造的物质财富和精神财富的总和，更特指精神财富，如文学、艺术、教育、科学等”。而狭义的文化则是指“社会的意识形态，以及与之相适应的制度与组织机构”。

组织文化是组织学家从人类学家那儿借来概念和方法，从组织管理的角度来研讨文化。尽管对组织文化没有统一的定义，但组织文化对组织管理理论的发展起到了极大的推动作用。大多数学者把价值观作为组织文化的核心内容。比较经典的是著名美国组织行为学家希恩（E. H. Schein）对组织文化下的定义：“组织文化是特定组织在适当处理外部环境和内部整合过程中出现的种种问题时，所发明、发现或发展起来的基本假说的规范。这些规范运行良好，相当有效，因此被用做教导新成员观察、思考和感受有关问题的正确方式。”

20世纪80年代，美国学者对日本企业管理特色的研究引发了全球的企业文化研究热潮。

9.1.2 组织文化的形成与人力资源管理

组织文化理论产生于20世纪70年代末80年代初。它是组织管理发展的必然成果，是一门新兴的组织管理科学，它的兴起标志着组织管理科学研究进入了一个新的阶段。

企业文化“源于美国，根在日本”，即企业文化的理论从美国诞生，但在日本企业管理实践中得到最大的体现。企业文化理论是美国的管理学者对美日两国进行比较管理研究的产物。20 世纪 70 年代末 80 年代初，美国作为世界头号经济强国，在石油危机的冲击下，其企业竞争能力大大削弱，劳动生产率停止了增长，而东方小国日本的经济却得到长足的发展，并在许多方面超过了美国，对其经济利益形成了强大威胁，特别是 20 世纪 70 年代之后，日本企业在电子、信息等生产领域和传统的工业部门对美国企业长期占据的优势地位提出了挑战。20 世纪 80 年代后，日本更在很多方面都超过了美国，这给美国企业和美国经济带来了巨大的震动，引起了世人的广泛关注。在对“日本奇迹”的探索中，美国研究人员逐渐意识到，形成企业巨大生产力和高质量、竞争力强的产品的不仅仅是发达的科学技术、先进机器设备等物质、经济因素，而且包括更为深刻的社会历史、文化传统、心理状态等文化背景因素，正是这诸多的因素融合而成为日本企业独具的特色，造就了日本人与众不同的企业精神。这种对日本企业成功奥秘的探究，引起了美国理论界对本国企业文化实践的深刻反思。经过研究，美国专家学者认识到，在日本企业中，不是就管理论管理，而是从企业经营哲学的高度研究企业管理，把企业视为一种文化实体来实施管理。他们把日本的经验与美国的管理现状进行了比较，作了系统的概括和总结，形成了有关组织文化理论的一系列著作，提出了独到的见解，标志着组织文化理论的形成。

组织文化理论的兴起也是 20 世纪中后期新技术革命的发展和人们对人类自身的认识深化的结果。重视人的发展和人的潜能，充分调动人的积极性，成为时代的共性和人类发展的现实趋势。文化管理受到各国企业的普遍关注。企业联合兼并的趋势，使得文化沟通、文化融合的问题突出起来。特别是进入 90 年代以来，文化对员工行为的影响作用越来越大，组织控制的跨度拓宽，组织结构扁平化，工作团队的引入，员工权力的增大，要求组织提供共同的价值体系。科技发展和竞争的加剧使得组织对劳动力素质要求越来越高，劳动力结构发生变化，知识层次普遍提高，把员工当做“社会人”，满足员工心理的、感情的、精神的需要，形成和发展员工群体价值观，成为组织文化理论研究的时代课题，同时也是人力资源管理研究的中心问题。

组织文化理论的兴起对人力资源的开发与管理具有重要意义。它突破了传统的企业观，认为企业不仅要创造利润，还要谋求人的全面发展，谋求人与其本质活动——生产活动的统一，实现社会与其生产组织形式——企业的统一。正如美国著名管理学家德鲁克所指出的，“利润和营利性固然是极为重要的，但营利性并不是工商企业和企业活动的目的。”“企业的目的必须存在于企业本身之外，事实上，它存在于社会之中，因为企业是社会的一个机构。”组织文化理论的兴起标志着组织管理研究向更加深化、更高层次发展。组织文化是组织赖以生存和发展的精神支柱，是组织管理的最高层次，组织文化理论适应了组织人力资源管理的需要，有利于实现组织目标。该理论追求组织的整体优势和组织成员良好的集体感受，通过组织的“文化优势”，创造出导致个体从众行为的群体规范和共同价值准则，通过成员的集体感受，使组织的人际关系达到协调，从而全面促进组织人力资源的有效管理与开发。

9.1.3　旅游组织文化的特点

对于任何一种组织来说，由于每个组织都有自己特殊的环境条件和历史传统，从而也就形成了自己独特的哲学信仰、意识形态、价值取向和行为方式，于是每种组织也都具有自己特定的组织文化。旅游组织同样也具有自己特定的文化。旅游组织文化的特点表现在以下方面。

（1）旅游组织文化的核心是组织的价值观。任何一个组织总是要把自己认为最有价值的对象作为本组织追求的最高目标、最高理想或最高宗旨，一旦这种最高目标和基本信念成为统一本组织成员行为的共同价值观，就会构成组织内部强烈的凝聚力和整合力，成为统领组织成员共同遵守的行动指南。

因此，组织价值观制约和支配着组织的宗旨、信念、行为规范和追求目的。在这个意义上来说，组织价值观是组织文化的核心。例如，五星级的上海波特曼丽嘉酒店提出其宗旨是，员工都是绅士和淑女，我们的事业是绅士和淑女为绅士和淑女服务的事业。上海波特曼丽嘉酒店的哲学和文化是自尊与互相尊重，这一核心理念与价值观得到了酒店员工的高度认同感，使丽嘉酒店获得在同类酒店中不平凡的业绩，由“最佳雇主”，到“最佳员工”，再到“最佳服务”，最后成为“最佳业绩”酒店。

（2）旅游组织文化的中心是以人为主体的人本文化。人是整个组织中最宝贵的资源和财富，也是组织管理活动的中心和主动因素。因此组织只有充分重视人的价值，最大限度地尊重人、关心人、依靠人、理解人、凝聚人、培养人和造就人，充分调动人的积极性，发挥人的主观能动性，努力提高组织全体成员的社会责任感和使命感，使组织和成员成为真正的命运共同体和利益共同体，才能不断增强组织的内在活力和实现组织的既定目标。对任何一个管理者来说，一支稳定的员工队伍意味着员工对公司各方面的高认同感，没有这种认同感，所谓的敬业、奉献根本无从谈起，一切精心设计的管理措施也就没有了发挥作用的地方。上海波特曼丽嘉酒店的员工是忠诚的，其雇员平均流动率大大低于同类饭店，它吸引和保留了大量优秀员工，从而使之获得了卓越的成绩。

（3）旅游组织文化的管理方式是以软性管理为主。组织文化是以一种文化的形式出现的现代管理方式，也就是说，它通过柔性的而非刚性的文化引导，建立起组织内部合作、友爱、奋进的文化心理环境，以及协调和谐的人群氛围，自动地调节组织成员的心态和行动，并通过对这种文化氛围的心理认同，逐渐地将其内化为组织成员的主体文化，使组织的共同目标转化为成员的自觉行动，使群体产生最大的协同合力。许多旅游企业的发展证明，这种由软性管理所产生的协同力比组织的刚性管理制度有着更为强烈的控制力和持久力。像多次获得世界最佳酒店称号的泰国曼谷东方大酒店、香港半岛酒店等，酒店中有不少员工是来自一个家庭的兄弟姊妹或父子，他们与酒店同发展共命运，酒店利益与员工利益达到高度一致，使酒店多次荣获“最佳酒店”称号。

（4）旅游组织文化的重要任务是增强群体凝聚力。随着旅游业的对外开放程度越来越高，旅游组织中的成员构成日益复杂，他们来自不同的地区，甚至不同的国度，由于不同的风俗习惯、文化传统、工作态度、行为方式、目的愿望等都会导致成员之间的摩擦、排斥、冲突乃至对抗，这往往不利于组织目标的顺利实现。而组织文化通过建立共同的价值观和寻找观念共同点，不断强化组织成员之间的合作、信任和团结，使之产生亲近感、信任感和归属感，实现文化的认同和融合，在达成共识的基础上，使组织具有向心力和凝聚力，这样才有利于组织行动的齐心协力和整齐划一。在许多合资合作的旅游企业中，中外员工和睦相处，共同发展，并形成了很多独具特色的跨文化旅游企业管理创新模式。

组织文化是一个有着丰富内涵的系统体系，其中包括许多相互联系相互制约的基本要素。迪尔和肯尼迪认为构成组织文化的要素有五种：环境条件、价值信仰、英雄人物、习俗礼仪、文化网络。

而美国学者彼得斯和沃特曼认为至少有七种要素，即经营战略、组织结构、管理风格、工作程序、工作人员、技术能力、共同价值观。这七种要素被称为“麦金瑟 7-S 结构”，如图 9-1 所示。

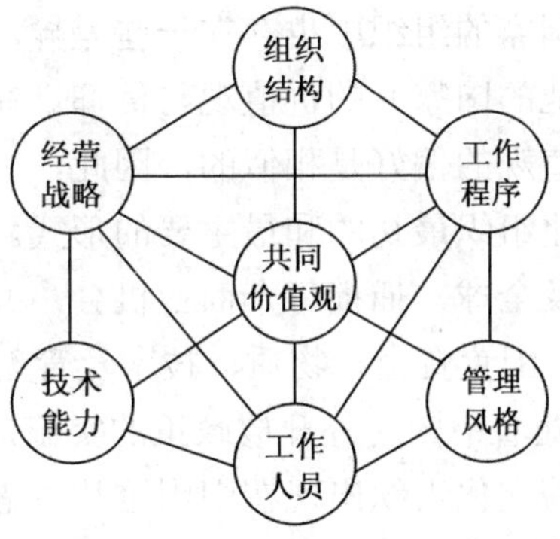

图 9-1　麦金瑟 7-S 结构

从现代管理学的角度看，旅游组织文化主要由三个方面构成，即表层文化、中层文化和核心文化。

（1）表层文化。表层文化包括一些可见的事实，如成员的行为模式，许多有形的并具有象征性标志意义的事物，如企业使命说明、口号标语、英雄样板的逸事传说、礼仪、规范与习惯以及物质环境等可以感知的软件和硬件等，它们是群体价值观的特质载体。

（2）中层文化。中层文化包括组织共同信奉与提倡的价值观、原则、宗旨与信念的说明，是对核心层所含内容的解释与说明。中层也是制度层。它是根据国家的企业法及各项法规而制定的企业各种管理制度，同时也包括人际关系、领导制度等，是企业的行为准则，以此来约束企业所有人员的行为，维护企业的正常秩序，保证企业的经营活动按照过程管理原则顺利进行。

（3）核心文化。核心文化是人们外显行为的基本假设和理念，是组织文化的精神层。这是企业文化的主体、核心，它包括了企业的目标、企业信奉的哲学、企业的精神、企业道德、企业风气、企业的宗旨等。

9.2　跨文化的人力资源管理

9.2.1　跨文化组织面临的文化差异

随着全球经济一体化，国际经济交流日益扩大，旅游组织业务也面向全球化发展，在不同的国家（地区）开设分公司及与当地企业合资经营。跨文化组织的出现与发展，使跨文化的人力资源管理成为人力资源管理的一大趋势。

1. 跨文化组织的含义

跨文化组织是一个跨越两个或两个以上文化环境而从事经营的组织。所谓组织的文化环境，是指组织在长期经营实践中形成的并需要全体成员普遍遵循的共同价值观念、行为规范和准则等因素的总和。

组织文化环境和国界并没有必然联系，但是，国家环境是影响组织文化环境的最重要的因素，这是因为，尽管同一个国家的组织中也存在一些差异，但一个组织总是会反映出它所在国家（或作为主导性工作基地的国家）的价值观与信仰。在同一种国家文化中的组织对权威、时间、不确定性等基本价值观的偏好是相似的，因此，它们的组织文化也趋向于相似的变化。所以，国际企业是跨文化组织最初的和最主要的形式。国际企业在多个国家内有一个子公司连锁网络，它的视野遍及全球，捕捉每个商业机会，并在全球范围内为了一个共同目标（整个企业的发展）而获取、配置资金、物质、技术及管理资源。

20 世纪 80 年代初开始，随着中国对外开放政策的实施，许多国际企业纷纷将触角伸向中国，兴办了大批三资企业，跨文化组织出现在中国这片古老的土地上。许多知名的饭店管理集团，如假日集团、香格里拉酒店管理集团等在中国落户。进入 20 世纪 90 年代后，一些有一定实力和胆识的中国企业也开始主动寻求对外直接投资的机会，成为中国第一批走出国门的企业。特别是中国加入 WTO 后，中国的旅游组织也将在全球范围内参与竞争。因此，旅游组织中跨文化管理的问题也越来越多，旅游组织的管理者应注意到这一变化，对之进行适时的管理。

2. 跨文化组织面临的文化差异

跨文化组织内的文化差异来自三个方面：民族（国家）文化差异、组织文化差异和个体文化差异。

（1）民族（国家）文化差异。民族文化差异是组织母国和东道国文化间的差异，主要包括：政治差异；法律差异；体制差异；价值观差异，即人们在信仰、价值、心态等方面的差异；行为方式差异，行为方式是价值观的直接外在形态的物化，如以何种方式处理企业经营中的各项事务；语言差异；物质文化差异，物质文化指一个国家的经济发展的物化形态，具体体现在该国的自然资源、人力资源素养及其科技教育水平、物质生活水准以及表征投资导入国经济状况的基础设施及金融能力等方面；产品文化差异，产品文化指国际企业的产品结构、品种等。

（2）组织文化差异。组织文化差异是合资合作企业中双方自身特有的组织文化风格的差异，主要体现在组织的所有权、经营权、控制权的具体形式上。

（3）个体文化差异。个体文化差异是双方当事人个体文化素养的差异，主要包括：职业状况差异，如工作时间、工作地点、职位晋升等方面的差异；教育水平差异；社会模式差异，如从业人员的性别、年龄的构成等方面的差异；生活方式差异，如饮食习惯、对待家庭的态度等方面的差异。

9.2.2　国际企业中人力资源管理职能的跨文化特征

国际企业中包含了来自不同国家或地区、具有不同文化背景的员工，因此，国际企业需面对一个问题——如何在跨文化背景下进行有效的人力资源管理。下面首先介绍目前国际企业中的四种人力资源管理方式，接下来对国际企业中员工的招聘、培训、绩效考评、补偿等人力资源管理职能进行详细介绍。

1. 国际企业中四种人力资源管理方式

国际企业中人力资源管理有四种方式，如表 9-1 所示。

表 9-1　国际企业中人力资源管理的四种方式

人力资源管理的各方面	倾向性			
	种族中心主义	多中心主义	区域中心主义	全球中心主义
标准的设立、评价和控制	由母国完成	由当地子公司的管理层完成	由区域内不同国家协商完成	当地和全球共同完成
交流与协商	由总部发给当地子公司	部分在公司内部、部分在子公司和总部之间	少量在子公司与总部之间，主要在同一区域的子公司间	在子公司之间的全球网络体系
管理人员	母国人员	东道国人员	人选来自本区域内某国家	将最佳人选放置在最能发挥才干的地方

（1）在种族中心主义方式下，国际企业简单地将母国使用的人力资源管理方法和政策移植到外国的子公司，从母国来的驻外员工管理着子公司，总部对子公司的政策保持紧密的控制。

（2）在多中心主义方式下，子公司基本上与总部独立，人力资源管理政策是根据当地的环境而制定的，由当地人员应聘进行人力资源管理。

（3）在区域中心主义方式下，企业将全球的下属企业划为几个区域，人力资源管理政策在某个区域内最大限度地得以协调，子公司可能采用该区域任何国家的管理人员，区域内的协调和交流程度很高，但在地区与总部间的交流与协调相当有限。

（4）在全球中心主义方式下，人力资源管理政策是为达到由母国和子公司组成的全球网络的共同目标而建立起来的，该政策是使全球利益最大化的最佳政策，企业中的人力资源管理和其他活动被那些最合适的人选管理着，而不去考虑国籍问题。

2. 国际企业中人力资源管理职能

（1）招聘。国际企业的员工来源有三个渠道：经过本国母公司教育培训，具有管理经验的本国公民；经过东道国的分、子公司教育和培训，并取得管理经验的东道国人才；从第三国选拔管理人才。一般国际企业的上层主管由母公司派出，中下层管理者则从东道国或第三国中选拔，其他所有人员，主要是一般员工，则从东道国招收聘用。当然，没有哪一国或哪一家企业有关人员配备的具体标准比例，一般都根据具体情况来决定。

在东道国选拔员工时，应考虑当地的具体情况。例如，在一些发展中国家，由于有技能的劳动力比较少，所以往往需要一家当地的人事甄选机构指出当地有技能的员工的来源。另外，子公司招聘工作必须符合当地的雇佣法律。在某些国家中，可能必须由一个政府控制的劳动部门来指导招聘工作的展开。例如，在越南，当地劳动部门介入招聘程序中，有时当地部门可能会在一个外国子公司中安插一些并没有足够工作能力的员工，子公司很难拒绝，甚至企业有些重要的招聘方案还必须经过高层政府官员的批准。

为提高子公司招聘工作的有效性，可以采取以下方法：企业应学习在东道国经营的其他公司招聘工作的成功经验，采用适合东道国国情的招聘方法；企业可以聘请一个经验丰富的当地人，协助解决招聘工作中的细节问题；招聘广告应以与当地风俗和土语一致的方式来书写，以免导致误解；在会谈中应允许当地人使用其母语，使他能够展示出自己的最佳风采。

总部所面临的是驻外员工的选拔问题，一个合适的驻外人选必须符合 6 项标准：必须愿意并有去海外的动机；必须有从事该工作的技能；必须可适应；有好的人际交往能力和建立关系的能力；有好的交流沟通的能力；有家庭支持。文化落差越大，则这些因素越重要，如表 9-2 所示。

表 9-2 驻外员工选拔因素表

驻外动机	工作能力	适应能力	积极的家庭状态	交流能力	建立关系的能力
对使命的信仰	技术能力和自信	对分歧的容忍力	配偶及家庭对移居海外的兴趣/意愿	理解的技巧/灵活性	人际交往技巧
职业道路的和谐	管理经营能力	行为灵活性	配偶/家庭的适应能力	语言能力	关系的培养建立
对海外经历的兴趣	对总部和子公司的了解	接受新文化的能力	婚姻稳定性	使用语言的意愿	
对东道国的兴趣		增援替代		非语言交流能力	
接受行为态度的意愿		减少压力的能力			

（2）培训。国际旅游企业的员工培训涉及两个方面：对东道国当地员工的培训和对母公司驻外员工的培训。

由于培训可以减少或消除许多使用东道国当地人带来的潜在问题，许多国际企业正在对东道国当地员工的培训上大下工夫。这种培训往往有两个层次：第一层次，提供完成工作所需的必要的技能和纪律的培训，在较不发达国家中人的技能水平往往低于要求，在这种情况下，为当地员工提供培训是非常重要的。然而，在母国设计的培训体系可能并不能在别种文化中得以适当地应用。首先，在翻译培训教材时可能会有困难；其次，人们学习的方式和适合他们的培训方法随文化不同而不同，所以，一个人力资源经理必须开发适于子公司的方法。第二层次，培养一批既熟悉企业产品和业务，又了解国际企业文化和战略的本地专业人才。同时，还可将很有潜力的当地员工培养成为中、高级管理人才，为国际企业的全球人才库补充新鲜血液。培养管理人才的一个有效方法是建立系统的导师方案，即让一名有经验的驻外员工与受训者共事，以帮助其学习适应总部要求的管理方法。

对于驻外员工而言，跨文化培训是至关重要的。在很大程度上，驻外员工的工作失败是由“文化惊愕”造成的。一般来说，驻外员工在抵达客国的4～6个月内，就有可能产生“文化惊愕”现象。其“症状”是：思念家乡、感到无聊、退缩、过度睡眠、烦躁、家庭关系紧张等。驻外员工不能适应不同的自然环境和文化习俗是造成此现象的主要原因。因此对驻外员工进行跨文化培训是必不可少的一个环节。培训能提高驻外员工的跨文化技能、对新职位的适应能力及工作表现。研究者对国际企业的跨文化培训效果进行过调查，发现它的确能提高驻外员工面对新文化时的能力，例如，接受过跨文化培训的上司会在与外国子公司接触时使用更有文化适当性的领导方式；而当一个人被要求解释一个外国人的行为时，曾接受过跨文化培训的人更容易做出正确解释。

驻外员工跨文化培训包括以下几个方面：第一，介绍情况或适应实际的培训，即向受训者提供一个国家的概况，通过阅读材料、讲座、调整适应以及观看录像进行。第二，在所在国环境中的培训，即用当地的观点来解释异国他乡风土人情行为。这有助于受训者理解当地人的行为动机。此外，受训者还要相应地使他们的行为适应当地人的行为。第三，文化意识培训，即让受训者了解本国文化中的价值观、行为、态度，以证实文化对行为的影响。第四，认识观念转变的培训，即帮助受训者了解所在国当地家庭、工作群体和宗教团体中的奖惩制度，然后让受训者领会当地文化中的奖惩结构。第五，经验的学习，使受训者通过文化模仿、模仿角色和实地考察而相互交流地练习。第六，相互交流的培训，即给受训者机会与当地人和回国的经理交流，以增强他们对自己所学知识的信心。此外，他们还能吸收回国经理们的经验。

（3）绩效考评。对子公司的人力资源经理而言，研究东道国的文化有助于确定哪方面的绩效将被鉴定以及如何进行鉴定，从而对母公司的绩效考评体系和评价指标加以变通。东道国的文化可能影响到某种类型的绩效考评方法是否被接受。例如，一个注重个人绩效考评的考评体系，在美国这种个人主义至上的社会可能会成功使用，但在日本和中国这类集体主义文化的社会中，过分强调个人功绩的考评体系将不太适宜。

东道国文化也影响着子公司的绩效标准。在日本，为保持团队和谐与凝聚力的行为（如帮助解决团队成员间冲突）与那些关注于目标的行为（如增加销售额）相比，前者的重要性不亚于后者，不利于团队和谐的工作绩效肯定会被视为不正确。

在评价驻外员工绩效时要考虑许多因素。首先，环境会影响到绩效的评价。环境条件随国家不同而有差异，某些国家动荡的政治环境将直接影响驻外员工和第三国人员的工作绩效。再者，一个驻外员工工作的本质特点也影响到绩效的评价。例如，一般驻外员工适于评价其短期绩效，而作为高层管理者的驻外人员应评价其长期绩效。

因此，对驻外员工的绩效考评体系的建立要求特别谨慎。除了选用的指标需谨慎考虑外，由谁来评价也是很复杂的问题。通常一个驻外员工的顶头上司是行使这一职责的主要人选，但是，在驻外员工是经理的情况下，他的顶头上司通常是远在千里之外的公司总部的某个人，因为顶头上司几乎没有机会考评驻外员工的绩效，有关该员工的信息必须由在子公司和总部内能评价他行为的某些相关人员提供。

（4）补偿。东道国当地员工的补偿体系必须与当地工资法律规定（如法定最少工资额）、工会影响力、其他法律限制（如反对性别工资歧视的禁令）以及文化偏好相适应。各个国家中有关养老金、社会保险、医疗保险及其他福利的规定差异很大，在某些国家里像住房、交通、年终奖金之类的福利是法定的，而在有些国家则没有。

除了为东道国员工设立一个补偿体系外，子公司人力资源经理还必须为母国驻外员工和第三国人员设立一个适当的补偿体系。一个有效的驻外员工补偿体系应该具有以下特点：能吸引在国际任职上有资历和兴趣的员工；为驻外员工在各子公司之间和在母公司与子公司之间的调动提供开支；在总部员工、各子公司员工的报酬水平之间建立协调一致、合理的关系；使公司的工资制度与主要竞争者的工资制度旗鼓相当。

在各国际企业间对驻外员工的补偿政策是存在差异的，但大多数企业的补偿体系都包括工资、税收、福利、津贴几项内容，如表 9-3 所示。

表 9-3　一个典型的驻外员工补偿体系

工　资	• 工资与母国或典型的东道国工资（二者中稍高的）相等，既可用母国货币，也可用东道国货币支付 • 工资中应包括与移居海外有关的成本 • 包括对接受海外任职的奖励 • 为抵消汇率变动损失而采取货币保护措施
税　收	• 使驻外员工向东道国纳税极小化的税收保护（将报酬的结构做巧妙调整） • 平等的税收政策，使驻外员工不会交纳比国内员工更多的税收
福　利	• 从母国移植来的福利（如医疗保障、养老金） • 在东道国有而在母国没有的额外的福利（如假期）
津　贴	• 为在生活费用更高的东道国工作的员工补贴生活费用 • 使员工可以在住房开销更大的东道国享受同等住房待遇的住房津贴 • 为孩子提供的教育津贴 • 安置新家的津贴 • 将国内商品搬往国外的购物费和储存费 • 每年有一次回国探亲的机会

在建立驻外员工补偿体系时会面临一些特殊问题。目前，在驻外员工补偿体系中存在着四个最普遍的问题：在母国、东道国、第三国员工间的报酬差异问题；如何根据驻外员工家庭的寿命周期，改变驻外员工补偿内容（如子女很小、子女上大学等）；与驻外员工重回母国企业相关的补偿问题；若现有补偿体系没有在新的国际商业环境做出足够改变而继续应用该体系会带来的问题。

很显然，建立和监控一个驻外员工报酬体系是一项复杂的任务，驻外员工在有差异的国家中工作，而且每个人的偏好和需求不同，驻外员工的补偿体系必须有足够的灵活性以适应这种多变性，努力使驻外员工在相互比较其收入水平时不会有所不满。

9.2.3　创造多文化组织

一个跨文化组织吸取组织体系中文化多元性带来的优势比单纯地宣布承认文化多元性更有意义，它要求管理者在一个跨文化组织中创造一个真正的多文化组织。

多文化组织是一个能够培养和利用有益的文化多元性的跨文化组织。在这种组织内，有不同文化背景的员工可以为追求个人与组织的利益而发挥他们更大的潜力。多文化组织比跨文化组织更进一步，管理者必须将创造和管理组织中的文化多元性纳入组织规划，并努力实施该规划。

建立多文化企业要求各高层管理者对多文化组织的特征和实现这些特征的途径有清楚的了解。表 9-4 列举了多文化组织的六个特征和实现方法。一个多文化组织内成员是异质的，组织为了创造该类组织，必须通过培训来提高文化差异性意识和合作技巧，应对新员工和现有员工描述来自不同国家员工的异同之处。文化和语言培训能帮助主导性群体的员工更好地理解来自不同文化的人。

表 9-4 多文化组织的特征

特　征	达到该特征的方法
多文化	• 培训 • 确保少数性群体的新鲜血液输入 • 将文化多元性列入企业使命的陈述中
完全的结构融合	• 教育、培训、特别的活动 • 绩效考评和报酬体系 • 福利 • 灵活的工作时刻表
与正式团体的融合 偏见的消除	• 导师、特别的活动、支持性群体 • 平等机会研讨会 • 焦点小组 • 消除歧视的培训计划 • 任务特权小组
对目标的公平识别 最小的团队间冲突	• 将少数派也放到使命、目标和战略中 • 冲突减少培训 • 调查反馈

中国是旅游大国，而且加入 WTO 后，国外众多的旅游企业也会瞄准中国这一巨大市场，中国的旅游企业也同样要走出国门，参与到国际竞争的行列中去。因此，中国的旅游企业从现在起就更应重视组织的多文化特征，吸收各国相关行业的管理经验，因地、因时制宜，为有效地创建旅游多文化组织打下基础。

9.3 旅游组织文化建设

9.3.1 旅游组织文化建设的原则

1. 创新性原则

在知识经济时代，创新的作用得到空前强化，创新变成了企业的生命源泉。在剧烈变动的时代，成功者往往是那些突破传统游戏规则、敢于大胆创新、不畏风险的人。因此在组织文化建设中要勇于创新，形成一种创新文化。创新文化涵盖了产品、管理、服务和市场等各个方面，应成为旅游组织经营活动中的主导文化。

2. 立足民族传统文化，注重吸收外来先进文化

尽管越来越多的跨国企业进驻中国，带来了诸多的外来文化，但我国的旅游企业在文化建设中仍应立足民族传统文化，从中国的国情出发。因为，我们的民族文化传统经过世代相传，已经渗入我们意识的深层，沉积在我们的心灵之中。所以，企业文化的建设要充分重视民族文化传统的影响，正视民族心态对外来文化可能的认同与接受的程度，同时又要大胆地吸收和借鉴当今世界各国一切先进的管理思想和优秀的企业文化，找出适合我国企业发展的企业精神，建设具有中国特色的旅游企业文化。

3. 主体性原则

旅游组织的主体只能是职工群众。企业文化建设必须坚持依靠广大职工群众，维护职工的主人翁地位，培育职工的主人翁意识，发扬职工的主人翁精神，提高广大职工对企业文化的认识，把尊重人、关心人、理解人、爱护人作为企业文化建设的重要内容。

4. 整体性原则

整体性原则就是要以旅游组织经营为中心，把企业文化作为一个有机整体来建设，对企业文化建设要进行通盘考虑，要有总体规划，必须全面发展，不能强调一点而忽略其余，防止企业文化畸形发展。

5. 求实性原则

建设企业文化必须从本企业实际出发，结合本企业的经营管理特色，循序渐进，稳步发展，不照搬照抄别的企业文化，不搞形式主义。例如，一些旅游企业在确定自身文化时，没有认真考虑企业特点，造成许多旅游企业的宗旨、战略、价值观的不一致。没有特色的企业文化是难以扎根于员工思想深处的，也难以树立起鲜明的企业形象。

9.3.2 旅游组织文化建设的途径

1. 培育企业共同价值观，规范员工的行为取向

企业文化价值观念在企业文化内容体系中处于核心地位，它是企业每个人评判是非的标准，规定着企业全体员工共同的努力方向和行为准则。培育企业的价值观主要抓住三个环节。

（1）做好宣传教育工作，让员工理解和接受企业价值观。宣传教育工作是培育企业价值观的基本途径，它以舆论导向、文化传播等方式，让企业员工和社会公众在耳濡目染、潜移默化的宣传中，接受企业倡导的价值观。大众传播媒介是宣传教育工作必不可少的工具，它包括报纸、杂志、书籍、图片、标语、广播、电视、计算机网络等。旅游企业在运用大众传媒时，除了要注意媒介的持续重复和择优选用外，还要注意媒介的综合运用。综合运用传播媒介可以取长补短，形成系统工程，达到整体功能优化。例如，麦当劳餐厅除了用醒目的广告牌外，还采用了电视媒体、音乐等多种形式宣传其快餐文化，及其 QSCV（Quality——质量，Service——服务，Cleanness——卫生，Value——价值）核心价值理念。

在企业内部的宣传教育中，可以采用的方式有灌输式、启发式和感染式。灌输式通常采用讲授、朗诵或背诵的做法。例如，国内外一些企业让员工在特定的场合中朗诵企业精神，既给庆典活动带来一种热闹喜庆的气氛，也能使员工在心灵上得到一次升华。启发式是教育者和接受教育者处于平等地位的教育方式。旅游企业的管理者与员工一起共同探讨企业价值观在企业发展中所起的作用，以及需要修正和加强的地方。感染式是被教育者置身于某种特定的情景或氛围中不自觉地受到教育，如可将企业价值观和企业精神以图案形式来表达，做成标志物如雕塑、徽章等放在办公室、企业建物顶上或墙上，有的还可印在制服上，使员工置身在其中，感受到一种身临其境的氛围。

（2）发挥人格化示范的力量，将价值观生动直观地展示给全体员工。人格化示范关键在两个方面。第一，发挥企业领导者的表率作用。企业领导者处在重要位置，其言行在一定程度上决定着员工对企业价值观念等群体意识的认同和奉行。例如，广东顺德碧桂园酒店树立"宾客至上"的观念，总经理及各级管理者在一视同仁、以礼相待上身体力行，酒店员工以领导者的行动为楷模，对本职工作尽职尽责，在宾客面前树立了良好的形象。第二，发挥榜样人物的示范作用。榜样的力量是无穷的。企业价值观的形成，离不开榜样的引导和示范。美国卡萨·博尼塔餐厅总裁比尔·沃指出："用规章制度和背诵价值准则来提倡一种价值观念体系是远远不够的，只有借助榜样的力量才能做到这一点。"榜样人物是企业价值观的化身。一个旅游企业推崇什么、赞赏什么，从该企业树立的榜样人物就可判断出来，榜样人物的事迹体现出来的精神观念，正是旅游组织文化倡导的内容。旅游组织塑造和培育榜样人物应重点选择第一线的员工，要不断更新榜样，使企业所倡导的最新价值观成为现实的看得见的东西；同时应注意创造各个岗位的单项标兵。

（3）精心设计企业文化仪式，使员工在日常工作和生活中认同和体现共同信念。任何组织都有一定形式的仪式活动。庄严的仪式确实有助于精神理念的强化。美国的大企业或大学每年都要举办一次"加油会"（Cakeoff），实际上就相当于我国一些企业一年一度的表彰会，使员工对企业价值理念的认识理解有新的升华。旅游企业可以通过举办文化仪式活动体现企业价值观的主题，增强员工的归属感和自豪感。以旅游饭店为例，文化仪式活动可以概括为三种：第一种是工作仪式，即发生在饭店日常经营管理活动中的常规性工作仪式，如晨会、岗前小会、店会、表彰会、职代会、培训会等；第二种是生活仪式，指在工作之余，饭店开展的与员工生活直接相关的各种活动，如饭店的文体活动、联欢会、讲演会、茶话会等，通过这些活动密切员工之间的关系，以利于共同价值观的形成和传播；第三种是纪念性仪式，指那些对企业具有重要意义的纪念活动仪式，如店庆、挂星、获奖庆祝等活动。企业的各种文化仪式活动是企业价值观的具体外显形式，因此企业应认真组织、精心设计企业文化仪式的场景，营造良好的文化氛围，使员工从中受到充分的感染和教育。企业文化仪式一经创立，就要保持稳定性和连续性，以收到预期的效果。

2. 树立和弘扬企业精神，为旅游组织的发展提供强大的精神动力

企业精神是企业全体或多数员工共同一致的内心态度、意志状况和思想境界，是企业价值观的外化。培育和弘扬旅游企业精神应抓住三个环节。

（1）选择企业精神的合适表达方式。企业精神是企业价值观的精华部分。因此，企业精神的含义应是确切的、清晰的，其语言形式应是具体而明确的。文字语言是企业精神的主要表达方式，常见的有两种形态：复合式、单一式。复合式就是用一段文字或几组文字来表述企业精神的内容。例如，广东中国大酒店的企业精神是采用对联的形式，只有两句话："中外通商之途，殷勤待客之道。"福建阳光假日大酒店的企业精神是"温情无限，尽享阳光"。一般来说，用复合式来表述企业精神应注意尽量简化，避免面面俱到，否则不利于记忆也不利于传播。单一式就是用一短语、一短句、一简明文字来表述企业精神的内容。例如，大庆石油管理局的"铁人精神"。单一式具有简明、上口、易记、内涵丰富等优点，但为了让人明确了解其含义，应该对其内涵做出必要的解释。总之，在选择表述企业精神的具体方式上，应该根据企业的实际情况和客观需要，采取不同的形式和方法。

（2）强化企业精神的个性。企业精神的个性是否突出主要还是看其实践效果。实际上一个旅游企业不可能面面俱到，把所有的工作都做得十分出色，它只能在某一方面突出特点。社会公众是根据旅游企业的经营行为来感受和判断其企业精神的，只有出色服务效果的企业精神，才能得到社会的承认和赞赏。例如，在世界上享有盛名的香格里拉饭店管理集团，是一个典型的亚洲管理集团，绝大多数饭店位于亚洲，绝大多数员工来自亚洲。根据这一特点，香格里拉饭店管理集团提出了总的经营方针："殷勤好客亚洲情。"集团总部对全体员工实施了"亚洲式的殷勤好客服务培训"，以"树立亚洲传统文化风格"，使每个员工做到友好热情、慷慨大方、细致周到、真挚诚恳地为客人服务。可以说，香格里拉饭店管理集团的巨大成功，是与其企业精神个性化密切相关的。

（3）注重企业精神传扬。企业精神确定后，并不是很快就能渗透到员工的心田的，只有通过多种途径的灌输和教育，才能被他们逐步接受和理解，变成他们言行的规范和准则。要使旅游组织的企业精神深入每一位员工心中，应通过各种形式对企业精神进行通俗化、具体化的解释，采取专题报告、系列讲座、知识竞赛等形式，让员工在自我教育中真正理解并接受企业精神。另一方面要抓企业精神的物化，如将企业精神形成文字或图画，制成匾额、巨幅壁画等直观醒目地放在企业适当的环境中，给员工和社会公众留下深刻的印象。

3. 全面提高职工素质，不断提升企业形象

现代市场竞争在很大程度上取决于企业形象的竞争。旅游企业文化建设的目的是造就高素质的企业人，以此塑造良好的企业形象。而提高人的素质，一个十分重要的途径就是重视育人文化——教育与培训工作。教育培训要抓住两点。

（1）要有连续性。教育培训是一项需要经常开展的工作，其内容要随企业客观环境变化而变化，不能把它看成员工上岗前的一次热身，忽视教育的连续性。例如，希尔顿旅馆公司每年都要选择优秀员工到密歇根大学和康奈尔大学旅游管理学院进行学习，以提高员工的整体素质；广州白天鹅宾馆把连续性教育培训作为保证宾馆服务质量和管理水平的基础，使培训更加有目标见实效地进行。如中餐厅狠抓服务程序和业务训练，每个员工从摆位、斟酒水、托盘、上菜、分菜、送毛巾，每个操作环节都定期进行严格的再训练。经过严格的培训，那些刚从旅游学校毕业的青年员工业务水平提高很快。在接待美国前总统尼克松的宴会上，服务人员热情礼貌，操作自如，赢得了贵客的连声称赞。尼克松留言说："我曾经住过美国和全世界许多酒店的总统套间，我认为没有一间能与广州白天鹅宾馆相比。其精美的菜式、优质的服务和超水准的诚挚招待，给我们留下了深刻的印象。"实践证明，良好的企业形象是旅游企业文化建设的丰硕果实，也是吸引众多游客慕名而来的无形资产。

（2）坚持多样性。多样性指层次的多样性和内容的多样性。从层次上看，饭店的教育培训工作一般分为部门经理、主管班组长、服务员等几个层次。从内容上看，应对在岗员工分别进行服务意识和技能、外语、计算机、安全、消防等培训。为了了解、贯彻国家星级标准，还必须组织员工和管理人员认真学习国家涉外饭店星级划分和评定标准等。

管理实训

【实训目的】

根据不同文化，人力资源的不同情况，分别采取有针对性的管理模式。

【实训时间】

本章课堂教学内容结束后的双休日和课余时间，为期一周。或者指导教师另行指定时间。

【背景材料】

以下是典型的跨文化人力资源管理问题。

1. TCL 公司的海外分公司实行人力资源本地化战略，雇用的大多是本地员工和部分第三国员工。每到星期天，海外事业部的高管就为找不到外籍员工而非常苦恼。中国员工可以从感情上做交流，要他看长远，现在辛苦一点，以后可以做主管，中国员工就很高兴。外籍员工却不一样，不愿意加班，而且对加班工资要求很高。他们宁愿现在拿加班工资也不愿一年后当主管。

2. 美国公司派遣经理人员到中国拓展业务，美国经理人在中国完全按照美国人的方式开展工作。但不久就发现，中国人很容易就能办成的事情，而自己却往往无能为力。自己完全按照规则行事，而中国的规则又是怎样的呢？他百思不得其解。

3. 为了节省成本，西方跨国公司将其研发中心从欧洲迁到印度，而他们的主要工厂在中国。由于没有考虑建立中国与印度员工之间的沟通渠道，沟通不畅使得原有的节省成本被抵消。

4. 德国的外派人员在被派往中国接管公司管理前已经就跨文化问题进行了培训，但中国的雇员没有进行德国文化的培训。这样，双方在以后的工作中发生了许多不协调的事情。

【实训过程设计】

（1）指导教师布置学生课前预习阅读案例。

（2）将全班同学平均分成小组，按每组 4～6 人进行讨论。实训组根据背景资料进行讨论和设计方案。

（3）根据“背景资料”，分析 TCL 公司的跨文化整合有哪些成功的经验？

（4）根据“背景资料”，我国旅游企业开展跨文化经营，在人力资源方面面临哪些挑战？请给出相应的对策。

（5）各实训组先抽签选择一个问题，然后进行 15 分钟的分析和评论，最后派一位代表面向全体师生，脱稿进行 3 分钟的公开演讲。

（6）各实训组对本次实训进行总结和点评，参照“课业范例”撰写作为最终成果的《实训报告》。

（7）指导教师对小组讨论过程和发言内容进行评价总结，并讲解本案例的分析结论。（先评定小组成绩，在小组成绩中每一个人参与讨论占小组成绩的 40%，代表发言内容占小组成绩的 60%)，各小组提交填写“项目组长姓名、成员名单”的《实训报告》。优秀的实训报告在班级展出，并收入本课程教学资源库。

本章小结

组织文化是特定组织在适当处理外部环境和内部整合过程中出现的种种问题时，所发明、发现或发展起来的基本假说的规范。这些规范运行良好，相当有效，因此被用做教导新成员观察、思考和感受有关问题的正确方式。

从现代管理学的角度看，旅游组织文化主要由三个方面构成，即核心文化、中层文化和表层文化。

跨文化组织是一个跨越两个或两个以上文化环境而从事经营的组织。

所谓组织的文化环境，是指组织在长期经营实践中形成的并需要全体成员普遍遵循的共同价值观念、行为规范和准则等因素的总和。

多文化组织是一个能够培养和利用有益的文化多元性的跨文化组织。在这种组织内，有不同文化背景的员工可以为追求个人与组织的利益而发挥他们更大的潜力。多文化组织比跨文化组织更进一步，管理者必须将创造和管理组织中的文化多元性纳入组织规划，并努力实施该规划。

旅游组织文化建设的原则：创新性原则；立足民族传统文化，注重吸收外来先进文化；主体性原则；整体性原则；求实性原则。

综合练习

一、单项选择题

1. 以下不属于旅游文化特点的是（　　）。

A. 旅游组织文化的核心是组织的价值观

B. 旅游组织文化的中心是以人为主体的人本文化

C. 旅游组织文化的管理方式是硬件管理为主

D. 旅游组织文化的重要任务是增强群体凝聚力

2. 迪尔和肯尼迪认为构成组织文化的要素包括（　　）。

A. 环境条件　　B. 价值信仰、英雄人物

C. 管理风格　　D. 习俗礼仪、文化网络

3. 跨文化组织内的文化差异不包括（　　）。

A. 民族（国家）文化差异　　B. 组织文化差异

C. 个体文化差异　　D. 性别差异

二、名词解释

1. 文化
2. 企业文化

3. 文化差异
4. 跨文化

三、问答题

1. 组织文化的含义是什么？
2. 旅游组织文化由哪几部分构成？
3. 什么是跨文化组织？
4. 什么是多文化组织？它与跨文化组织有什么不同？
5. 旅游组织文化建设应遵循哪些原则？
6. 旅游组织文化建设的途径是怎样的？

我国公民具有劳动的权利和义务，劳动者在从事劳动过程中的合法权利义务受我国法律的保护，《劳动法》第三条的内容就是对于劳动者基本权利与义务的规范。劳动者依照我国《劳动法》的相关规定享有以下基本权利：①平等就业的权利，即符合我国劳动法规定的劳动者享有获得职业的权利；②选择职业的权利，劳动者可以根据自己意愿选择适合自己才能、爱好的职业；③取得劳动报酬的权利，劳动者在与用人单位签订劳动合同时必须具备有约定劳动报酬的条款；④休息休假的权利，我国劳动法规定的休息时间包括工作间歇、两个工作日之间的休息时间、公休日、法定节假日以及年休假、探亲假、婚丧假、事假、生育假、病假等，用人单位不得剥夺劳动者合法的休息休假权；⑤获得安全卫生保护的权利，作为一个公民，生命安全与身体健康是公民依法享有的基本权利，用人单位在为劳动者安排工作的时候需要确保劳动者的安全问题得到保障；⑥接受职业技能培训的权利，职业技能培训是指对准备就业的人员和已经就业的职工，以培养其基本的职业技能或提高其职业技能为目的而进行的技术业务知识和实际操作技能教育和训练，劳动者接受职业技能可以说是保障劳动者平等就业和选择职业的基础；⑦享受社会保险和福利的权利，社会保险是国家和用人单位依照法律规定或合同的约定，对具有劳动关系的劳动者在暂时或永久丧失劳动能力以及暂时失业时，为保证其基本生活需要，给予物质帮助的一种社会保障制度。劳动者与用人关系建立劳动关系之后，用人单位有义务为用人单位办理缴纳社保；⑧提请劳动争议的权利，在劳动者与用人单位发生劳动争议的时候，劳动者有权向劳动争议仲裁委员会依法申请调解或仲裁，提起诉讼。

《劳动法》在保护劳动者基本权利的同时也规定劳动者具有以下基本义务：①劳动者应当履行完成劳动任务义务，劳动者在与用人单位建立劳动关系后，完成劳动任务是劳动者强制性的义务。劳动者不能完成劳动义务，就意味着劳动者违反劳动合同的约定，用人单位可以解除劳动合同；②劳动者具有提高自身职业技能的义务，劳动者享有接受职业技能培训的权利，同时也具有提高自身职业技能的义务，这也是对劳动者完成劳动任务的保障；③执行劳动安全卫生规程，劳动者在从事劳动的时候享有生命安全和身体健康的权利，国家与用人单位为了保障劳动者获得安全卫生保护权利，而指定的劳动安全卫生规程劳动者需要执行。如果是因为劳动者自身未执行劳动安全卫生规程而导致的损害，劳动者自身需要负责；④遵守劳动纪律，劳动纪律是劳动者在共同劳动中所必须遵守的劳动规则和秩序，宪法规定遵守劳动纪律是公民的基本义务；⑤遵守职业道德，职业道德是从业人员在职业活动中应当遵循的道德，劳动者在从事劳动过程中需要忠于职守，对社会负责。

《劳动法》规定用人单位的主要权利有：①录用职工方面的权利，主要是有权按国家规定和本单位需要择优录用职工，可以自主决定招工的时间、条件、数量、用工形式等。②劳动组织方面的权利，主要是有权按国家规定和实际需要确定机构、编制和任职（上岗）资格条件；有权任免、聘用管理人员和技术人员，对职工进行内部调配和劳动组合，并对职工的劳动实施指挥相监督。③劳动报酬分配方面的权利，主要是有权按国家规定确定工资分配办法，自主决定晋级增薪、降级减薪的条件和时间等。④劳动纪律方面的权利。主要是有权制定和实施劳动纪律；有权决定对职工的奖惩。⑤决定劳动法律关系存续方面的权利。主要是有权与职工以签订协议方式、续订、变更、暂停或解除劳动合同；有权在具备法定或约定条件时单方解除劳动合同。

用人单位对劳动者的义务主要包括：①支付劳动报酬的义务。②保护职工的义务。③帮助职工的义务。④合理使用职工的义务。⑤培训职工的义务。⑥必须执行劳动法规、劳动政策和劳动标准的义务。⑦接受国家劳动计划的指导，服从劳动行政部门以及其他有关国家机关的管理和监督的义务。

（3）劳动法律关系的客体。劳动关系的客体是劳动关系主体的劳动权利和劳动义务所共同指向的对象，如劳动报酬、职业培训、劳动安全、劳动保护、福利保险等。

2. 劳动法律关系的特征

劳动法律关系的特征主要包括两点：一是劳动法律关系是在社会劳动中形成和实现的一种双务关系，劳动者和用人单位在劳动法律中都享有各自的权利和应履行的义务，主体地位平等。二是劳动法律关系与劳动关系最主要的区别在于它体现了国家意志，具有国家强制性，受国家劳动法律的保护和制约，例如，我国的最低工资保障制度是为了保护劳动者在履行必要劳动义务后获得维持劳动力再生产，督促企业履行法律义务而设立的最低工资收入标准。再如，各地为了保障劳动者人身安全，防止事故和职业危害发生，而制定的各种劳动安全条例。

10.1.3　旅游企业劳动关系的影响因素

宏观上来讲，劳动关系主要受四个大方面的影响。一是政治法律环境的影响，政治的稳定是劳动关系稳定的重要前提，健康、民主、法治的政治环境，可以为劳动关系提供发展方向和规范依据。二是经济环境的影响，如经济体制改革、经济发展速度、劳动保障、税收、物价等。三是社会环境的影响，如社会关系是否和谐、劳动者的结构是否合理、社会问题是否得到有效的解决等。四是文化环境的影响，如社会心理、社会信仰、社会道德规范、舆论环境等。

旅游企业的劳动关系和谐与否主要受到以下几个因素的影响。

1. 政府

政府是公共服务的提供者，是劳动法律的制定者和执行者，在劳动关系中充当着协调劳动关系、保护劳动关系主体利益、维护劳动关系的公平和工作的服务和约束角色，在法律和行政上防范、惩罚企业侵犯劳工权益的行为。首先，《劳动法》、劳动关系的相关政策对劳动力市场和劳动关系的影响最为直接，是规范劳动力市场运行的指导规则，预防和解决劳动争议的必要手段，保障着劳动关系主体的合法权益。其次，政府通过财政、税收、信贷等经济手段间接调控劳动力的供求和劳动者的薪酬。通过提供社会保险服务、职业技能培训和职业资格鉴定服务、劳动法律咨询服务等服务于劳动关系主体。再次，政府在保障职工权益、完善职工养老保险和医疗保险、保护劳动者安全生产方面发挥着不可或缺的监督作用。

2. 工会

工会是指旅游企业内职工代表大会的常设机构，是团体劳动法律关系的形式主体，是中国共产党领导的企业职工自愿结合的工人阶级的群众组织，代表着职工的利益，依法维护职工的合法权益。工会是劳动者通过集体谈判与经营者签订集体合同，调节劳动纠纷、协调劳动者与用人单位关系的有效渠道，也是员工参与、监督企业内部劳动管理、维护员工利益的重要形式。旅游企业中工会的地位和作用直接决定了其在劳动关系中维护员工合法权益的力量大小，也影响着企业基层工作人员对企业的认同。此外，工会干部的素质和工作态度也影响着工会职能的发挥。

3. 旅游企业

旅游企业作为用人单位，在劳动关系中处于主导地位，是企业劳动关系管理制度的制定者，劳动关系管理的实施者，对企业生产、经营进行统一领导和全面负责，还影响着企业工会的独立性。旅游企业所处的成长阶段和企业发展规划决定了企业自身劳动关系的形式和规范程度，企业的用工风险意识、劳动关系管理水平和管理制度的完善程度决定了企业对待劳动关系的态度、劳动关系管理的水平、民主管理水平、职工的工作生活质量等，关系到劳动关系的和谐和企业的健康发展。

10.2 劳动关系调整与管理

随着经济体制的改革，我国劳动的内容和形式都发生了巨大的变化，劳动关系主体多元，类型多样，劳资冲突协调趋向法制化，改善劳动关系对旅游企业的发展意义重大。作为劳动关系的主体，为了应对日趋繁荣的旅游市场，吸引优秀人才，增强企业对旅游市场的预见性，旅游企业有必要及时调整劳动关系，加强和规范劳动关系管理，健全劳动关系管理制度和旅游企业内部的劳动争议协调机制，关注国家的劳动法律法规要求，调整劳动合同、劳动报酬、劳动时间、保险福利、职业安排卫生条件的相关内容，增强企业劳动关系管理的市场适应性。

10.2.1 劳动关系的调整方式

旅游企业劳动关系的调整方式，主要包括七种：通过劳动法律、法规的调整；劳动合同规范的调整；集体合同规范的调整；民主管理制度的调整；企业内部劳动规则制度的调整；劳动争议管理制度的调整；劳动监督、检查制度的调整。

1. 劳动法律、法规

劳动法律法规是由国家制定的关于调整劳动关系应当遵循的最低标准，是国家意志的体现，对劳动关系的调整具有强制的约束性和普遍的适用性。例如，《中华人民共和国劳动法》第一条规定：“中国境内的企业、个体经济组织与劳动者之间，只要形成劳动关系，即劳动者事实上已成为企业、个体经济组织的成员，并为其提供有偿劳动，适用本法。”再如，《劳动合同法》第二条规定：“中华人民共和国境内的企业、个体经济组织、民办非企业单位等组织（以下称用人单位）与劳动者建立劳动关系，订立、履行、变更、解除或者终止劳动合同，适用本法。”

2. 劳动合同

劳动合同是劳动者与用人单位在尊重双方意愿的基础上，通过平等协商谈判，以劳动合同的形式确定劳动关系，明确双方权利与义务的书面协议。我国《劳动法》第 17 条规定：“劳动合同依法订立即具有法律约束力，当事人必须履行劳动合同规定的义务。” 劳动合同体现劳动关系主体双方的意志，是劳动者实现劳动权的重要保障，也是用人单位合理使用劳动者的劳动力、巩固企业劳动关系管理、提高企业劳动生产率的有效手段。劳动合同签订以后，劳动关系主体双方具有行政隶属性，劳动者必须依法服从用人单位的劳动纪律、企业内部劳动规则，服从用人单位的行政管理。

3. 集体劳动合同

集体劳动合同，是经全体职工或职工代表大会讨论同意后，由员工集体协商代表与用人单位根据劳动法律法规的规定，在平等协商的基础上签订的劳动合同。如果企业没有成立工会组织，则由上级工会指导劳动者推选集体协商代表与用人单位签订集体劳动合同。劳动合同常涉及劳动报酬、工作时间、劳动安全生产、劳动争议处理程序和劳动保险等与劳动者联系密切的内容，其主要目的是为了增强劳动者的合同协商能力，切实维护劳动者的整体合法权益，改善企业的劳动关系。

4. 民主管理制度

民主管理制度是劳动者表达劳权意志的重要渠道，是化解劳动争议的有效途径。我国职工参与民主管理的主要形式是职工代表大会制度和平等协商制度。《劳动法》第 8 条规定：“劳动者依照法律规定，通过职工大会、职工代表大会或者其他形式，参与民主管理或者就保护劳动者合法权益与用人单位进行平等协商。”在企业中，职工代表大会制度、职工董事监事制度、专项事务集体协商制度、员工个人合理化建议制度等都是有效的民主管理制度，这是对劳动者民主权利的正视，是处理劳动关系主体相关事务的对话平台，旅游企业员工的意愿可以依托职工代表大会制度得到充分的表达，对维护员工的话语权和合法利益有着重要的作用。通过民主管理，还可以增加员工对企业管理事务的参与感和认同感，集思广益促进生产效率的提高和企业的发展进步。

5. 企业内部劳动规则

企业内部劳动规则，是企业依法制定的，在本单位实行的，用于组织劳动生产、协调劳动关系、约束劳动行为和用工行为的劳动规则。企业内部劳动规则与劳动合同、集体劳动合同都是调节劳动法律关系的重要手段，可作为劳动合同的附件。2001 年《最高人民法院关于审理劳动争议案件适用法律若干问题的解释》（法释［2001］14 号）第 19 条规定，用人单位根据《劳动法》第 4 条之规定，通过民主程序制定的规章制度，不违反国家法律、行政法规及政策之规定，并已向劳动者公示的，还可以作为人民法院审理劳动争议案件的依据。旅游企业内部的劳动规则主要有劳动合同管理规则、工资管理规则、工时管理规则、员工调配管理规则、保险和福利待遇等内容等，是企业管理制度的重要组成部分，主要体现的是用人单位的意志。

6. 劳动争议管理制度

劳动争议处理制度，是为了妥善处理劳动争议，保障劳动者与用人单位的合法利益，以劳动立法的形式规定劳动争议受理范围、处理原则和程序、处理机构等相关内容的法律制度。劳动争议处理制度为规范劳动争议调节程序、仲裁程序和诉讼程序提供了法律依据，有助于贯彻劳动实体法提供了法律保障。劳动争议的处理机构主要包括：劳动争议调解委员会、劳动争议仲裁委员会和人民法院。我国《劳动法》规定，在用人单位内可以设立劳动争议调解委员会，负责调解本单位的劳动争议；在县、市、市辖区应当设立劳动仲裁委员会。各级人民法院的民事审判庭负责劳动争议案件的审理工作。劳动争议处理机构在处理劳动争议时必须坚持合法、公正、及时处理的原则，依法维护劳动争议当事人的合法权益。

7. 劳动监督检查制度

劳动监督检查，是指为了保护劳动者的合法权益，保证劳动法的贯彻执行，由具有法定监督检查资格的监督检查主体依法对用人单位遵守劳动法律、法规的情况进行监督检查。劳动监督检查，以劳动行政管理部门的监督检查为主，我国《劳动法》第 85 条规定："县级以上各级人民政府劳动行政部门依法对用人单位遵守劳动法律、法规的情况进行监督检查，对违反劳动法律、法规的行为有权制止，并责令改正。"劳动监督检查是保证劳动法正确实施的有效手段，有助于改善企业的经营管理，激发劳动者的积极性，对克服劳动法执行中出现的各种问题有着重要的指导意义。

10.2.2 劳动关系的管理

劳动关系管理是用人单位为了保证企业经营活动的顺利进行，预防、缓解和调整企业与员工间的冲突，保障劳动关系双方主体的合法权益，创造良好的劳动关系氛围而采取有效措施进行的规范化、制度化的管理。劳动关系管理的目的是提高劳动力的利用效率，增强员工的合作意愿，加强对劳动过程的管理，减少劳动关系冲突，提高企业的管理效率，实现企业的经营目标。

1. 劳动关系管理的原则

劳动关系管理的基本要求是符合劳动法律要求、符合用人单位和劳动者的发展要求。具体来说，包括三个基本原则：一是劳动关系管理要切实遵守劳动法律、法规。劳动关系管理要依据《劳动法》的相关规定，签订劳动合同，调节劳动纠纷，制定符合最低工资标准的薪酬制度，符合劳动安全卫生标准的生产经营环境。二是劳动关系管理要尊重劳资双方利益。无论是劳动合同还是劳动管理制度，都要明确劳动关系主体双方的地位和权利义务关系，保证劳动者的工资与其付出对等，保障企业劳动关系的协调发展。三是坚持制度化、规范化的劳动关系管理方式。制度具有普遍性和稳定性，在劳动关系管理过程中，只有坚持制度化、规范化，才能保障劳动关系冲突和争议的处理有章可循，保证劳动关系管理符合企业的发展需求。

2. 劳动关系管理的主要内容

劳动关系管理的内容十分丰富，劳动合同、劳动薪酬、劳动纪律、劳动定员定额、劳动安全卫生保障制度等都属于劳动管理的范畴，这里主要讲述的是旅游企业关系管理较为重要的内容。

（1）劳动合同的管理

《劳动法》第十六条规定："劳动合同是用人单位与劳动者确立劳动关系、明确双方权利义务的协议。"劳动合同是劳动关系调整的有效方式，签订和执行劳动合同有助于避免劳动关系运作过程中的争议和冲突，维护劳动法律关系主体的合法权益。在进行劳动合同管理时要注意以下问题。

一是签订劳动合同的原则。

《劳动合同法》第三条规定："订立劳动合同，应当遵循合法、公平、平等自愿、协商一致、诚实信用的原则。依法订立的劳动合同具有约束力，用人单位与劳动者应当履行劳动合同规定的义务。"合法原则是确保劳动合同具备法律效力，形成劳动法律关系，受到法律保护的前提；公平和协商一致是维护劳动关系主体双方特点、提高劳动关系主体对劳动合同认可度的保证；平等自愿则体现了劳动关系主体在劳动合同签署和执行过程中地位平等，体现各自意愿的特点；诚实信用则表明劳动合同双方主体签署合同应秉持的基本态度，也是保证劳动合同有效性的要求。

《中华人民共和国劳动合同法》解读

1. 什么是劳动合同？

劳动合同，是指劳动者同企业、国家机关、事业单位、民办非企业单位、个体经济组织等用人单位之间订立的明确双方权利和义务的协议。

2. 哪些单位及其劳动者适用《劳动合同法》？

根据《劳动合同法》第二条的规定，中华人民共和国境内的企业、个体经济组织、民办非企业单位等组织与劳动者建立劳动关系，订立、履行、变更、解除或者终止劳动合同，适用本法。民办非企业单位等组织包括民办非企业单位、基金会、合伙合作律师事务所等组织。国家机关、事业单位、社会团体和与其建立劳动关系的劳动者，订立、履行、变更、解除或者终止劳动合同，依照本法执行。

3. 《劳动合同法》自什么时候起施行？

《劳动合同法》第九十八条规定，本法自2008年1月1日起施行。

4. 用人单位规章制度对劳动者有约束力吗？

用人单位依照法定程序制定、内容不违反法律法规并向本单位职工公示使其知悉的规章制度，对本单位以及本单位的劳动者具有约束力，本单位以及本单位劳动者应当遵守。

5. 直接涉及劳动者切身利益的规章制度或者重大事项指的是哪些事项？

根据《劳动合同法》第四条的规定，直接涉及劳动者切身利益的规章制度或者重大事项是指有关劳动报酬、工作时间、休息休假、劳动安全卫生、保险福利、职工培训、劳动纪律以及劳动定额管理等事项。

6. 劳动关系从何时建立？

根据《劳动合同法》第七条、第十条规定，用人单位自用工之日起即与劳动者建立劳动关系。用人单位与劳动者在用工前订立劳动合同的，劳动关系自用工之日起建立。根据以上规定，即使用人单位没有与劳动者订立劳动合同，只要用人单位对该劳动者存在用工行为，则双方之间就建立了劳动关系，劳动者就享有劳动法律、法规规定的权利。

7. 用人单位可以扣押劳动者的身份证等证件吗？

根据《劳动合同法》第九条规定，用人单位招用劳动者，不得扣押劳动者的居民身份证和其他证件。其他证件包括学历证书、毕业证书、职业资格证书等。

8. 建立劳动关系应当以什么形式订立劳动合同？

根据《劳动合同法》第十条的规定，建立劳动关系，应当订立书面劳动合同。

9. 建立劳动关系后，最迟应该在多长时间内订立书面劳动合同？

根据《劳动合同法》第十条的规定，已建立劳动关系，未同时订立书面劳动合同的，应当自用工之日起 1 个月内订立书面劳动合同。也就是说，法律提倡用人单位在建立劳动关系之日即用工之日就与劳动者订立书面劳动合同，但是如果用人单位没有在建立劳动关系之日与劳动者订立书面劳动合同，只要在自用工之日起 1 个月内订立了书面劳动合同的，就不属于违法行为。

10. 劳动合同可以任意解除吗？

根据《劳动合同法》第四章的规定，解除劳动合同必须符合法定情形，不可以任意解除劳动合同。第三十八条规定，用人单位有下列情形之一的，劳动者可以解除劳动合同：（1）未按照劳动合同约定提供劳动保护或者劳动条件的；（2）未及时足额支付劳动报酬的；（3）未依法为劳动者缴纳社会保险费的；（4）用人单位的规章制度违反法律、法规的规定，损害劳动者权益的；（5）因本法第二十六条第一款规定的情形致使劳动合同无效的；（6）法律、行政法规规定劳动者可以解除劳动合同的其他情形。 用人单位以暴力、威胁或者非法限制人身自由的手段强迫劳动者劳动的，或者用人单位违章指挥、强令冒险作业危及劳动者人身安全的，劳动者可以立即解除劳动合同，不需事先告知用人单位。

第三十九条规定劳动者有下列情形之一的，用人单位可以解除劳动合同：（1）在试用期间被证明不符合录用条件的；（2）严重违反用人单位的规章制度的；（3）严重失职，营私舞弊，给用人单位造成重大损害的；（4）劳动者同时与其他用人单位建立劳动关系，对完成本单位的工作任务造成严重影响，或者经用人单位提出，拒不改正的；（5）因本法第二十六条第一款第一项规定的情形致使劳动合同无效的；（6）被依法追究刑事责任的。

11. 劳动合同的解除分为哪几种情况？

根据《劳动合同法》第四章的规定，劳动合同的解除分为三种，即双方协商解除劳动合同、劳动者单方解除劳动合同和用人单位单方解除劳动合同。

12. 在什么情形下，劳动合同终止？

根据《劳动合同法》第四十四条的规定，有下列情形之一的，劳动合同终止：（1）劳动合同期满的；（2）劳动者开始依法享受基本养老保险待遇的；（3）劳动者死亡，或者被人民法院宣告死亡或者宣告失踪的；（4）用人单位被依法宣告破产的；（5）用人单位被吊销营业执照、责令关闭、撤销或者用人单位决定提前解散的；（6）法律、行政法规规定的其他情形。

13. 劳动合同终止的，用人单位是否支付经济补偿？

根据《劳动合同法》第四十六条的规定，除用人单位维持或者提高劳动合同约定条件续订劳动合同，劳动者不同意续订劳动合同的情形外，用人单位依照本法第四十四条第一项规定终止固定期限劳动合同的；用人单位被依法宣告破产或者用人单位被吊销营业执照、责令关闭、撤销或者用人单位决定提前解散而终止劳动合同的，用人单位应当向劳动者支付经济补偿。

14. 用人单位违法解除或者终止劳动合同的，应当怎么处理？

根据《劳动合同法》第四十八条、第八十七条的规定，用人单位违法解除或者终止劳动合同，劳动者要求继续履行劳动合同的，用人单位应当继续履行；劳动者不要求继续履行劳动合同或者劳动合同已经不能继续履行的，用人单位应当依照经济补偿标准的两倍向劳动者支付赔偿金。

15. 什么是劳务派遣？

劳务派遣，是指劳务派遣单位与被派遣劳动者订立劳动合同后，将该劳动者派遣到用工单位从事劳动的一种特殊的用工形式。在这种特殊用工形式下，劳务派遣单位与被派遣劳动者建立劳动关系，但不用工，即不直接管理和指挥劳动者从事劳动；用工单位直接管理和指挥劳动者从事劳动，但是与劳动者之间不建立劳动关系。

16. 非全日制用工情况下劳动合同何时终止？

非全日制用工情况下，双方当事人任何一方都可以随时通知对方终止用工。

资料来源：中华人民共和国中央人民政府门户网·就业 http://www.gov.cn/banshi/2012-11/30/content_2279243.htm

二是劳动合同的条款。

劳动合同是法定要式合同，是由法律直接规定的，必须具备特定形式或履行一定手续才能具备法律效力的合同。《劳动合同法规定》第十七条规定，劳动合同应当具备的劳动合同条款包括：用人单位的名称、住所和法定代表人或者主要负责人；劳动者的姓名、住址和居民身份证或者其他有效证件号码；劳动合同期限；工作内容和工作地点；工作时间和休息休假；劳动报酬；社会保险；劳动保护和劳动条件；法律、法规规定应当纳入劳动合同的其他事项。除此之外，劳动关系主体可根据协商一致的原则，根据企业和员工的具体要求补充劳动合同的相关条款。

劳动合同的约定条款

劳动纪律；

劳动合同管辖地的约定；

员工提供不真实个人资料的责任；

调整工作岗位及相应报酬；

病假工资、待遇；

绩效考核（末位淘汰）；

劳动合同终止的条件；

违反劳动合同的责任；

员工离职的程序；

员工不得兼职的约定；

培训；

保守商业秘密；

约定劳动合同的附件内容（清单）；

劳动合同生效条件。

三是劳动合同的变更与终止。

在履行劳动合同过程中，可以根据具体情况的变化，经劳资双方当事人协商一致，可以变更劳动合同，对劳动合同的部分条款进行修改和补充。我国《劳动法》第十七条规定“订立和变更劳动合同，应当遵循平等自愿、协商一致的原则，不得违反法律、行政法规的规定。”劳动合同期满后，经签署劳动合同当事人协商一致后，可以续签劳动合同。如果劳动者死亡、退休等造成的劳动合同自然终止，或因经当事人约定劳动合同终止条件出现、劳动仲裁机构仲裁裁决等造成的事故终止，都可以使劳动合同关系消失，即劳动合同终止。

用人单位应当支付经济补偿金的情形

根据最新颁布的《中华人民共和国劳动合同法》(2008 年 1 月 1 日起施行）用人单位应当向劳动者支付经济补偿金的 21 种情形及支付标准。

一、用人单位应当支付经济补偿金的 21 种情形

（一）劳动者解除劳动合同，用人单位应当支付经济补偿金的 9 种情形：

1. 用人单位未按照劳动合同约定提供劳动保护或者劳动条件，劳动者解除劳动合同的；

2. 用人单位未及时足额支付劳动报酬，劳动者解除劳动合同的；

3. 用人单位低于当地最低工资标准支付劳动者工资，劳动者解除劳动合同的；

4. 用人单位未依法为劳动者缴纳社会保险费，劳动者解除劳动合同的；

5. 用人单位的规章制度违反法律、法规的规定，损害劳动者权益，劳动者解除劳动合同的；

6. 用人单位以欺诈、胁迫的手段或者乘人之危，使劳动者在违背真实意思的情况下订立或者变更劳动合同，劳动者解除劳动合同的；

7. 用人单位以暴力、威胁或者非法限制人身自由的手段强迫劳动，劳动者解除劳动合同的；

8. 用人单位违章指挥、强令冒险作业危及劳动者人身安全，劳动者解除劳动合同的；

9. 法律、行政法规规定的其他情形。

（二）用人单位解除或终止劳动合同，应当向劳动者支付经济补偿金的12情形：

10. 用人单位提出协商解除劳动合同，并与劳动者协商一致而解除劳动合同的；

11. 劳动者患病或者非因工负伤，在规定的医疗期满后不能从事原工作，也不能从事由用人单位另行安排的工作，用人单位提前 30 日通知劳动者或者额外支付劳动者一个月工资后解除劳动合同的；

12. 劳动者不能胜任工作，经过培训或者调整工作岗位，仍不能胜任工作，用人单位提前 30 日通知劳动者或者额外支付劳动者一个月工资后解除劳动合同的；

13. 劳动合同订立时所依据的客观情况发生重大变化，致使劳动合同无法履行，经用人单位与劳动者协商，未能就变更劳动合同内容达成协议，用人单位提前 30 日通知劳动者或者额外支付劳动者一个月工资后解除劳动合同的；

14. 用人单位依照企业破产法规定进行重整，依法裁减人员的；

15. 用人单位生产经营发生严重困难，依法裁减人员的；

16. 企业转产、重大技术革新或者经营方式调整，经变更劳动合同后，仍需裁减人员，用人单位依法定程序裁减人员的；

17. 其他因劳动合同订立时所依据的客观经济情况发生重大变化，致使劳动合同无法履行，用人单位依法定程序裁减人员的。

18. 劳动合同期满，劳动者同意续订劳动合同而用人单位不同意续订劳动合同，由用人单位终止固定期限劳动合同的；

19. 因用人单位被依法宣告破产而终止劳动合同的；

20. 因用人单位被吊销营业执照、责令关闭、撤销或者用人单位决定提前解散而终止劳动合同的；

21. 法律、行政法规规定的其他情形。

二、用人单位支付经济补偿金的标准

1. 经济补偿按劳动者在本单位工作的年限，每满一年支付一个月工资的标准向劳动者支付。六个月以上不满一年的，按一年计算；不满六个月的，向劳动者支付半个月工资的经济补偿。

2. 劳动者月工资高于用人单位所在直辖市、设区的市级人民政府公布的本地区上年度职工月平均工资三倍的，向其支付经济补偿的标准按职工月平均工资三倍的数额支付，向其支付经济补偿的年限最高不超过十二年。（注：若劳动者收入没有高于本条规定的三倍，则补偿年限不受最高 12 年的限制）

3. 以上所称月工资，是指劳动者在劳动合同解除或者终止前十二个月的平均工资。

三、用人单位支付经济补偿金的时间

解除或者终止劳动合同，用人单位依法应向劳动者支付经济补偿的，应当在劳动者按照约定与用人单位办理工作交接时支付。

资料来源：法律教育网 http://www.chinalawedu.com/new/15700a163a2011/

2011214guopei144052.shtml

四是无效劳动合同的种类。

我国《劳动合同法》对无效的劳动合同做了明确规定和要求，第二十六条规定劳动合同无效或者部分无效种类包括：以欺诈、胁迫的手段或者乘人之危，使对方在违背真实意思的情况下订立或者变更劳动合同的；用人单位免除自己的法定责任、排除劳动者权利的；违反法律、行政法规强制性规定的。对劳动合同的无效或者部分无效有争议的，由劳动争议仲裁机构或者人民法院确认。第二十七条规定，“劳动合同部分无效，不影响其他部分效力的，其他部分仍然有效。”第二十八条规定“劳动合同被确认无效，劳动者已付出劳动的，用人单位应当向劳动者支付劳动报酬。劳动报酬的数额，参照本单位相同或者相近岗位劳动者的劳动报酬确定。”第八十六条还规定劳动合同依照本法第二十六条规定被确认无效，给对方造成损害的，有过错的一方应当承担赔偿责任。

五是集体劳动合同。

根据劳动和社会保障部制定的《集体合同规定》第三条的规定，集体合同是指用人单位与本单位职工根据法律、法规、规章的规定，就劳动报酬、工作时间、休息休假、劳动安全卫生、职业培训、保险福利等事项，通过集体协商签订的书面协议；专项集体合同，是指用人单位与本单位职工根据法律、法规、规章的规定，就集体协商的某项内容签订的专项书面协议。在签订集体劳动合同时，应遵守国家法律、法规及相关规定，要兼顾双方的合法利益，秉持相互尊重、平等协商、诚实守信、公平合作的协商原则。就集体协商的主要条款而言，一般包括劳动报酬、工作时间、休息休假、劳动安全卫生、职业培训和保险福利等事项。就集体合同的期限而言，我国劳动法规定集体合同的期限为一至三年。在集体合同规定的期限内，双方代表可对集体合同履行情况进行检查，并提出修改或解除集体合同的要求。

集体协商的内容主要包括哪些?

按照劳动社会保障部2004年颁布的《集体合同规定》第二章的规定，集体协商内容主要包括：

（1）劳动报酬。主要包括：用人单位工资水平、工资分配制度、工资标准和工资分配形式，工资支付办法，加班、加点工资及津贴、补贴标准和奖金分配办法，工资调整办法，试用期及病、事假等期间的工资待遇。特殊情况下职工工资（生活费）支付办法，其他劳动报酬分配办法；

（2）工作时间。主要包括：工时制度、加班加点办法、特殊工种的工作时间、劳动定额标准。

（3）休息休假。主要包括：日休息时间、周休息日安排、年休假办法，不能实行标准工时职工的休息休假、其他假期；

（4）劳动安全与卫生。主要包括：劳动安全卫生责任制、劳动条件和安全技术措施、安全操作规程，劳保用品发放标准、定期健康检查和职业健康体检；

（5）补充保险和福利。主要包括：补充保险的种类、范围，基本福利制度和福利设旋，医疗期延长及其待遇，职工亲属福利制度；

（6）女职工和未成年工特殊保护。主要包括：女职工和未成年工禁止从事的劳动，女职工的经期、孕期、产期和哺乳期的劳动保护，女职工、未成年工定期健康检查，未成年工的使用和登记制度；

（7）职业技能培训。主要包括：职业技能培训项目规划及年度计划、职业技能培训费用的提取和使用、保障和改善职业技能培训的措施；

（8）劳动合同管理。主要包括：劳动合同签订时间，确定劳动合同期限的条件，劳动合同变更、解释、续订的一般原则及无固定期限劳动合同的终止条件，试用期的条件和期限；

（9）奖惩。主要包括：劳动纪律、考核奖惩制度、奖惩程序；

（10）裁员。主要包括：裁员的方案、裁员的程序、裁员的实施办法和补偿标准；

（11）集体合同期限；

（12）变更、解除集体合同的程序；

（13）履行集体合同发生争议时的协商处理办法；

（14）违反集体合同的责任；

（15）双方认为应当协商的其他内容。

资料来源：法律快车网 http://www.lawtime.cn/info/laodonghetongfa/jitihetong/2008101131029.html

集体合同的内容一般包括四个部分：一是劳动条件标准部分，即劳动条件等具体合同条款，这是集体劳动合同的中心，我国《劳动合同法》明确规定集体合同中劳动条件和劳动报酬等标准应当高于当地人民政府规定的最低标准。用人单位与劳动者订立的劳动合同中劳动条件和劳动服务报酬等标准不得低于集体合同规定的标准。若劳动合同的标准条款低于集体合同，其规定无效，适用集体合同;若劳动合同未规定劳动标准条款或者规定不明确，要适用集体合同的规定。二是一般性规定，即劳动合同的期限，变更、解除和终止的条件等。三是集体劳动合同的监督检查、争议处理方法和违约责任等。四是劳动条件标准部分的补充条款。

签订集体劳动合同的程序如下：

①确定集体协商代表。集体合同的主体是职工代表与用人单位。职工代表要求为具有集团法人资格的工会组织，如果没有建立工会组织的企业应先申请建立工会组织或由民主选举出一定数额的职工代表。用人单位签约人，要求为用人单位的行政机关。集体协商双方的代表人数应当对等，每方至少 3 人，并确定 1 名首席代表。

②进行集体协商，确定集体协商草案。集体协商代表按照预定的协商方案和内容进行集体讨论和协商，由双方首席代表归纳协商内容。协商达成一致后，确定集体合同协商草案。

③提请职工代表大会审议通过。将集体协商草案提请职工代表大会审议，劳动和社会保障部于 2004 年颁布的《集体合同规定》第 36 条规定，经双方协商代表协商一致的集体合同草案或专项集体合同草案应当提交职工代表大会或者全体职工讨论。职工代表大会或者全体职工讨论集体合同草案或专项集体合同草案，应当有 2 / 3 以上职工代表或者职工出席，且须经全体职工代表半数以上或者全体职工半数以上同意，集体合同草案或专项集体合同草案方获通过，双方首席代表在集体合同上签字。

④送交劳动行政部门审查。企业在集体合同签订后十日内将集体合同及相关材料送至县级以上政府劳动行政部门审查。我国《劳动法》第三十四条规定，“集体合同签订后应当报送劳动行政部门；劳动行政部门自收到集体合同文本之日起 15 日内未提出异议的，集体合同即行生效。”

⑤向全体职工公布。集体合生效当日选择合适的方式向全体职工公布。如果劳动行政部门通过审查认为集体合同中存在无效条款的，集体合同当事人应对其进行讨论和修改，并在十五日内重新送交劳动行政部门审查。

（2）企业劳动关系管理制度

企业劳动关系管理制度，是用人单位根据法律规定和本单位的具体情况，为协调劳动关系，进行劳动关系管理而制定的用于指导用人单位和劳动者行为规范的各项规则的总和。企业劳动关系管理制度主要包括劳动合同管理制度、劳动纪律、劳动定额制度、岗位规范制度、劳动安全卫生制度及其他制度。其中，劳动合同管理制度是负责企业劳动合同管理的制度，包括劳动合同的履行原则，劳动合同续签、变更、解除的处理办法，劳动合同档案的保管和移交方法，劳动合同管理制度等内容。劳动纪律是负责规范全体职工工作行为和秩序的规则，主要包括岗位职责和要求，工作时间，考核方法等内容。工作定额制度主要是针对工时定额和产量定额的具体规定，包括岗位定员规则和定额规则。岗位规范制度是对岗位的职责和工作要求的具体工作制度。

（3）劳动保护

劳动保护是国家和用人单位为了改善劳动者的工作条件，防止伤亡事故发生，减少职业危害，保障劳动者在劳动生产过程中的安全和健康，而采取的立法和措施的总称。加强劳动保护，有助于改善劳动条件，贯彻“安全第一，预防为主”，激发劳动者的工作热情，降低职业病发病率，提高劳动生产率。劳动保护主要包括劳动安全保护、劳动卫生保护、未成年人保护和女职工劳动保护等内容。旅游企业在日常工作中应严格遵守国家相关劳动保护规定特别是对未成年和女职工的劳动法律规定；加强对全体职工的安全教育，普及劳动安全卫生知识；健全企业劳动保护的相关管理制度和安全操作规程，提供符合国家劳动安全保护规定的劳动保护条件，明确负责劳动保护工作的人员责任。下面介绍几种与旅游企业关系较为密切的劳动保护措施。

工作时间，又称法定工作时间，是指法律规定的或劳动合同约定的，劳动者在用人单位履行工作义务的时间。劳动者和用人单位必须遵守劳动时间的相关规定。我国《劳动保护法》规定：劳动者每日工作时间不超过八小时，平均每周工作时间不超过四十四小时。用人单位由于生产经营需要，经与工会和劳动者协商后可以延长工作时间，一般每日不得超过一小时；因特殊原因需要延长工作时间的，在保障劳动者身体健康的条件下延长工作时间每日不得超过三小时，但每月不得超过三十六小时。安排劳动者延长劳动时间的，应支付不低于工资的百分之一百五的工资报酬；休息日安排劳动者工作又不能安排补休的，支付不低于工资的百分之二百的工资报酬；法定休息日安排劳动者工作的，支付不低于工资的百分之三百的工资报酬。

最低工资，是国家为了维护劳动者的合法权益，规范用人单位的工资分配行为，要求用人单位应支付给对其提供正常劳动的劳动者不低于当地最低工资标准的劳动报酬。最低工资的具体标准由省、自治区、直辖市人民政府规定，报国务院备案；其确定的依据主要受制于当地的社会平均工资水平、劳动生产率、劳动者本人及平均赡养人口的最低生活费用等。

劳动安全保护，是为了保证劳动者的劳动安全，防止和消除劳动者在劳动过程中造成伤亡事故。劳动卫生保护，是为了保护劳动者在劳动生产过程中的身体健康，消除或防止职业病而采取的保护措施。旅游企业由于其行业的特殊性，导游等职位常常要求职员工作具有很强的流动性，因此要特别注意劳动的安全性。在企业中要根据岗位的工作要求和国家劳动安全卫生规程和标准，制定企业安全卫生保护制度；设立专项劳动安全卫生保护预算和专项负责小组，提供符合国家规定的劳动安全卫生工作条件，及时更新劳动者的安全、卫生防护用品；加强岗位安全教育，提高员工的安全卫生意识，减少职业危害。

（4）劳动争议处理

劳动争议是指劳动关系的主体双方因实现劳动权利和履行劳动义务而产生的纠纷。劳动争议包括因开除、除名、辞退和职工辞职、自动离职发生的争议；因执行国家有关工资、社会保险、福利、培训、劳动保护的规定而产生的争议；因履行劳动合同而产生的争议；因履行集体合同而产生的争议等。我国的劳动争议处理制度是通过劳动立法的形式将劳动争议处理的原则、机构、程序和机构以法律制度的形式确立下来，以处理劳动争议。《劳动法》规定："解决劳动争议，应当根据合法、公正、及时处理的原则，依法维护劳动争议当事人的合法权益。" 劳动争议的处理机构主要包括：劳动争议调解委员会、劳动争议仲裁委员会和人民法院。劳动争议调解委员会是劳动关系主体自我管理的形式，由企业代表、职工代表和工会代表组成，是企业内部调解劳动争议的群众组织。劳动争议仲裁委员会是县、市、市辖区人民政府处理劳动争议的专门机构，当事人应在劳动争议发生之日起六十天内提出仲裁申请，如果争议双方不再一个仲裁委员会辖区，则由职工当事人工资关系所在地仲裁委员会受理。人民法院是劳动争议的诉讼机构，由经仲裁处理，对仲裁裁决不服的当事人，在收到裁决书十五日内向人民法院起诉。

旅游企业在处理劳动争议时要遵循劳动法律、法规对劳动争议处理的相关要求，完善企业内部劳动争议的调解制度，充分发挥劳动争议调解的作用。旅游企业应根据《劳动法》的相关规定设定劳动争议调解委员会，选举劳动争议调解委员会成员，如果企业中女职工较多，委员会成员中应有一名以上的女职工代表。根据劳动关系实际情况和《中华人民共和国企业劳动争议处理条例》制定劳动争议管理制度。当劳动争议发生后，在劳动关系当事人双方自愿的前提下，由劳动争议调解委员会在尊重法律规定的基础上，尊重事实，兼顾双方利益，通过谈判、磋商，寻求双方互相谅解，达成解决劳动争议的共识。在企业日常管理活动中，还应加强合同管理，明确劳动关系双方的权利与义务；注重对企业管理人员的法律、法规培训，尽量减少和避免劳动争议的发生，积极促进劳动关系的和谐稳定。

10.3　社会保障

社会保障是国家以法律的形式建立的，通过经济福利性的保障和服务来保持劳动者基本生活水平的社会化国民保障体系。它是由国家依据相关法律、法规，按照现有的生产力水平和经济承受能力，对因年老、疾病、失业、伤残、生育、死亡、灾害等原因而失去劳动能力或遭遇生活障碍的社会成员所实施的普遍的、公平的社会保障制度。实行社会保障的基本目的在于满足社会成员的基本生活需求，提高整个社会的福利水平。

10.3.1　社会保障的特点

首先，社会保障具有公平性。社会成员享有社会保障的权利和机会均等，社会保障的范围、待遇和过程都具有公平性。只要被保险人符合某些社会保障项目统一的资格条件，就可以享受社会保障服务。社会保障的水平还会随物价和经济增长成果的变化做适当的调整。

其次，社会保障具有强制性。社会保障属于国民收入再分配的范畴，是以国家立法的形式推行的，社会保障基金由专职社会保障管理体制机构按法律规定的比例向计征对象收取社会保障费，持权利与义务相统一，享受社会保障者不能选择参与社会保障的项目和待遇，避免了主观随意性。

再次，社会保障具有普遍性。社会保障包括社会保险、社会福利、优抚安置、社会救助等，服务对象力求涵盖全体社会成员，包括普通居民、残疾人、贫困户、军人及其家属，保障项目涉及养老保险、医疗保险、公共设施、居民住房、居民医疗、集体福利、退伍军人安置等诸多内容。

最后，社会保障具有预防性。社会保障是由国家统一筹集社会保障基金，主要用于预防社会成员工作和生活中的各种风险，促进劳动力的再生产，维持整个社会的公平和稳定。

10.3.2　社会保障体系

我国的社会保障体系主要包括社会救助、社会保险、社会福利和社会优抚四大方面。

1. 社会救助

社会救助是国家和社会对因贫困、灾难和身体残疾等原因无法维持最低生活水平，生活困难的公民，按照法律或制度规定的标准给予无偿救助的社会保障制度，如城镇居民低保、紧急救援、农村五保救助等。它是最低层次的社会保障，是社会保障要实现的最低目标，保障社会成员的最低生活需求。

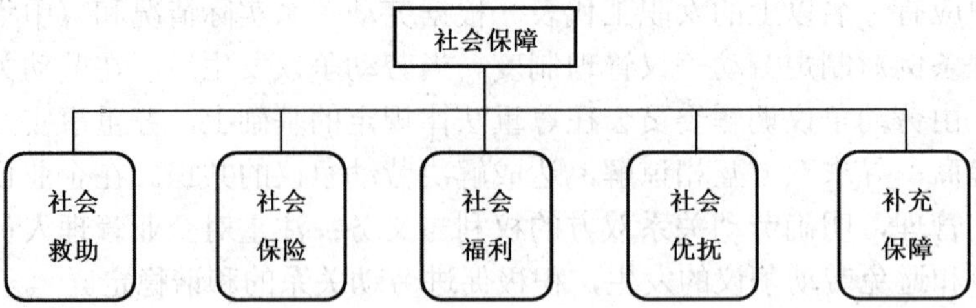

图 10-1　社会保障体系结构图

2. 社会保险

社会保险是国家通过立法手段，强制征收保险资金，对劳动者因年老、失业、患病、生育等问题暂时或永久丧失劳动能力而减少劳动收入的，给予经济性补偿和社会帮助，使其享有基本生活保障的社会保障制度，如养老保险、医疗保险、失业保险、工伤保险、生育保险等。社会保险是社会保障的核心内容，其承担的风险最多，服务的对象也最广，在社会保障中居于主导地位。

3. 社会福利

社会福利是国家为了改善全体社会成员的生活质量和福利水平，为社会成员提供的各种福利性补贴和举办的各类福利事业，如公共设施、财政补贴、住房补贴、生活服务福利、民政福利、教育福利等。

4. 社会优抚

社会优抚是政府和社会为保障现役军人、退役军人及其家属的生活水平不低于所在地区的平均生活水平而给予的特殊社会保障制度，如退伍军人就业安置、现役军人及其家属优待、伤残烈属抚恤、军人退休生活保障等。

5. 补充保障

补充保障，国家基本社会保障制度之外的各种社会保障机制的总称，具有非强制性、补充性和社会化的特点，是对国家正式社会保障制度的补充，如慈善事业、社区服务、企业年金、补充医疗保险、商业保险，等等。

10.3.3　旅游企业与社会保险

我国《劳动法》规定，劳动者在退休、患病或负伤、因工伤残或患职业病、失业、生育的情形下，依法享受社会保险待遇。根据《社会保险费征缴暂行条例》规定，用人单位应当在成立之日起 30 日内，持营业执照或者登记证书等有关证件，到当地社会保险经办机构申请办理社会保险登记。社会保险经办机构审核后，发社会保险登记证件。用人单位的社会保险登记事项发生变更或者用人单位依法终止的，应当自变更或者终止之日起 30 日内，到社会保险经办机构办理变更或者注销社会保险登记手续。用人单位必须按月向社会保险经办机构申报应缴纳的社会保险费数额，经社会保险经办机构审核后，在规定的期限内缴纳社会保险费。职工个人应当缴纳的社会保险费，由所在单位从其本人工资中代扣代缴。社会保险经办机构应当按规定建立和记录个人账户。企业需要交纳的社会保险主要包括如下几部分：

1. 养老保险

养老保险是社会保障制度中涉及人数最多、费用开支最大的部分，我国企业职工的养老社会保险主要由基本养老社会保险、企业补充养老社会保险和企业职工个人储蓄性养老保险组成，养老保险费主要来源于国家、用人单位和劳动者三方，并实现广泛的社会互济。现行的基本养老社会保险费，用人单位不得超过企业工资总额的 20%，个人最高不得超过其工资的 8%。另外，2012 年，我国人力资源和社会保障发布养老保险新政策，从 2012 年 1 月 1 日起，全国退休人员养老金将进一步提高，幅度约为 2011 年企业退休人员月人均基本养老金的 10%左右。

2. 失业保险

失业保险是国家强制实行的，对因非自愿失业者因失业暂时中断生活来源者提供物质帮助，给予维持基本生活所必要的经济保障的社会保险制度。失业保险的对象是具有劳动能力且非自愿失业的失业者。我国的失业保险制度只面向城镇企事业单位及其职工。《失业保险条例》第六条规定：“城镇企业事业单位按照本单位工资总额的 2%缴纳失业保险费。城镇企业事业单位职工按照本人工资的 1%缴纳失业保险费。城镇企业事业单位招用的农民合同制工人本人不缴纳失业保险费。”城镇企业事业单位的缴费基数为本单位工资总额，个人缴费基数为本人工资额。

3. 医疗社会保险

医疗社会保险是由国家立法，为向保障范围内的劳动者提供患病或非工伤伤害时基本医疗需求保障而建立的社会保险制度。《国务院关于建立城镇职工基本医疗保险制度的决定》要求我国的医疗社会保险要遵循基本保障、广泛覆盖、双方负担、统账结合的基本思路和原则，且适用于企业、事业单位、社会团体、民办非企业单位及其职工。我国目前建立了城镇职工基本医疗保险制度、新型农村合作医疗制度和城镇居民基本医疗保险制度。《医疗保险条例》第七条规定，“基本医疗保险费由用人单位和从业人员共同缴纳。其中用人单位按本单位从业人员月工资总额的 5%～7%缴纳，从业人员缴纳基本医疗保险费费率不低于本人月工资总额的 2%。”

4. 工伤社会保险

工伤是指因工造成的意外伤害和职业病伤害，工伤社会保险是国家为因工遭受意外伤害和职业病伤害的劳动者所提供的医疗服务、社会保障、经济补偿、医疗和职业康复，及为因工伤造成死亡的劳动者的供养家属提供物质帮助的社会保险制度。《工伤保险条例》规定：“中华人民共和国境内的各类企业、有雇工的个体工商户，应当依照本条例规定参加工伤保险，为本单位全部职工或者雇工缴纳工伤保险费。中华人民共和国境内的各类企业的职工和个体商户的雇工，均有依照本条例的规定享受工伤保险待遇的权利。”国家根据不同行业的工伤风险程度确定行业的差别费率，并根据工伤保险费使用、工伤发生率等情况在每个行业内确定若干费率档次。

我国目前的工伤保险费率主要是按照《劳动和社会保障部关于工伤保险费率问题的通知》(劳社部发【2003 户 9 号】确定的。通知根据不同行业的工伤风险程度，将行业划分为风险较小行业（如银行业、餐饮业、软件业等），中等风险行业（如房地产业、农业、道路运输业等），风险较大行业（如采矿业、化学品制造业、石油加工业等）。三类行业分别实行三种不同的工伤保险缴费率，具体标准由各省、自治区、直辖市规定，但分别基本控制在 0.5%左右、1.0%左右、2.0%左右。

工伤的认定标准

依据《工伤保险条例》第十四条，职工有下列情形之一的，应当认定为工伤：

（一）在工作时间和工作场所内，因工作原因受到事故伤害的；

（二）工作时间前后在工作场所内，从事与工作有关的预备性或者收尾性工作受到事故伤害的；

（三）在工作时间和工作场所内，因履行工作职责受到暴力等意外伤害的；

（四）患职业病的；

（五）因工外出期间，由于工作原因受到伤害或者发生事故下落不明的；

（六）在上下班途中，受到机动车事故伤害的；

（七）法律、行政法规规定应当认定为工伤的其他情形。

第十五条：职工有下列情形之一的，视同工伤：

（一）在工作时间和工作岗位，突发疾病死亡或者在 48 小时之内经抢救无效死亡的；

（二）在抢险救灾等维护国家利益、公共利益活动中受到伤害的；

（三）职工原在军队服役，因战、因公负伤致残，已取得革命伤残军人证，到用人单位后旧伤复发的。

职工有前款第（一）项、第（二）项情形的，按照本条例的有关规定享受工伤保险待遇；职工有前款第（三）项情形的，按照本条例的有关规定享受除一次性伤残补助金以外的工伤保险待遇。

第十六条 职工有下列情形之一的，不得认定为工伤或者视同工伤：

（一）因犯罪或者违反治安管理伤亡的；

（二）醉酒导致伤亡的；

（三）自残或者自杀的。

5. 生育社会保险

生育社会保险是给予妇女劳动者由于生育子女而暂时丧失劳动能力时给予物质帮助的社会保障制度。生育社会保险根据“以支定收，收支基本平衡”的原则筹集资金，根据《企业职工生育保险试行办法四》第四条、第五条规定，“生育社会保险费由企业按照其工资总额的一定比例向社会保险经办机构缴纳生育保险费，建立生育保险基金。生育保险费的提取比例由当地人民政府根据计划内生育人数和生育津贴、生育医疗费等项费用确定，并可根据费用支出情况适时调整，但最高不得超过工资总额的百分之一。企业缴纳的生育保险费作为期间费用处理，列入企业管理费用。职工个人不缴纳生育保险费。”“女职工生育按照法律、法规的规定享受产假。产假期间的生育津贴按照本企业上年度职工月平均工资计发，由生育保险基金支付。”

管理训练

【训练目标】

熟悉集体劳动合同的撰写和签订过程。

【实训时间】

本章课堂教学内容结束后的双休日和课余时间，为期一周。或者指导教师另外指定时间。

【背景材料】

将全班同学分为工会小组、职工代表大会小组、企业管理小组和劳动行政部门小组。由职工代表大会小组与工会小组撰写集体劳动合同初稿；工会组和企业管理小组就集体劳动合同初稿协商一致形成集体劳动合同草稿；由工会组选派代表在职工代表大会小组和管理小组成员都在场时宣读集体劳动合同草案；全体就草案进行讨论和协商，将确定的草案提交劳动行政部门小组审批，由劳动行政部门小组提出意见。

【实训过程设计】

（1）指导教师布置学生进行实训准备。

（2）将全班同学平均分成小组，按每组 4～6 人进行讨论，各选出一名组组长，实训组根据背景资料进行讨论和设计方案。

（3）根据“背景资料”，各小组成员要根据各自立场，结合合同的内容进行协商。

（4）根据“背景资料”，通过角色扮演法，结合具体的协商过程，熟悉集体合同的内容和相关劳动合同规范，保证集体合同的有效性和签订过程的完整性。参照“课业范例”撰写作为最终成果的《实训报告》。

（5）指导教师对小组讨论过程和发言内容进行评价总结，并讲解本案例的分析结论。（先评定小组成绩，在小组成绩中每一个人参与讨论占小组成绩的 40%，代表发言内容占小组成绩的 60%），各小组提交填写“项目组长姓名、成员名单”的《实训报告》。优秀的实训报告在班级展出，并收入本课程教学资源库。

本章小结

劳动关系是指劳动者（雇员）与用人单位（雇主）之间在运用劳动者能力的过程中建立的社会、经济关系。

劳动法律关系，是指劳动法律规范在调整劳动关系过程中所形成的劳动者与用人单位之间的法律上的权力与义务的关系，是劳动关系在法律上的表现。

劳动法律关系的主体是指依照劳动法律规定，享有权利和承担义务的法律劳动关系的当事人，包括劳动者和用人单位。劳动法律关系的内容，是劳动法律关系的核心和实质，是指劳动者与用人单位在确定劳动法律关系后，依法享有的权利和承担的义务，包括物质和行为两方面。劳动关系的客体是劳动关系主体的劳动权利和劳动义务所共同指向的对象。

旅游企业劳动关系的调整方式，主要包括通过劳动法律、法规的调整；劳动合同规范的调整；集体合同规范的调整；民主管理制度的调整；企业内部劳动规则制度的调整；劳动争议管理制度的调整和劳动监督、检查制度的调整这七种。

劳动关系管理的基本要求是符合劳动法律要求、符合用人单位和劳动者的发展要求。具体来说，包括三个基本原则：一是劳动关系管理要切实遵守劳动法律、法规。二是劳动关系管理要尊重劳资双方利益。三是坚持制度化、规范化的劳动关系管理方式。

我国的社会保障体系主要包括社会救助、社会保险、社会福利和社会优抚四大方面。

综合练习

一. 单项选择题

1. 劳动法的核心内容是（　　）。

A. 调整劳动关系　　B. 保护劳动者权益

C. 保护用人单位权益　　D. 规范社会秩序

2. 我国《劳动法》规定，延长工作时间每月不得超过（　　）。

A. 34 小时　　B. 40 小时

C. 36 小时　　D. 20 小时

3. 根据我国劳动法律的规定，发生劳动争议，必须经过（　　）之后，才可以向人民法院提起诉讼。

A. 调解　　B. 仲裁

C. 协商　　D. 和解

4. 我国《劳动法》规定，法定节假日安排劳动者工作的，支付不低于工资（　　）。

A. 100%的劳动报酬　　B. 150%的劳动报酬

C. 200%的劳动报酬　　D. 300%的劳动报酬

5. 根据有关规定，劳动争议调解委员会调解劳动争议，应当自当事人申请调解之日起（　　）。

A. 60 日内结束　　B. 45 日内结束

C. 30 日内结束　　D. 15 日内结束

二、名词解释

1. 劳动关系
2. 劳动法律关系
3. 集体劳动合同

三、简答题

1. 概述旅游企业劳动关系的影响因素。
2. 旅游企业劳动关系的调整方式有哪些？
3. 劳动关系管理的基本原则是什么？
4. 概述社会保障体系的组成部分。

参考文献

[1] （美）加里·德斯勒著，刘昕，吴雯芳等译．人力资源管理．北京：中国人民大学出版社，1999．

[2] 葛玉辉．人力资源管理（第 3 版）．北京：清华大学出版社，2012．

[3] 董克用，叶向峰．人力资源管理概论．北京：中国人民大学出版社．2003．

[4] 秦志华．人力资源管理（第三版）．北京：中国人民大学出版社，2010．

[5] 中国就业培训技术指导中心组织编写．企业人力资源管理师（三级）．北京：中国劳动社会保障出版社，2007．

[6] 严肃．人力资源管理最常用的 83 个工具．北京：中国纺织出版社，2010．

[7] 安应民，郝冬梅，吴菁．新编人力资源管理．兰州：兰州大学出版社，2004．

[8] 石金涛．现代人力资源开发与管理．上海：上海交通大学出版社，2001．

[9] 郑兴山．人力资源管理习题与案例．上海：上海交通大学出版社，2008．

[10] 李作学．人力资源管理工作案例．北京：人民邮电出版社，2009．

[11] 李志刚．旅游企业人力资源开发与管理．北京：北京大学出版社，2011.8．

[12] 谢礼珊．旅游人力资源管理．北京：旅游教育出版社，2008.7．

[13] 杨东辉，金英伟．旅游企业人力资源开发与管理．大连：大连理工大学出版社，2012.8．

[14] 李玉芝，李文．现代旅游企业人力资源管理．杭州：浙江大学出版社，2011.7．

[15] 严伟，戴欣佚．旅游企业人力资源管理．上海：上海交通大学出版社，2011.1

[16] 蔡丽伟．饭店人力资源管理.北京：清华大学出版社，2010.11

[17] 沈登学，黄萍．旅游企业人力资源管理．成都：西南财经大学出版社，2009.8

[18] 张满林，周广鹏．旅游企业人力资源管理．北京：中国旅游出版社，2007.7

[19] 赵西萍．旅游企业人力资源管理．北京：高等教育出版社，2011.1

[20] 李长江．人力资源管理．北京：北京大学出版社，2011.2

[21] 吴宝华．人力资源管理实用教程（第 2 版）．北京：北京大学出版社，2012.3

[22] 邹华，修桂华．人力资源管理原理与实务．北京：北京大学出版社，2008.8

反侵权盗版声明